连锁特许经营管理“1+X”证书
系列培训教材

连锁特许经营管理

（中级）

主　　编　马瑞光
执行主编　李学农
编　　委（排名不分先后）
黄美灵　李　舒　陈　莹　皇甫瑞灵
吴光宇　蔡顺峰　王生金　曾育华
审核委员会（排名不分先后）
曾凡华　谭福河　王冀川　张　慧
童　丽　陆春华　熊自先
编审合作单位　深圳职业技术学院　广州番禺职业技术学院
上海城建职业学院　北京财贸职业学院

中国海洋大学出版社
·青岛·

图书在版编目（CIP）数据

连锁特许经营管理：中级 / 马瑞光主编. — 青岛：中国海洋大学出版社，2021.6（2024.2重印）

连锁特许经营管理1+X证书系列培训教材

ISBN 978-7-5670-2858-6

Ⅰ. ①连… Ⅱ. ①马… Ⅲ. ①连锁店－经营管理－技术培训－教材 Ⅳ. ①F717.6

中国版本图书馆CIP数据核字（2021）第127942号

出版发行 中国海洋大学出版社
社　　址 青岛市香港东路23号　　**邮政编码** 266071
出 版 人 杨立敏
策 划 人 王　炬
网　　址 http://pub.ouc.edu.cn
电子信箱 tushubianjibu@126.com
订购电话 021-51085016
责任编辑 矫恒鹏　　**电　　话** 0532-85902349
印　　制 上海万卷印刷股份有限公司
版　　次 2021年8月第1版
印　　次 2024年2月第2次印刷
成品尺寸 210 mm×285 mm
印　　张 15.5
字　　数 345千
印　　数 4001～6000
定　　价 59.90元

发现印装质量问题，请致电021-51085016，由印刷厂负责调换。

总序

2019年，教育部、国家发展改革委、财政部、市场监管总局联合印发了《关于在院校实施“学历证书+若干职业技能等级证书”制度试点方案》，部署启动“学历证书+若干职业技能等级证书”（简称“1+X”证书）制度试点工作。“1+X”证书制度体现了职业教育作为一种类型教育的重要特征，有利于培养面向市场、适应就业需求的高素质人才，是《国家职业教育改革实施方案》的重要改革，也是重大创新。

“1+X”证书制度既是教育制度，也是就业制度。职业技能等级证书不同于学历证书，它衡量的是学生在职业技能方面的水平，反映的是在职业活动中所需的综合能力。因此，学生在就业之前既要获得“1”，即学历证书，也要选择若干个“X”，即职业技能证书。连锁经营管理方向的学生在学校取得连锁特许经营管理职业技能等级证书，将能更好地探索行业的发展，更迅速地适应社会的需求，是立足职场的直通车与准入证。此外，就业率的提高也可以大大提升院校的知名度和社会影响力。

教育应该立足于行业的需求。逸马作为集连锁咨询、培训、品牌授权、产教融合于一体的全球领先的连锁产业服务平台，成功遴选为教育部连锁特许经营管理专业领域的职业教育培训评价组织，负责开展“1+X”职业等级证书——连锁特许经营管理试点工作；致力于搭建企业与院校人才对接的桥梁，助力学生实现高质量就业，提供成功率超70%的特许经营创业项目，为企业创新不断输送高水平实用型人才，促进产业升级。逸马竭力打通院校专业群与企业岗位群，携手相关院校共建逸马智慧连锁产业学院，持续性孵化出优秀的连锁精英，构建世界级的全网连锁产业生态圈。

根据院校学生在学习、就业过程中遇到的问题和困惑，逸马结合18年的前沿连锁咨询实践和培训历程，整合相关教育教学资源，精炼出适合院校学生需要的、能指导学生就业的职业技能等级教材。为推动中国教育的创新与发展，逸马坚持以学生为核心，深化改革复合型技术技能人才的教育教学模式和人才培养模式，力争把每位连锁经营管理方向的学生都培养成能力出众且有利于企业和社会发展的人才，引领中国连锁业走向世界，走向未来！

马瑞光

2021年6月

前 言

特许经营已有100多年历史，它所取得的成功已为世人瞩目。在我国，特许经营已然进入高速发展时期。特许经营是当今时代最为流行的企业扩张和个人创业的一种途径，是一种高效益的经营方式。对于企业来说，如何规范特许经营管理，如何运营特许经营单店与总部，是每个连锁企业必须面对和解决的问题。对于学校而言，其培养目标是使学生能够通过本教材的学习培训形成连锁特许经营与管理的职业技能。

连锁特许经营管理职业技能等级分为三个等级：初级、中级、高级。三个等级依次递进，高级别涵盖低级别职业技能要求。本书是“1+X”连锁特许经营管理职业技能等级证书的中级教材，共分为7个项目模块。项目1主要介绍特许经营的概念、特征、优势劣势以及特许经营在国内外的发展状况；项目2主要介绍特许经营项目开发；项目3主要介绍受许人的招募和培训；项目4主要介绍特许经营合同；项目5和项目6分别介绍特许经营总部和单店的运营与管理；项目7主要介绍特许经营法律规范。每个项目又分为若干个任务，每个任务中给定了学生任务以及为完成任务必须掌握的一些相关理论知识，并融入了对应的图片、表格、视频等丰富的教学资源，让学习更加简单易懂，对学生进行实训实践提供理论指导和帮助，推进课证融通、学技并重。

连锁特许经营管理职业技能等级考试是对连锁特许经营管理职业技能等级标准所对应的工作领域、工作任务及职业技能的认定。职业技能等级证书是毕业生、社会成员职业技能水平的凭证，反映职业活动和个人职业生涯发展所需要的综合能力。此证书主要面向连锁特许经营管理相关领域中从事连锁门店线上线下服务、连锁门店管理、连锁企业授权及特许经营管理、连锁企业店铺战略开发管理及供应链管理等相关岗位。

本教材的编排严格按照连锁特许经营工作中的逻辑顺序来搭建，内容是对连锁特许经营从业人员知识、技能的系统整合与创新，在体例的设计上，突出了高水平人才的培养目标，对培育企业所欢迎的技能型、应用型连锁特许经营与管理人才具有较强的针对性。

马瑞光

2021年6月

目录

项目 1　特许经营概述

项目导学

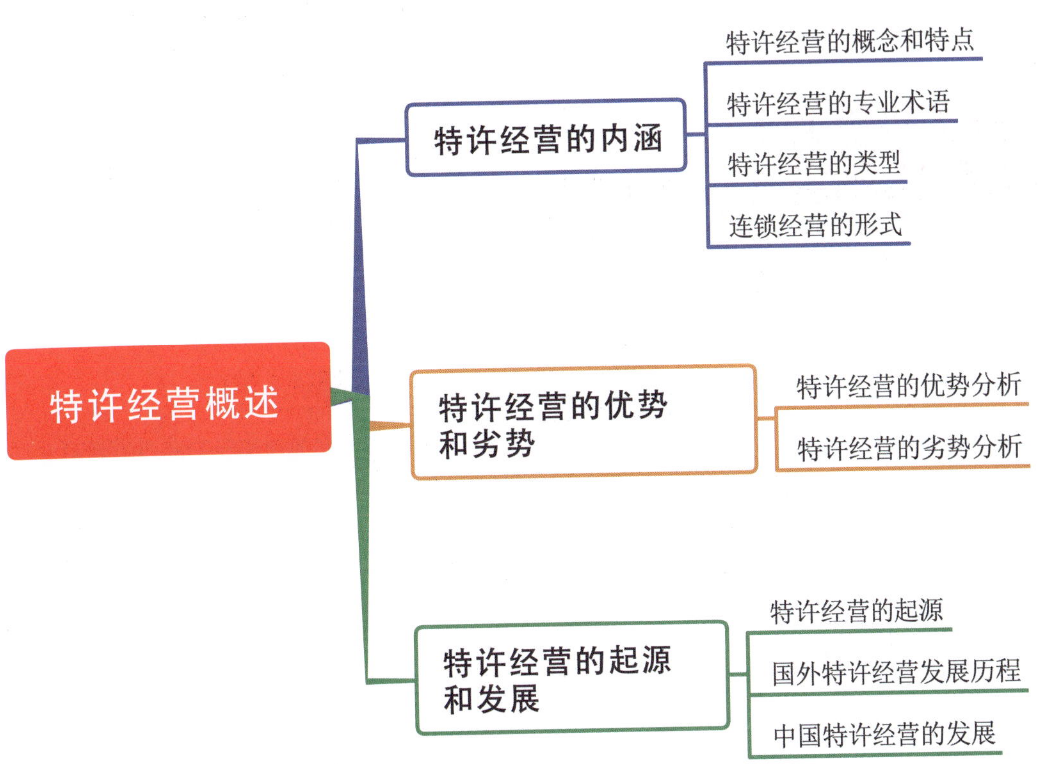

任务1 特许经营的内涵

学习目标

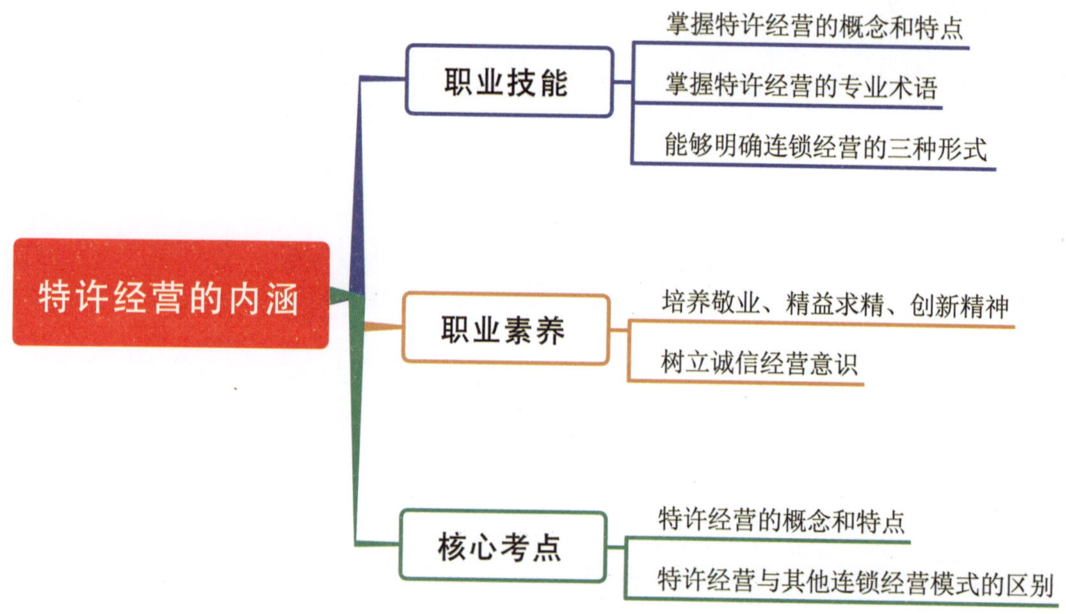

任务导入

1987年，肯德基第一家中国快餐店在北京前门大街开业，当时中国人对特许经营并不熟悉。肯德基不仅给中国人民带来了西式快餐的概念，也带来了一种全新的经营方式。此后，肯德基如雨后春笋般迅速在中国各大城市发展起来。1992年年底，肯德基在中国开店10家，1996年6月，肯德基第100家店在北京开业。如今30多年过去了，肯德基在中国已经开设了7000多家快餐店。今天，特许经营作为连锁经营的一种经营管理方式几乎涵盖了所有行业，不仅成为世界上许多商品和服务领域的主导力量，而且被视为商业活动中最富有活力和最具成长潜力的经营方式。人们耳熟能详的可口可乐等全球知名企业就是特许经营的践行者。那么特许经营是一种怎样的经营模式？它的魅力何在呢？

任务解析

作为从业人员，我们需要对特许经营一探究竟。特许经营是如何发展起来的？特许经营是一种怎样的经营模式？如何定义？特许经营有哪些具体的经营模式？特许经营与其他经营模式有怎样的区别？

知识准备

一、特许经营的概念和特点

（一）特许经营的概念

特许经营，英文“Franchise”本义指“特别的权利”。每个国家对特许经营定义的表述都不太一样。我国自 2007 年 5 月 1 日实施的《商业特许经营管理条例》（简称《条例》）将特许经营定义为：拥有注册商标、企业标志、专利、专有技术等经营资源的企业（又称特许人），以合同形式将其拥有的经营资源许可其他经营者（又称被特许人）使用，被特许人按照合同约定在统一的经营模式下开展经营，并向特许人支付特许经营费用的经营活动。

国际特许经营协会（International Franchise Association，IFA）将特许经营定义为：特许人和受许人之间的合同关系，根据合同，特许人向受许人提供一种独特的商业经营特许权，并给予人员训练、组织结构、经营管理、商品采购等方面的指导与帮助，受许人向特许人支付相应的费用。这一定义是比较广泛通用的定义。

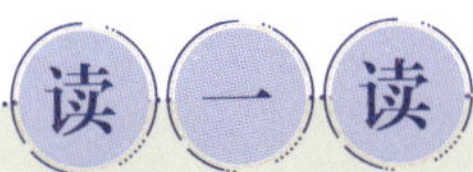

欧洲特许经营联合会对特许经营的定义：特许经营是一种营销产品和（或）服务和（或）技术的体系，特许人和他的单个受许人在法律和财务上相互独立，但他们之间保持紧密和持续的合作，受许人依靠特许人授予的权利和义务，根据特许人的概念进行经营。双方通过直接或间接财务上的交换，受许人可使用特许人的商号、商标、服务标记、经营诀窍、商业和技术方法、持续体系及其工业或知识产权，在经双方一致同意而制定的书面特许经营合同的框架和条款内进行经营。

（二）特许经营的特点

（1）特许经营是一种特许人和受许人之间的合同关系。特许人和受许人通过签订特许经营合同，确定各自的权利和义务。

（2）特许人拥有商标、企业标志、专利、专有技术等经营资源。

（3）特许人授权受许人使用其经营资源，在统一经营模式下经营。

（4）受许人向特许人支付相应的费用。

二、特许经营的专业术语

1. 特许人（Franchisor）

特许人也称特许商，是拥有可授予他人使用的经营模式、注册商标、企业标志、专利、专有技术等经营资源并授予他人使用的企业。

我国特许经营管理相关管理条例一般使用“特许人”的说法，企业界常用“加盟总部”这一说法。

2. 被特许人（Franchisee）

被特许人也称受许人、加盟商，获得特许人授权，是使用其经营模式、注册商标、企业标志、专利、专有技术等经营资源从事经营活动的个人、企业或其他组织。

3. 特许权（Franchise）

特许权指特许人（加盟总部）所拥有的商标、商号、CIS 系统、专利、经营诀窍、经营模式等无形资产以及配套的有形产品、无形服务等，这也是广义的特许权的概念。狭义的特许权仅仅包括商标、商号、CIS 系统、专利、经营诀窍、经营模式等无形资产。

4. 特许经营管理体系（Franchise management system）

由特许人或经特许人授权的企业建立的对特许经营各个业务环节实行控制和管理的系统，包括加盟招募管理、知识产权管理、店铺建设管理、培训管理、督导管理、加盟商关系管理、财务管理、广告促销管理、品牌形象管理、技术标准管理等内容。

5. 直营店（Company-owned outlet）

由特许人或经特许人授权的企业投资控股并统一管理经营的店铺。

6. 加盟店（Franchise outlet）

特许经营中，加盟商获得特许人授权后，使用其经营模式、注册商标、企业标志、专利、专有技术等经营资源建立的店铺。

7. 样板店（Pilot outlet）

又称示范店，特许人挑选的能够全面展示特许品牌形象，并作为特许人新产品及新营销模式的实验基地，同时供加盟商参观、学习、体验和接受培训的店铺。

三、特许经营的类型

特许经营涉及的领域广泛，具体形式又呈现出不同的特点。根据不同的标准，可分为不同的类型。

（一）按特许内容划分

特许经营按照特许内容，分为商品商标型特许经营和经营模式特许经营两种。

1. 商品商标型特许经营（Product and trade mark franchising）

商品商标型特许经营，是指加盟商使用加盟总部的商标、生产方式和营销方式来生产和销售加盟总部的产品的经营方式。在合同期间，加盟商定期向加盟总部支付费用，一般来说，加盟商可保留原有的商业企业商号，单一或在销售其他产品的同时生产、销售加盟总部拥有商标所有权的产品。

商品商标型特许经营由来已久，最早是代理商为制造商代理某种产品，如我国常见的经销商模式。随着市场的扩大，代销商逐渐集中为某一个制造商服务，像是制造商的一个销售部门，代销商与制造商形成类似母公司和子公司的关系，产生了最初的特许经营，它也被称为“第一代特许经营”。如今，这种特许经营模式又演变出其他几种形式来，如表 1-1-1 所示。

表 1-1-1 商品商标型特许经营的三种形式

名称	应用方式	举例	备注
商标特许	商标注册人许可他人使用其注册的商标进行商业开发	Kitty 猫、米老鼠、机器猫、史努比、皮卡丘、蓝猫等	总部一般只对商标的使用方法提出具体的要求和限制，对加盟商的经营活动不做严格规定
商品销售特许	加盟总部将自己生产的商品授权给加盟商销售。通常在名牌产品制造商为扩大产品销售时采用	各类服饰专卖店、汽车专卖店等	加盟总部一般对商品的销售方式、销售价格、销售区域及售后服务有要求，有时会对加盟商的销售模式有特别的要求
商品生产特许	加盟商获得使用加盟总部专利技术、设计和生产标准或产品配方的许可，加工或制造取得特许权的产品，并使用加盟总部的商标销售	可口可乐饮料公司通过此方式大大降低了生产地和销售地之间的运输成本	加盟商不仅可以销售受许商品，还可以生产该商品

2. 经营模式特许经营（Business format franchising）

经营模式特许经营，被称为“第二代特许经营”，是目前常见的特许连锁经营模式。加盟商不仅经营加盟总部的产品和服务，而且整个经营模式、经营标准、产品和服务的质量标准都要按照加盟总部的要求进行。加盟店购买的不仅是商品的销售权，而且是整个模式的经营权。消费者较为熟悉的肯德基、“7-ELEVEn”便利店等都属于这种形式。这种经营模式特许经营范围广泛，在零售行业、快餐业、服务业发展最为突出。

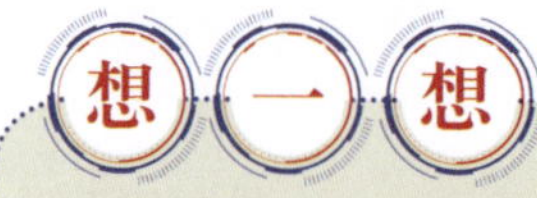

不同的特许经营类型各有什么优势和劣势呢?

（二）按授予特许权的方式划分

特许经营按授予特许权的方式不同，可以分为如下类型。

1. 单店特许经营（Single-unit franchise）

特许人授予加盟商使用其经营模式、注册商标、企业标志、专利、专有技术等经营资源开设一家店铺的授权方式。

加盟总部和加盟商直接签订特许合同，加盟商亲自参与店铺的运营。目前在该类加盟商中，相当一部分是在自己原有网点的基础上加盟。单店特许经营适宜在较小的空间区域内发展特许网点。

单店特许经营的优点：

（1）加盟总部直接控制加盟者；

（2）对加盟商的投资能力没有限制；

（3）没有区域独占，不会对加盟总部构成威胁。

单店特许经营的缺点：

（1）网点发展速度慢；

（2）加盟总部支持、管理加盟商的投入较大；

（3）限制了有实力的加盟商的加盟。

2. 区域特许经营（Regional franchise）

特许人授予加盟商在某个地理区域内使用其经营模式、注册商标、企业标志、专利、专有技术等经营资源开设加盟店，并要求加盟商在规定时间内开设规定数量的特许加盟店的授权方式。

由区域受许人 / 区域加盟商投资、建立、拥有和经营加盟网点，该区域加盟商在该经营区域内不得再行转让加盟权。区域加盟商要为获得区域开发权交纳一笔费用，并遵守开发计划。这个方式十分普遍，适用于在一定的区域，如一个地区、一个省乃至一个国家内发展特许网络。

加盟总部和区域加盟商首先签署开发合同，赋予区域加盟商在规定区域、规定时间的开发权。当区域内每个加盟网点都达到加盟总部的要求后，由加盟总部和区域加盟商分别就每个网点签订特许合同。

区域特许经营的优点：

（1）有助于区域加盟商尽快实现规模效益；

（2）能够发挥区域加盟商的投资开发能力。

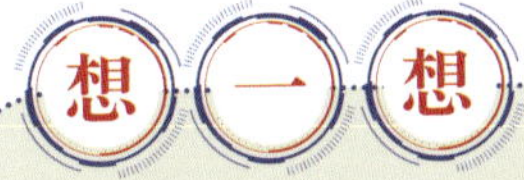

有业界人士认为单店特许经营更适宜在较小的空间区域内发展特许网点，区域特许更适宜在更大的区域，如一个省、一个国家发展特许网点。你认为有道理吗?

区域特许经营的缺点：

（1）在开发合同规定的时间和区域内，加盟总部无法发展新的加盟商；

（2）加盟总部对区域加盟商的控制力相对较弱。

3. 二级特许经营（Master franchise）

特许人授予加盟商在某个地理区域内使用其经营模式、注册商标、企业标志、专利、专有技术等经营资源，并以加盟商的名义开展特许经营二次授权活动的授权方式。

二级特许者成为二级加盟总部，通常跨国特许比较适合采取这种方式，加盟总部与二级特许者签订授权合同，二级特许者再与加盟者签订合同。

二级特许经营的优点：

（1）扩张速度快；

（2）加盟总部没有管理每个加盟者的义务和相应的经济负担；

（3）二级特许者更有自主权，可以根据当地市场的特点改进特许体系。

二级特许经营的缺点：

（1）把管理权和特许权的支配权交给二级特许者；

（2）过分依赖二级特许者；

（3）特许收入分流。

4. 代理特许经营（Agency franchise）

代理特许是指特许代理商通过加盟总部 / 特许人授权成为招募受许人。特许代理商，作为加盟总部的一个服务机构，代表加盟总部招募加盟者，为加盟者提供指导、培训、咨询、监督和支持，也是开展跨国特许的主要方式之一。加盟总部与特许代理商签订代理合同，加盟总部与加盟者签订特许合同，合同往往是跨国合同，必须了解和遵守所在国的法律。代理商不构成特许合同的主体。

代理特许经营的优点：

（1）扩张速度快；

（2）减少加盟总部开发特许系统的费用支出；

（3）对特许权的销售有较强的控制力；

（4）能够对加盟者实施有效控制而不过分依赖代理商；

（5）能够方便终止特许合同；

（6）可以直接收取特许费。

代理特许经营的缺点：

（1）是加盟总部对代理商的行为负责；

（2）要承担被加盟者起诉的风险；

（3）要承担汇率波动等其他风险。

（三）按加盟双方成员的关系划分

按照特许经营按加盟双方成员关系的不同，可分为如下类型。

1. 制造商—零售商特许系统

制造商—零售商特许系统是制造商作为加盟总部／特许人，提供特许经营权。零售商作为加盟商／受许人经营制造商的商品而形成的特许经营体系。这种体系在汽车销售服务业最为普遍。

2. 批发商—零售商特许系统

批发商—零售商特许系统是由一个批发商作为加盟总部／特许人，同时吸收大量零售店加入作为加盟商／受许人所形成的特许经营体系。这种体系在药店、超级市场、汽车维修行业较为常见。

3. 制造商—批发商特许系统

制造商—批发商特许系统是由一个制造商作为加盟总部／特许人，吸收批发商作为加盟商／受许人所形成的特许系统，软饮料制造商建立的装瓶特许体系属于这种类型。制造商授权指定地区批发商使用其提供的糖浆生产饮料并装瓶，再按照制造商的要求分销产品。可口可乐等饮料公司就是典型的制造商—批发商特许系统。

4. 服务特许系统

服务特许系统是由一个创造出自己服务概念的服务企业作为加盟总部／特许人，吸收加盟商授予特许经营人的特许系统，主要应用于餐饮业和纯服务行业，如海底捞、太二酸菜鱼等各种餐饮品牌，学而思等儿童教育机构，德祐等房产中介所都属于这一体系。

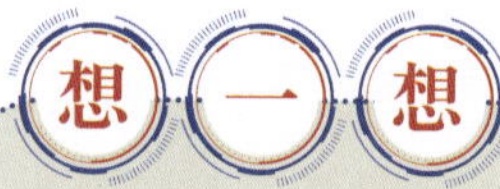

如果你是一位投资人，你希望以何种形式加盟某知名品牌产品的经营？你的理由是什么？

四、连锁经营的形式

连锁经营是经营同类商品或服务，使用统一商号的若干店铺，以一定的形式组成一个联合体，在整体规划下进行分工，并在分工基础上实施集中化管理，以共享规模效益的经营形式。

连锁经营最初是以直营连锁形式出现的，随着市场的发展，逐渐形成了直营连锁、自愿连锁和特许经营三种形式并存的局面。

（一）直营连锁

直营连锁（Corporate chain）又称正规连锁，是指连锁店铺由连锁公司全资或控股开设，在总部的直接控制下，开展统一经营的连锁经营形式。加盟总部对各门店实施人、财、物及商流、物流、信息流等方面的统一管理。直营连锁利用连锁组织集中管理、分散销售的特点，充分发挥了规模相应效益，是连锁经营的基本形态（图 1-1-1）。

图 1-1-1　特许经营和直营连锁对比

直营连锁具有以下特征。

1. 所有权统一

所有门店都归总公司所有，是同一投资主体投资开办的门店，各门店不具备独立的法人资格。同一资本开设门店也是直营连锁与特许经营和自愿连锁的最大区别。

2. 经营管理集中

除统一所有权外，加盟总部对各门店拥有经营权、监督权，实施人、财、物与商流、物流、信息流等方面的集中统一管理，门店业务必须按照加盟总部安排实施。加盟总部需要设置分工明确的内部管理机构和规范的门店管理机构，联结总部各职能部门和门店统一运作。

3. 财务核算系统统一

各直营连锁门店的店长、员工都属于连锁企业的雇员，由加盟总部委派或招聘，其工资、奖金由加盟总部确定，整个连锁企业实施统一的核算制度。门店店长无权决定店内利润分配。

4. 经营标准化

各门店规模、店容店貌、经营品种、商品档次、销售价格、服务水平等都高度统一。

直营连锁采用高度集权管理，可以统一调度资金，统一经营战略，统一管理人事，统一开发和利用企业的整体性资源。因其具有雄厚的实力，易于同银行等金融机构以及生产厂家打交道，拥有更大的谈判优势。在新产品的开发和现代化管理系统的推广方面也能发挥整体优势。

直营连锁以单一主体和资本扩大市场，易受资金、人力、时间等方面的影响，发展规模和速度有限。此外，各门店因自主权小，所有权和经营权分离，利益关系不紧密，其积极主动性、创造性等都难以充分发挥出来。

（二）自愿连锁

自愿连锁（Voluntary chain）又称自由连锁。若干个店铺或企业自愿组合起来，在不改变各自资产所有权关系的情况下，以同一个品牌形象面对消费者，以共同进货为纽带开展的连锁经营形式。

自愿连锁最初是中小企业为了保护自己的利益结合而成的事业合作体，通过联合，获得规模效益，以便同大资本商业企业抗衡，争夺市场而产生的。各成员店是独立法人，具有高度自主权，只是在部分业务范围内合作经营（图 1-1-2）。

图 1-1-2　特许经营和自由连锁对比

自愿连锁主要有三种形式。第一种是几家中小企业联合为龙头，开办自由连锁的总店，然后吸收其他中小企业加盟，建立统一的物资配送中心，可以通过分店集资获得资金集中。第二种是由某个批发企业发起，与一些具有长期稳定交易关系的零售企业，在自愿的原则下结成连锁集团，批发企业作为加盟总部，承担配送和服务指导的功能。第三种是以大型零售企业为龙头，开办自由连锁总店，利用大企业的进货渠道、储运设施等方面的优势吸引中小企业加盟。

自愿连锁都必须具有以下特征。

1. 成员店所有权、经营权和核算权独立

各成员店资产归门店经营者所有，独立核算，自负盈亏，自主安排人事。在经营品种、经营方式、经营策略上也有很大的自主权，只需要每年上交一定费用给加盟总部，以此获取合作产生的规模效应。

2. 加盟总部和成员店关系的实质是合作

自愿连锁的加盟总部和成员店之间是互助互利的关系。加盟总部应遵循共同利益原则，协调各方关系，致力于实现规模效应。

自愿商店加盟总部职能如下：

（1）制订大规模销售计划；

（2）组织共同进货；

（3）联合开展广告宣传等促销活动；

（4）业务指导包括店内装修、商品陈列等；

（5）物流管理；

（6）教育培训；

（7）信息反馈；

（8）资金融通；

（9）开发店铺；

（10）财务管理咨询；

（11）劳保福利管理；

（12）劳务管理。

自愿连锁联合经营，可以降低成本，提高利润，实现规模效应。因其具有较好的灵活性，可以保持独立小商店的某些经营特色。门店的独立性强，自主性大，有利于调动各门店的积极性和创造性。

维系自愿连锁经营的经济关系纽带是合约，合约通常是民主协商确定，约束力较弱，也常因过于民主决策缓慢，竞争力相对受到影响。同时，因各门店的独立性强，加盟总部集中统一运作的作用受到限制，因而组织不够稳定，发展规模和地域有一定的局限性。

（三）特许经营

特许经营具有如下特征。

1. 特许经营的核心是特许权的转让

加盟总部将自己实践过、凝结自己创新的无形资产特许给加盟商使用。这些无形资产包括商标、专利、商业技术、商业秘密、技术秘密、经营诀窍等，如果加盟总部没有形成这些无形资产，就不会出现特许经营模式。这些无形资产都属于知识产权范畴，因此特许经营实际上是知识产权的转让。

产品和服务可以模仿，但缺少已经被公认的这些商标，也很难被消费者接受，没有验证成熟的技术、经营诀窍、管理系统，也无法保证同样的经营水平。因此，接受已经成熟的特许经营权的转让对于加盟商来说是更稳妥的方法。

2. 加盟总部与加盟店之间的关系是合约关系

特许连锁经营加盟店与加盟总部之间的关系是以特许经营合约为基础的。加盟总部与加盟者之间签订一份协议书，根据协议加盟总部被称为特许权所有人或特许人，加盟者被称为特许权使用人或受许人。协议签订后就具有了法律效力，将加盟总部和加盟者紧密联系在一起。

根据合约，在加盟总部的授权下加盟店可以使用自己的全套经营体系。加盟总部可要求加盟店按照自己的模式去经营，并对加盟店有监督的权利，同时需要履行指导、培训加盟商的义务及合约规定的其他义务。

3. 所有权分散，经营权集中

在特许连锁系统里，加盟者出资购买加盟总部开发的产品、服务、商标和经营模式，是资产的所有者，拥有加盟店的所有权。尽管特许经营的所有权是分散的，表面上与直营连锁相似，但经营权高度集中于总部，对外形成统一资本经营的形象，使公众把加盟店看作加盟总部的有机组成部分。它们既有自营的连锁门店，也有特许的连锁门店，除了加盟总部清楚两者的区别外，消费者是无法分辨清楚的。

4. 总部提供特许权许可和经营指导，加盟店支付费用

一旦加盟总部和加盟者签订特许经营合同，加盟者就获得了使用加盟总部特有的商标、店名和字号的许可，可以开始进行生产、加工、销售或提供服务等商业活动。加盟总部在合约有效期内应持续提供各种指导和帮助，帮助加盟者了解、吸收和复制其特殊技术，使其在开业后能尽快走向正规，获得收益。

加盟者在取得这些权利的同时要向加盟总部交纳一定的费用。一般情况下，加盟者在签订特许经营合约时要一次性交纳一笔加盟费。各特许组织的加盟费视自身情况而定。对于加盟总部提供的指导、服务，统一开展的广告宣传，加盟店也需按合同规定向加盟总部交纳特许经营权使用费、广告费等费用。

总之，特许经营成功的关键在于，加盟商可以利用加盟总部的经营资源迅速发展，加盟总部也可以利用加盟商迅速扩大市场，提高利润。双方通力合作，将彼此的利益紧密连接，只有这样才会有一个更好的发展前景。

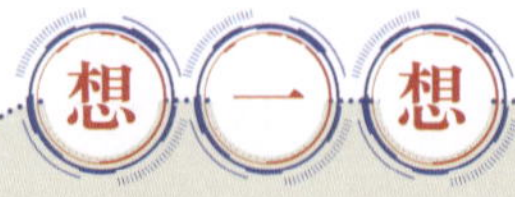

有人说：特许经营是种“一本万利”的模式。这里的“本”不是本钱的“本”，“利”也不是利润的“利”，而是指一个“基本”的模式，被“一万次”地利用，即将一个店铺的赢利模式无限复制。

你是如何理解这段话呢？

任务实施

实训任务：思维导图设计

根据教材内容进行总结分析，绘制理解特许经营内涵的思维导图。

请按照特许经营的概念和特点、特许经营的类型以及连锁经营的不同形式，整理出对特许经营的理解。

任务实施评价

学生自评表

序号	技能点	佐证	达标	未达标
1	认识特许经营概念和特点	认识特许经营经营模式的本质		
2	认识特许经营类型	清楚不同特许经营类型		
3	认识不同连锁经营模式的区别	清楚直营连锁、特许经营、自愿连锁三种连锁模式的不同点		

序号	素质点	佐证	达标	未达标
1	思辨思维	能够辩证地理解事物		
2	团队合作精神	能和团队成员协商，共同完成实训任务		

教师评价表

序号	技能点	佐证	达标	未达标
1	认识特许经营概念和特点	认识特许经营经营模式的本质		
2	认识特许经营类型	清楚不同特许经营类型		
3	认识不同连锁经营模式的区别	清楚直营连锁、特许经营、自愿连锁三种连锁模式的不同点		

序号	素质点自评	佐证	达标	未达标
1	思辨思维	能够辩证地理解事物		
2	团队合作精神	能和团队成员协商，共同完成实训任务		

任务 2　特许经营的优势和劣势

学习目标

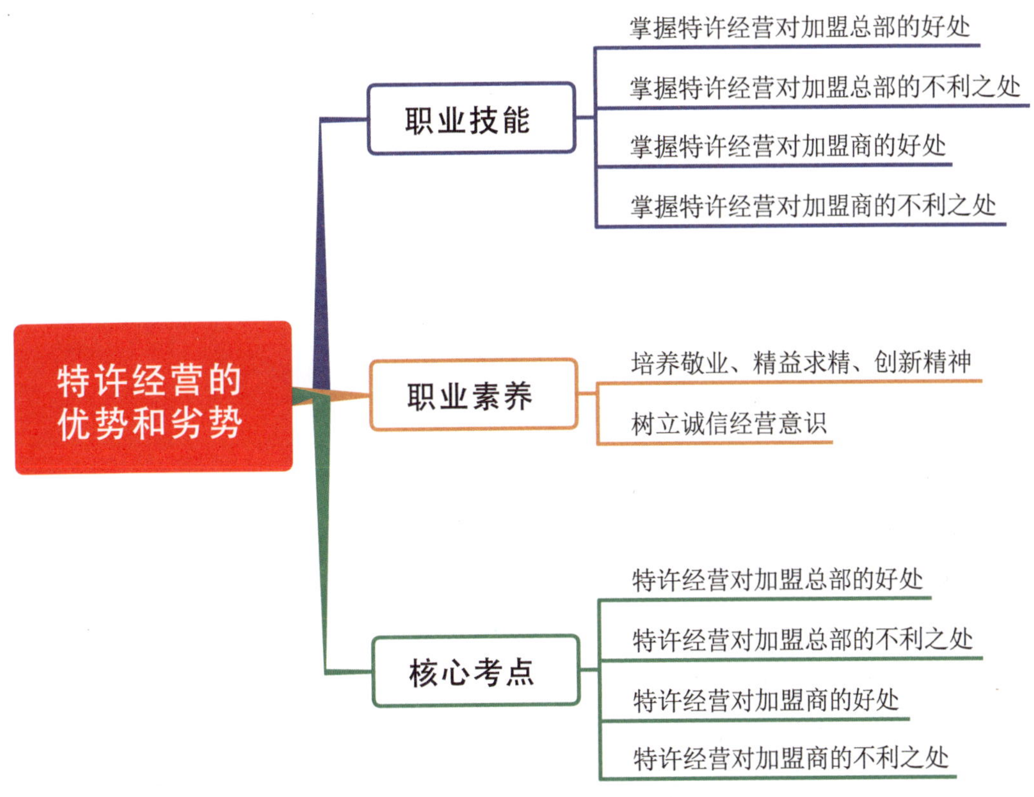

任务导入

一酒店品牌自 2015 年创立以来，已在全国主要城市如上海、西安、杭州等地布局。随着国家“十四五”规划的推出，旅游业的繁荣带动了下游酒店业的高速发展，该酒店抓住发展机遇，欲转型为酒店连锁集团，采用连锁这一成功的经营模式进行跨区域扩张来实现企业的二次创业。该企业在是否采用特许经营模式上犹豫不决。请分析特许经营模式的优劣势。

任务解析

特许经营常常被企业看作一个低成本扩张的利器，但特许经营虽有其特有的优势，也并不是十全十美的。它是一把“双刃剑”，用得好，能帮助企业迅速发展扩大市场；用不好，反被其伤。因此，加盟双方在涉足特许经营之前，都需要对该经营方式有清醒的认识，充分了解它的优劣势，才能扬长避短，走向成功。

分析经营模式的优劣势可以从加盟总部和加盟门店两个角度进行，具体可从资金、成本、收益、资源获取、面对风险等方面进行分析。

知识准备

一、特许经营的优势分析

（一）特许经营对加盟总部的好处

1. 不受资金限制，迅速扩大规模

连锁业最初在欧美国家都是以直营连锁起步的，但是受到资金、地域和时间的限制，无法得到很好的发展。因为各国的地方性法规、税收等都有所不同，有些地区甚至严格禁止外来资本进入零售业，致使有些连锁企业因为资金周转不灵或亏损而不得不关门或转让。而特许经营的每一家加盟店都由加盟商出资加盟，加盟总部只需提供已经成熟的经营方式，这就恰好弥补了直营连锁的缺陷，可以不受资金的限制而迅速扩张。

同时，由于特许经营风险小，是加盟总部成功经验的复制，各金融机构更乐于贷款给加盟总部和加盟店，因而资金来源比较容易解决，这也使加速发展成为可能。另外，加盟总部通过出售自己的品牌、商标、经营模式等无形资产，不仅开设新的加盟店不需要自己出资，还能从加盟商那里收取加盟费及特许经营权使用费等，用来增开直营连锁店，从而进一步加快发展。因此特许经营对加盟总部而言是一种低成本、高速扩张的经营模式。

简而言之，这种模式不受资金的限制，仅凭授予特许权就可以发展新店，迅速扩大规模。

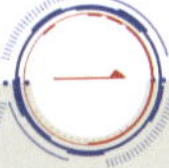
想一想

特许经营被视为商业活动中最具有成长潜力的经营方式，在世界各国广泛流行，成为许多国家商业经营的一种主流形式。自 20 世纪 80 年代传入中国以来，经过多年的发展，日益显现出其强大的生命力和巨大的发展潜力。你认为特许经营这种经营方式最大的优势是什么呢?

2. 降低经营费用，提高管理水平

特许经营聚集的规模优势使加盟总部可以降低成本，集中力量提高经营管理水平。

首先，伴随着加盟店的不断增多，集中采购商品的数量也更大，加盟总部可以从供应商那里获得较多的折扣和其他优惠条件，从而降低进货成本，进而降低商品售价，增强企业竞争力。其次，加盟商同时分摊了广告费用，实际上降低了加盟总部的广告宣传成本。再次，加盟总部给予加盟商的各种帮助，包括检查费用，都可以从各加盟店的营业额中抽取一定比例来获得补偿，这实际上是将管理费用分散，由各加盟店分担，相应降低了加盟总部的经营成本。

在特许经营体系中，除加盟店的经营活动外，加盟总部也不需要管理其他各类杂务，可以集中精力改善经营管理，开发新产品，挖掘新货源，做好内勤工作。加盟总部可以从各加盟店获得市场需要的信息，及时对新产品的外观、质量、性能等方面做出改进，反过来推向市场，加快畅销产品的培养。加盟总部可以研究改进商店设计、广告策划、商品陈列、操作规程、技术管理等，更好地确保加盟店保持统一形象，形成新特色，吸引更多消费者。

3. 获得有力的人力资源保障

加盟事业的发展，有两个重要条件，一是充分的资金保障，二是有力的人力资源保障。特许经营的加盟模式不仅解决了资金问题，也有效地解决了人才问题。

一般而言，伴随着连锁事业的不断发展，需要有足够多既有业务知识和工作经验又有责任心的管理人员来管理加盟店。这对于加盟总部来说往往是一件比较头疼的事情。首先，培养这样的管理人员需要时间。其次，作为连锁门店的管理人员，因为利润高低和他们的个人收入相关性不大，很难要求他们尽心尽力工作。再则，培养好的管理人员在有了一定经验后，很可能自立门户或另谋高就。所以，对于直营连锁来说人才问题一直是一个难题。

加盟者则不一样，他们是加盟店真正的主人，加盟店经营的好坏和他们自身的利益直接相关，不管是用自己的积蓄还是贷款投资，投资失败的压力是投资者不希望承担的。因此，特许经营加盟者比直营连锁店主更勤奋、努力，更有责任心，更有干劲。他们努力经营自己事业的时期，也是加盟总部的事业、信誉蒸蒸日上的时期。这也是许多加盟企业将一些直营连锁店转为特许连锁店的主要原因。国外许多采用特许经营模式的加盟总部均要求加盟者亲自参与管理，并在合同中明文规定，一旦发现加盟店经理是投资者聘用的，则立即取消其特许权，就是希望加盟商能和加盟总部齐心协力，经营好他们共同的事业。

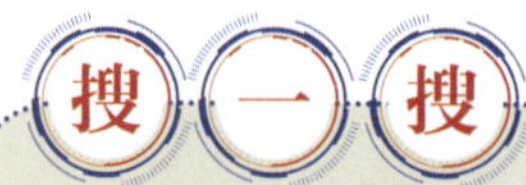

请搜索你熟悉的特许经营品牌，了解该品牌在发展过程中成功或失败的原因是什么？

4. 更容易获得政策支持，加快国际化的发展

在连锁经营发展的过程中，一个基本趋势是商业集中和垄断加强，而各国政府都认为这种集中不利于实现自由竞争。美国零售业集中程度的提高正是由于零售业中如餐饮业、百货业等大力发展连锁商店所导致的。造成这种集中的基础是规模经济的发展，这又使得零售业中的小企业在竞争中大量倒闭或被兼并。因此，出于保护中小企业的目的，政府一般会采取一系列的措施支持鼓励自由连锁和特许加盟连锁组织的发展，如日本，对加盟店所需的现代化设备资金的 80% 发放 15 年期低息、贴息，甚至无息贷款。

同时特许连锁比直营连锁更容易进入他国市场，更有利于实施国际化战略。许多国家的市场都是逐渐对外开放的，对零售业、服务业等第三产业开放较为谨慎，外国资金要进入这些行业非常困难，而特许经营是一种无形资产的许可，不涉及外资的进入，可以绕过壁垒，顺利地将事业发展到世界各地。这是直营连锁难以企及的。

（二）特许经营对加盟商的好处

对加盟商而言，特许经营是复制加盟总部的成功经验，生产、销售或提供已被市场广泛接受的产品或服务，使用已经经市场检验的经营方法，是一种既安全又可迅速扩大名声、拓展业务的经营方式。具体来说，特许经营对加盟商的好处如下。

1. 降低创业风险，增加成功机会

在当今日益激烈的竞争环境中，一个资本比较少的独立创业者所拥有的市场机会也是越来越稀少。据美国中小企业管理部门统计，在开业第一年就失败的自营店铺比率高达 30% ～ 35%。这个事实表明，一般情况下，一个资金有限、经验缺乏的投资者，想在高度饱和的市场中独立开创一份自己的事业是非常困难的。

而投资者如果选择已经发展成熟的、被市场检验过的、信誉好、实力强的企业，加盟其连锁网络，其成功的机会将大大提高。加盟特许经营网络，不仅可以复制其成功经验，而且可以获得专业技术等方面的资源，这对于缺乏经验的创业者来说是一条通往成功的捷径。虽然，这并不意味着特许经营就没有商业风险，但采取加盟特许经营企业的创业方式，要比独立创业的风险小得多。在上述美国中小企业管理部门的统计中，采用特许经营方式的店铺在开业第一年失败的概率仅为 3% ～ 5%。

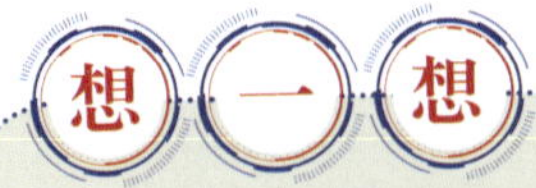

加盟商在选择特许经营这种经营模式时，最有吸引力的是什么？最大的顾忌是什么呢？

2. 获得系统的管理经验和经营诀窍

美国邓恩和布兹特里斯信用分析公司对破产企业进行的大量调查和研究表明，在破产企业中，90% 都是由于管理不善造成的。从某种意义上说，一个企业成功的关键在于拥有一套成熟的、被证明高效率的管理方法。通常情况下，一家新企业要独立摸索出一套可行的管理方法，往往需要更长时间。在这套方法成熟之前，该企业可能因多次试错造成大量人、财、物的消耗而无法维持下去。但是如果投资者加入特许经营企业，即使在没有任何专业知识和管理经验的情况下，也可以立即得到总部关于管理方法、经营诀窍和业务知识等方面的培训。这些培训包括行政管理、财务管理、销售管理、进货管理、顾客服务、商品陈列、质量检查等。这些管理经验和经营诀窍经过多年实践被证明是行之有效的。照搬这些标准化的经营管理方式更容易获得成功。

在经营过程中加盟商可以直接从加盟总部获得帮助，有些加盟总部会设立专门的部门和人员帮助加盟商解决从企业开业至经营过程中出现的任何问题。这些帮助包括店址选择、店内装修、店面布置与设计、库存采购和控制方法、设备与设施的购买和租赁、员工培训等。

3. 通过集中进货降低成本，获得优质货源

连锁经营优势之一体现在集中采购和配送上。特许经营加盟总部将众多分散的小零售商组织成为一个整体，在总体上扩大了规模，为降低进货成本和库存成本提供了有利条件。加盟总部进货集中，进货批量大，和供应商谈判时就处于更有利地位，相比独立经营的零售商可以获得较低的进货价格，从而降低进货成本，取得价格竞争优势。同时，由于各加盟店有组织的进货克服了独立商店的盲目性，加上加盟总部统一配送，加盟商可以将商品库存压到最低，从而使库存成本相应降低。这样，加盟商就可以将全部精力放到商品推销上，大大加速商品的流转，提高利润水平。

由加盟总部集中统一进货的另一大优势体现在可以充分保证货源，防止商品断档。补给不足，商品缺货是一些个体零售商经常遇到的现象。为了不积压商品和多占用资金，零售商进货基本上都是量出为入，致使商品数量有限，常常会陷入卖光之后来不及补货的不利境地，长此以往就会影响门店的信誉和客源。加入特许经营体系的加盟商就不用担心这一点，总部快捷的商品配送，可以为其节省大量的时间和精力。

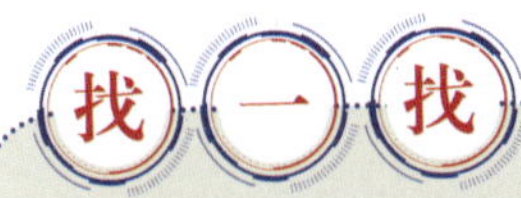

请实地去了解一家特许经营加盟店，跟加盟商、店长或店员谈一谈，了解他们在实际经营过程中面对的机会和挑战有哪些。

4. 获取驰名商标或高标准服务水平

现在社会物质极大丰富，人们的收入水平、生活水平和生活质量都有了较大的提升，审美能力也相应提高。面对琳琅满目的商品和日益完善的服务，消费者不论是购物，还是饮食、娱乐，已从对价格水平的高敏感转向对良好品牌形象和高质量服务的高需求。

对于一个创业者来说，当务之急是提高自己的声誉，即所谓的打响品牌。利用大量的广告展开宣传，虽然可以在最短的时间内使自己的品牌广为人知，但需要大量的资金。一般的个体经营者资金有限，若其经营的产品没有独特之处，要想创出自己的招牌可谓异常艰难。而特许经营的加盟总部通常已经建立了良好的公众形象，拥有高知名度的品牌和良好的商誉。个体经营者若加盟这些特许经营组织，就可以共享这些无形资产，直接享受高知名度和信誉度带来的经济效益，迅速稳固市场地位。

5. 减少广告费用，获得良好的宣传效应

在激烈竞争的市场环境中，要保持自己的市场地位，持久吸引消费者的注意力，需要持续地进行广告宣传。如果各加盟店单独进行广告宣传和公共关系活动，不仅资金能力有限，影响力也极其有限。通常情况下，由加盟总部采取联合行动，发布全国性广告，内容一致，影响力颇大。同时，加盟总部在和广告商谈判时也更有优势，有利于降低广告成本。加盟店只需按一定比例向加盟总部交纳费用即可。各加盟店都能从中受益，所分担的费用比单独做广告也要低得多。而且加盟店往往数量比较多，分布在全国各地或世界各地，大量加盟店的存在本身就是很好的“活广告”。各加盟商在无形中已经享受了这种宣传优势，这是独立商店所不能达到的效果。

6. 获得财务资助

对于经营者或创业者来说，资金筹集至关重要。资金问题关系到经营的开展和运行，资金不足不仅有可能错过良好的市场机会，更可能因资金周转不灵而陷入困境。但对于加盟特许经营企业的加盟商来说，不仅可以获得加盟总部的资助，也更容易获得银行的资助。有些加盟总部会预拨一部分资金给加盟商作为财务援助，还有一些加盟总部虽然没有直接进行财务帮助，但是会帮助加盟店与银行建立关系，有时甚至采用连带担保的形式为加盟店获得贷款。现在许多银行都认可特许经营这种经营模式是一种更安全建立企业的途径，也愿意贷款给加盟者。

此外，各国政府为了鼓励特许经营，纷纷制定了许多包括资金方面在内的优惠政策，使加盟者较容易获得低息长期借款，来解决资金问题。

7. 获得更广泛的信息来源

企业的成功运营离不开根据市场信息进行的及时反应和调整，信息收集对于企业来说非常重要。在特许经营行业中加盟总部可以将各加盟店传递上来的信息数据进行加工处理，及时反馈给加盟店，并随时对周围的各种环境进行调查和分析，包括商圈范围、目标顾客的变化、消费水平的变动、消费倾向的改变及产业界信息等，使各加盟店能及时采取相应的措施。单个企业往往无法获得如此巨大的信息量，而且需要承担巨额的信息调查分析费用。

二、特许经营的劣势分析

特许经营发展迅速，有很多成功的经验，但有利也有弊，加盟双方必须有清醒的认识，扬长避短，才能少走弯路，充分利用特许经营的优势，规避经营风险，开拓自己的事业。

（一）特许经营对加盟总部的弊端

1. 有加盟店退出加盟体系的风险

受许人在加盟后，经过一段时间的经营，往往会出现两种不利于加盟总部的情况：一种是经营顺利，利润达到或超过预想，但加盟者会认为这是自己辛苦经营的成果，从而希望脱离加盟体系，摆脱加盟总部的指导和监督；另一种情况是，经营没有预期顺利，盈利较少甚至出现亏损情况，从失望到不满，进而想退出加盟体系。对于这两种情况，加盟总部都要小心处理，良好的沟通是解决问题的重要途径，尽可能保持对加盟店的有效控制。

2. 声誉形象易受到个别经营不好的加盟店的影响

在特许经营体系中，加盟总部和加盟店以同一品牌、同一形象展示在消费者面前，既容易“一荣俱荣”，也容易“一损俱损”。

其中任何一方出现了问题都会损害品牌形象，进而损害另一方的利益。加盟总部决策失误会使加盟店的利润和发展受到损害，加盟店经营失败也会影响整个连锁经营体系。

在特许经营中，虽然加盟总部的经验是成功经验，已经将开店的风险降到最低，但是还需要加盟店按照加盟总部的指导全力经营，如果个别加盟店不按加盟总部的指导来办事，随意更改加盟总部的样板经营程序，或者没有倾其全力来经营这个事业，导致经营失败，这不仅会使自己的经济受损，也会损害了加盟总部的声誉，使加盟总部和其他加盟店多年树立的企业形象遭到破坏。

3. 无法及时更换不能胜任的加盟者

由于加盟总部与加盟店之间相互依赖、相互影响的关系，加盟总部挑选合适的加盟者就非常重要。加盟总部在挑选加盟者时需要十分谨慎，国外加盟总部往往会找产权明确、资金不太雄厚、学历不太高、需要努力才能维持生计的中小生意人，因为这些人在利益相关的情况下，可能会倾其全部精力和积蓄，小心谨慎，严格按照加盟总部的规范来经营。这样既能给自己带来可观的效益，又维护了加盟总部的良好声誉。但是理想的加盟者并不好找，特别是在快速发展阶段，加盟总部要招到足够数量合适的加盟者尤其困难。往往经过一段时间才发现加盟店主不能胜任工作，加盟总部也不能像直营连锁那样将其辞退，更换新的店长，这样就会影响到经营事业的顺利发展。

4. 丧失一定的经营自主权，增加泄密机会

和直营连锁相比，特许经营意味着加盟总部需要出让一定的自主权。如果是直营连锁，当总部根据市场变化推出新的服务和新的管理措施时，分店必须执行，但在特许经营体系中，加盟总部需要征求加盟者的同意才能推出新产品，增加、减少服务以及改变经营策略，这样就减弱了加盟总部的经营自主权。

在特许经营过程中，加盟总部对加盟者进行的全方位培训，会不可避免地涉及企业的关键技术、生产、市场、研发等方面。在这个过程中泄露加盟总部的一些数据资料、技术秘密也会在所难免，如果不慎泄露商业秘密，则相当于给加盟总部埋下了一颗“定时炸弹”，因为可能会培养出一个较强劲的竞争对手，进而削弱自身的竞争力。

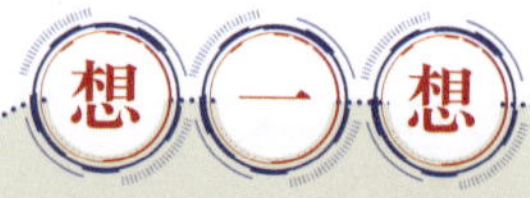

“小羊墩墩羊肉粉”是总部位于广东佛山的一家餐饮连锁公司，经营模式为直营连锁、特许加盟。品牌致力于为人们带来更美味、更健康、种类更多的正宗羊肉粉饮食体验，打破了米粉给人的固有印象，也逐渐形成了广泛的消费群体，很快就在市场上聚集了众多回头客。品牌实现了连锁化发展，影响力在不断扩大，加盟店数目不断增加，但也会出现有些加盟商在一个加盟期到期后独立经营的现象。加盟商在原店址直接更名“小羊乐乐羊肉粉”，出售相同产品。面对这种情况，品牌方有什么好的控制方法吗？

（二）特许经营对加盟者的弊端

1. 分店经营受严格约束，缺乏自主权

加盟商加入特许经营组织之后，要严格按照总部要求经营，从商品布置、商品陈列，到经营器材、经营商品的品种、经营方式，甚至包括营业员着装、服务语言，都必须和总部规定保持一致。加盟店必须服从加盟总部的安排，没有创新的权力。这虽然可以保证标准统一，但加盟店因缺乏自由也会相应失去应变能力。

比如，在面对竞争对手同样商品降价的情况下，个体经营者在权衡得失之后一般会立刻做出反应，也用同样价格甚至更低价来回击。而加盟商没有这样的自由，因为所有连锁商店的售价都是由加盟总部统一制定的。当然，加盟店可以向加盟总部反馈，但通常需要较长时间，从而错过最佳反应时机。更有可能的情况是加盟总部不愿意为个别加盟店调整商品的价格，那么这家加盟店只能眼睁睁地看着竞争对手抢走自己的顾客。

商业竞争最重要的是要灵活应变，个体经营者有经营自主权，灵活性较高，可以随时根据市场情况调整应对，促进经营的良性运行。而加盟者只能循规蹈矩，尽管创业风险要小得多，但是生意也很难有大的突破。

2. 会受到加盟总部决策失误或其他分店表现不佳的影响

特许经营业内有一句俗语：“一家分店出售一杯糟糕的咖啡会使其他分店的顾客减少”，这句话形象地说明了加盟店和加盟总部之间、加盟店和加盟店之间唇齿相依的关系。投资者一旦加入了特许经营组织，就等于将自己的投资得失和特许经营组织捆绑在一起，成功或失败，很大程度上要受到加盟总部和其他加盟店的影响。

尽管特许经营是建立在成功经验的基础上，但加入特许经营并不意味着没有风险，特许经营失败的例子也很多。这些失败的例子有一个共同的特点，就是他们的失败都是加盟总部决策失误造成的。由于加盟店的一切经营都由加盟总部全盘安排，加盟店没有自主性，一旦加盟总部出现了问题或加盟总部的支持不到位，加盟店就会因无法应变而大受牵连。如果加盟总部制定的有关企业革新的决策出现了失误，也会使整个加盟体系遭受损失，甚至全盘失败，任何加盟店都无法独自逃脱。正因如此，加盟总部在推出一项重大决策时，都应该先在自己的直营店进行试验，成功之后再推广。

此外，个别加盟店的不良表现也会使其他加盟者无辜受牵连。如果加盟总部放松对特许经营体系的管理或整个体系放松质量控制，一些店的不良表现会影响整个品牌的声誉进而影响到其他加盟店的发展。

3. 标准化的产品和服务面对加盟店当地市场的适应性问题

在现代市场中，经营者需要不断地推陈出新，以便吸引消费者，而加盟商需要完全按照加盟总部的程序要求来做。这种高度统一、标准化的产品和服务让加盟店享有经营便利，但伴随一定的弊端，即死板和缺乏新意。因为即使是想临时改变一些商品的售价和一些经营策略都很难，更不要说创新了。加盟店所有的商品、设备、原料、加工品都由总部统一配送，几年如一日地提供同一商品和服务，可能会失去对顾客的吸引力。虽然加盟总部为了提升市场竞争力，在经营策略上也会不断创新，但是由于整个企业的规模太大，任何创新，从设想、计划到实施都需要一段时间来依次进行，并且加盟总部的创新往往从全局出发，不会特意考虑某个加盟店的具体情况。而产品都需要适应消费者的需求进行开发和设计，消费者的消费习惯、品味、地区差异很大。加盟店只能跟着加盟总部的经营策略走，不能自行调整不适合本地消费者的商品。

4. 加盟总部的盲目扩张可能导致后续的服务跟不上

特许经营体系的良性运转，需要加盟总部系统的有力支持。如果加盟总部的物流体系、后勤服务等跟不上，不能对加盟店进行有效帮助和指导，就会使连锁经营体系不能发挥实际作用，加盟商就变成直接受害者。

因为膨胀过快而招致失败的连锁企业并不少见。2003 年进入中国的“面包新语”凭借精品面包的定位以及当时还很新鲜的可视化后厨等营销手段迅速得到市场青睐。“面包新语”在中国市场采取一线城市直营、二三四线城市加盟的经营模式，让品牌在打开知名度的同时快速向全国市场扩张，高峰期在全国 50 多个城市拥有 400 多家门店。但从 2016 年开始，加盟店在多个城市全面撤退，2021 年“面包新语”的官方网站上，重庆、南昌、沈阳分店数量均已显示为零，大连、长春、温州、扬州、南通等地分店数量仅为一家。加盟制度的优势在企业刚刚进入市场时非常明显，可以帮助品牌进行高速本土化扩张。但由于急于扩大规模，在短时间内连续开了很多家分店，导致对产品质量控制不力，后续服务无法保证，媒体多次爆出二线、三线城市的“面包新语”出现质量问题，如大肠杆菌超标、采购过期原料等负面新闻，让品牌声誉一落千丈。

5. 加盟商退出或转让业务时受到合同的限制

加盟商和加盟总部的合作是有约定期限的，如果在这期间经营不太理想或因其他原因想退出，是无法随意终止合约的。因为加盟总部出于自己的利益考虑，一般不会轻易同意，这时的退出只能通过法律程序来解决。如果加盟商将生意转给第三者或迁移店址，必须经过加盟总部的批准，尽管这个店的设施和设备归加盟店的店主所有。而且即使在合同终止后，加盟商如果想继续从事类似的商业活动，也会有若干限制。因此，加盟商一定要经过慎重考虑，再做出决定。

任务实施

实训任务：思维导图设计

深圳百果园实业（集团）股份有限公司（以下简称百果园），2001 年成立于深圳，是一家集水果采购、种植支持、采后保鲜、物流仓储、标准分级、营销拓展、品牌运营、门店零售、信息科技、金融资本、科研教育于一体的大型连锁企业。

百果园的发展可以分为四个阶段：第一阶段是 2001 年公司成立到 2008 年，这一阶段的发展是伴随单店的壮大，百果园开放特许加盟模式的阶段，但当时加盟商的维护成本高，加盟费用少，出现了加盟商盈利、品牌商亏本的现象，虽然跌跌撞撞开到了 100 家店，却也连续亏了 7 年。第二阶段是从 2008 年到 2015 年，百果园开始回购加盟店，全面实行自营，抽出资金着力于稳定上游供应链建设和下游消费体验建设中来。供应链建设包括输出产品标准及技术支撑对上游相关环节进行重构，如提升优质水果品质和进行不被看好果品的改造等，消费者体验上，推行“不好吃三无退款”政策等，极大提升了顾客满意度。第三阶段是从 2016 年开始的，获得 A 轮融资后，由于资本市场的介入开始大肆扩张线下门店，并全力布局线上。第四阶段从 2018 年开始，百果园在获得 15 亿元人民币的 B 轮融资后，重启社会特许加盟，同时实施单店加盟和区域加盟两种加盟模式。同时，百果园也进行了全渠道布局，将商业经营的各个环节数据化，积极尝试转型为一家新零售平台，实现快速稳步发展。

实训要求：

百果园经历了特许经营模式到直营经营，再到重启特许经营模式的发展过程，请结合百果园的发展历程分析特许经营模式的优势和劣势。

任务实施评价

学生自评表

序号	技能点	佐证	达标	未达标
1	认识特许经营的优势	清楚特许经营模式对加盟总部和加盟商的有利之处		
2	认识特许经营的劣势	清楚特许经营模式对加盟总部和加盟商的不利之处		

序号	素质点	佐证	达标	未达标
1	思辨思维	能够辩证地理解事物		
2	团队合作精神	能和团队成员协商，共同完成实训任务		

教师评价表

序号	技能点	佐证	达标	未达标
1	认识特许经营的优势	清楚特许经营模式对加盟总部和加盟商的有利之处		
2	认识特许经营的劣势	清楚特许经营模式对加盟总部和加盟商的不利之处		

序号	素质点	佐证	达标	未达标
1	思辨思维	能够辩证地理解事物		
2	团队合作精神	能和团队成员协商，共同完成实训任务		

任务3　特许经营的起源和发展

学习目标

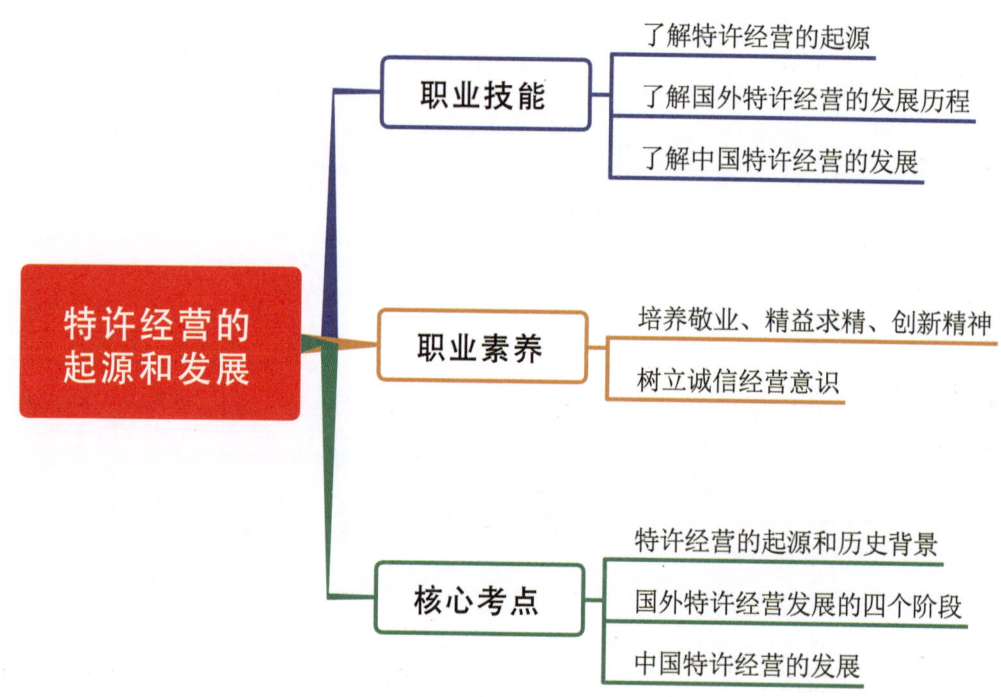

任务导入

特许经营作为一种发展迅速的商业合作模式，起源于什么样的经济发展背景呢？特许经营最早出现在哪种行业，是如何发展起来的呢？目前国内外特许经营行业的发展状况如何？

任务解析

要了解特许经营，对特许经营未来的发展有预测性的判断，就需要对特许经营的产生和发展进行全方位了解，清楚特许经营起源发展的过程，了解特许经营在各行业的发展状况。

知识准备

一、特许经营的起源

特许经营最早诞生于 19 世纪中叶的美国。南北战争之后，美国迅速在全国范围内建立了庞大的铁路系统，形成了四通八达的交通运输网络。交通运输的便利，极大地推动了美国国内统一市场的形成。南北战争后南方奴隶制度的废除解放了大量的劳动力，与此同时美国制造业率先采用机器零部件标准化生产，提高了机器普及率，制造业的劳动生产率不断提高，使商品数量激增，消费量相应上升。这些都对美国的流通业提出了新的要求，促使零售贸易发生了相应变化，出现了多种新型的零售形式。美国的连锁商业正是在这样的背景下应运而生的（图 1-3-1）。

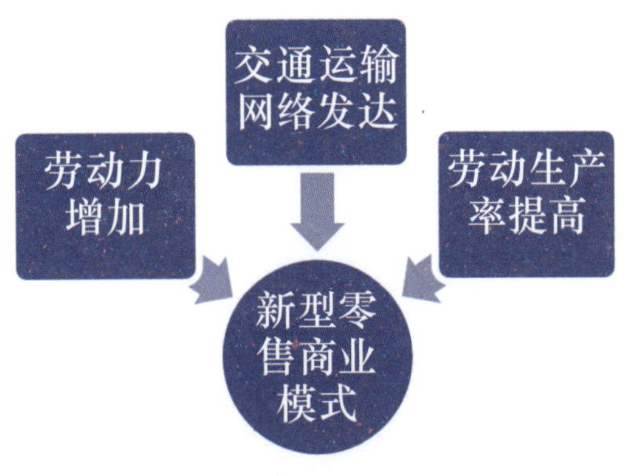

图 1-3-1　美国连锁商业产生的背景

特许经营（Franchise），其英文含义来自欧洲封建时期君主赋予个人的某些特殊权利。国王授予贵族领地，贵族享有领地内的行政管理权和征税权，也享有酿酒和销售酒、与殖民地开展贸易等权利，相应地，贵族将部分税收及经营利润上缴给王室，这部分费用当时被称作 Royalty。今天，Royalty 已经被赋予了“特许经营权使用费”的含义。

在中国封建社会，政府很早就将盐、铁、茶、对外贸易等生意授予民间商人来经营，实行“特殊许可经营”。

由此可以看出，无论国外还是国内，特许经营的概念最早源于政府将自己的某些专属权利授予私人或商家使用，本质上是一种政府的行政许可，称为“政府特许经营”。后来这种概念被商家所借用，他们把自己的某些专属权利授予其他私人或商家来使用，并从中获利，从而形成了所谓的“商业特许经营”。本书的特许经营是指“商业特许经营”。

二、国外特许经营的发展历程

国外特许经营的发展历程如图 1-3-2 所示。

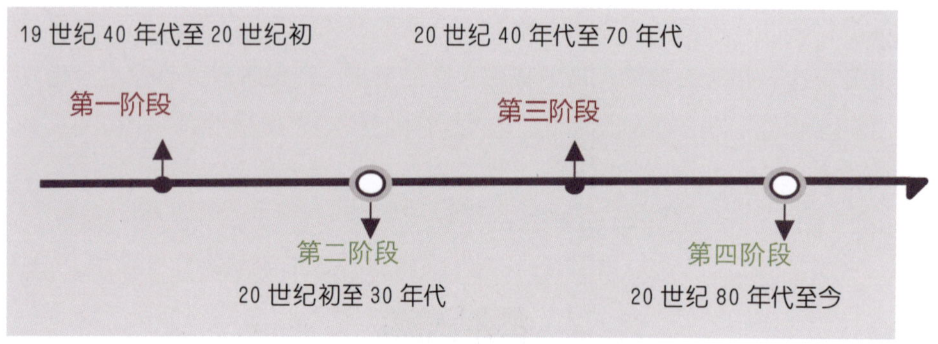

图 1-3-2　国外特许经营的发展历程

（一）特许经营发展的第一阶段

特许经营发展的萌芽阶段是 19 世纪 40 年代至 20 世纪初。

真正的商业特许经营开始于 19 世纪 40 年代，当时欧洲的一些主要啤酒酿造商将销售啤酒的专卖权授予一些小酒店，自己则专注于啤酒的酿造。1859 年，美国的乔治・F・吉尔曼与乔治・亨廷顿・哈特福特在纽约创办了大美国茶叶公司。6 年后，这家公司已经发展了 26 家连锁店，全部经营茶叶。1869 年，大美国茶叶公司更名为大西洋和太平洋茶叶公司，它的连锁店已越过阿巴拉

契亚山脉，延伸到了更远的地方。到1880年，该公司已经发展到100多家分店的规模。大西洋和太平洋茶叶公司是直营连锁的鼻祖。大西洋和太平洋茶叶公司的经营方式是连锁经营在杂货业的尝试，它的成功引来了很多企业的效仿，其他的茶叶公司也相继建立了连锁商店，也有人用同样的方法经营别的杂货。

与此同时，胜家缝纫机公司（以下简称胜家）为了推广其缝纫机业务，开始授予缝纫机经销权，在全美各地设置加盟店。因为当时胜家推出的缝纫机是新产品，人们对该产品体现出来的优势性能认识不够，需要在销售过程中教会顾客使用胜家缝纫机的各项功能，这使缝纫机的销售工作非常困难。为此，在1865年胜家尝试以特许经营方式建立分销网络，它以5000美元的价格转让个体特许经营权，加盟者不仅要接受如何使用胜家缝纫机的全套培训，还要接受如何经营一家缝纫中心的培训，包括分店的经营管理、市场等方面的课程和建议。胜家最终成功打开了零售市场，营业额大幅攀升，很快称霸全美缝纫机销售市场。胜家的成功让人们看到了特许经营的魅力，不少其他行业的厂商纷纷效仿，像胜家一样在美国建立全国性的特许经营网络。胜家撰写了第一份标准的特许经营合同书，被公认为现代意义的特许经营起源。

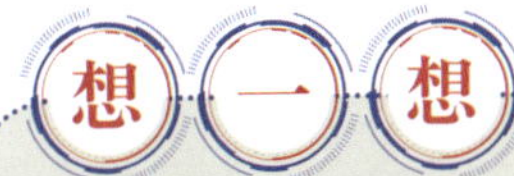

任何新生事物的出现都是时代发展和社会进步的必然产物。特许经营产生的社会经济背景是怎样的呢？

（二）特许经营发展的第二阶段

特许经营发展的第二阶段是20世纪初至30年代。

20世纪初，特许经营在汽车业和饮料业中发展最为顺利。当时美国的大型产业如以福特为代表的汽车制造商第一个开发出现代化生产设备——流水生产装配线，使得汽车的生产效率大大提高。大量的产品要求相应提高销量，而当时的汽车厂家把主要精力放在了改进生产技术、提高产量以及取得规模经济效益等方面，缺乏足够的资金来建立自己的零售网点，于是他们便委托寄售代理机构，指定某些分销商在特定的地区销售自己的产品，这种分销制度帮助汽车制造商解除了后顾之忧，很快便得到了普及。

另一个广泛应用特许经营来分销产品的是饮料行业。饮料生产简单，但要将该地生产的饮料及时运送到全国各地有一定的困难，且运输成本高。为了解决这些矛盾，一些饮料公司受特许经营方式的启发，授权给销售地的工厂，允许他们按照饮料公司的配方生产饮料，生产出来以后使用原公司的商标就地销售。这种方式给饮料公司的业务拓展带来了巨大的成功，如今美国著名的几家饮料公司——可口可乐和百事可乐，就是在20世纪初通过这种方式迅速崛起的。

这一时期的特许经营主要集中在商品流通领域，其特点是以产品的分销权、产品商标的使用权为特许经营授权的主要内容。被授权的加盟商除了销售产品外，还负责向客户提供售前和售后的服务，并且被禁止销售竞争者的产品。反映出这一时期社会化大规模生产对于社会化大规模分销的要求。当时众多的产品制造商一方面缺少建立产品零售专卖店的资金，同时，又需要将产品尽快销售出去回笼资金投入再生产，于是借助于经销商的资金来建立自己的分销网络就成为大势所趋。

（三）特许经营发展的第三阶段

特许经营发展的第三阶段是20世纪40年代至70年代。

特许经营进入了一个全面发展的时期，并且在众多的行业展开，其主要表现如下。

（1）以麦当劳、肯德基等为代表的快餐业和以洲际酒店集团、Travelodge等为代表的酒店业特许经营开始兴起，紧随其后的还有商务清洗业的Jani-King等，大大推动了特许经营进入消费及商务服务领域的步伐。

（2）第二次世界大战之后，美国政府推行了支持特许经营的发展计划。因为战争使很多年轻人失去上学机会，战后这些年轻人的就业成为社会问题，于是美国政府帮助退伍军人利用手中转业费加盟创业，从而大大推进了美国特许经营的发展。

（3）1960年，国际特许经营协会在美国成立，特许经营作为一股新兴的商业发展力量，正式登上了社会经济的舞台。

（4）1979年，美国联邦贸易委员会（Federal Trade Commission，FTC）颁布了436号法令（FTC Rule），对特许经营正式立法。FTC Rule主要在于保护加盟投资人的利益不受侵犯，防止特许经营诈骗。从这个意义上讲，FTC Rule的颁布实际上标志着特许经营正式作为一种投资方式被全社会所接受。

（5）在这一时期，美国许多大学开设了特许经营课程，甚至开办了特许经营管理学院。特许经营开始形成一门新兴的学科。

这一时期特许经营的特点有以下几点。

第一，特许经营授权的内容除了产品和服务的经销权、商标的使用权以外，还增加了单店经营模式和运营管理体系的使用权。

第二，特许人在为加盟商提供更多培训的同时，大大加强了对加盟商的管理和控制，实行统一管理，从而保证特许人品牌的核心竞争力。

（四）特许经营发展的第四阶段

特许经营发展的第四阶段是20世纪80年代至今。

20世纪80年代开始，计算机网络通信技术在商业上广泛应用，同时，出现了现代化大规模的物流配送，促进特许经营在全球范围内进入了一个迅猛发展期。在这个时期，一些发达国家的特许连锁经营，不仅在发展速度上超过了正规连锁经营和自由连锁经营，而且特许连锁经营的国际化趋势也不断加强，许多著名的特许经营集团将业务伸向海外。更引人注目的是，特许经营行业日益多样化，从原先主要集中于零售业和餐饮业，转而向新行业进军，其范围进一步渗透到各种服务业。

在这一期间，国际上的一些优势企业开始将其成熟的品牌商品、管理模式、技术手段、文化理念和服务体系以特许经营合同的形式进行输出，脱离了自有资本的规模限制，迅速在全球范围内把不同的投资主体汇集在一起形成一个统一经营联合体，这种经营模式绕过了进入国投资领域的限制，规避了投资风险，产生了简单合资性企业集团难以超越的规模效益，创造了一次新的“全球性商业革命”。根据国际特许经营协会提供的数据，全球范围内平均有14%的本土特许经营企业在海外发展了特许加盟。1985—1995年，美国特许经营企业发展的加盟商，有48%来自美国本土以外。

在这一期间，特许经营也第一次跨出一般的商业领域，进入非营利性组织的市场化运作当中，奥运会特许经营项目就是最典型的例证。奥运会特许经营是指奥组委授权合格企业生产或销售带有奥组委标志、吉祥物等奥林匹克知识产权的产品。奥运会特许计划旨在推广奥林匹克理念和奥运品牌，为公众提供接触奥运的机会，激发奥运热情。同时，被授权的企业要向奥组委交纳一定的特许经营权使用费，以此为奥运会做出贡献。奥运会特许经营始于1984年的洛杉矶奥运会，该次奥运会的特许权收入占到总收入的21.6%，达到1.34亿美元，共有65家企业获得特许权。

今天，随着移动互联网和数字化时代的到来，传统的生产方式和生活方式都发生了根本性的变化。在中国，特许经营利用互联网、数据技术和移动支付，正在构建全新的特许加盟管理和运营体系，以数字化为核心特征的特许经营已经到来。

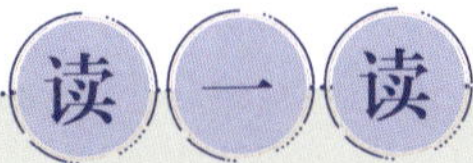

20世纪50年代以餐饮业为代表的特许经营已经将特许经营模式带到了一个新的发展阶段。在此之前，各特许经营加盟总部的加盟店除了店名相同及产品相似外，经营是各行其道的，且服务和产品质量参差不齐，影响了发展，甚至遭受了失败。而肯德基、麦当劳的创业者为了避免重蹈他们的覆辙，在授权给加盟商时采用了一种全新的管理制度，即要求所有加盟店出售的食品、饮料及服务品质是完全一致的，就连店面装修设计、营业员的服装都严格要求一致。为了监督各加盟店的经营，加盟总部常派人暗地检查，如果发现违规的门店，便会给予处罚或取消特许权。事实证明，这种管理方法相当成功。

此时，商品商标特许经营也开始向经营模式特许经营转变。

三、中国特许经营的发展

（一）特许经营在中国的发展进程

在20世纪80年代末到90年代初，以特许经营方式风靡全球的麦当劳和肯德基相继进入中国，它们给中国带来“快餐”新概念的同时，也带来了“连锁经营”新理念。随后，我国的一些企业，如天津“狗不理包子”、上海“荣华鸡”等借鉴国外经验，率先尝试以特许经营方式开展业务，但由于经验不足，管理尚不规范，在扩张过程中遇到了一些困难，不久便沉寂下来。

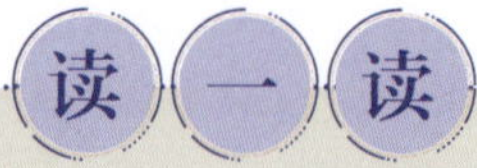

国际特许经营协会对特许经营的行业进行了如下分类：①餐厅；②旅店，汽车旅馆；③休闲、娱乐和旅游；④汽车产业和服务；⑤商业服务；⑥印刷、影印、招牌服务；⑦人力资源中介；⑧养护和清洗服务；⑨建筑装修服务；⑩便利店；⑪洗衣服务；⑫教育产品和服务；⑬汽车租赁服务；⑭机器设备租赁服务；⑮非食品零售；⑯食品（非便利）食品零售；⑰健康和美容服务；⑱房地产服务；⑲其他服务。近十几年来国外特许经营行业不断细化，新兴的特许经营行业不断涌现，如环保业、信息咨询业、摄影业、花卉园艺业、搬家业、唱片出租业、快递运输业等，几乎无所不包。

20世纪90年代中期，中国特许经营开始快速发展。连锁经营方式已开始向直营连锁与特许连锁相结合的方向发展。连锁经营逐步由零售业、快餐业向专业店、专卖店、百货店、快餐店等多种业态渗透。以李宁、全聚德为首，包括华联、联华、东来顺、马来拉面、荣昌洗染等都开始迅速发展特许加盟店。1997年，我国出台了《商业特许经营管理办法（试行）》，这标志着特许经营正式纳入了法规管理的轨道。2007年，《商业特许经营管理条例》颁布实施，特许经营逐步走向规范、健康发展之路，并形成了一批具有一定规模和实力，覆盖各个行业和业态的知名特许连锁企业。20世纪末以来，中国各地特许经营展会层出不穷，大型展会的参展企业不断增多，一些国外知名的特许经营企业纷纷利用展会进入中国市场，特许经营在中国呈现迅猛发展的态势。

与此同时，中国特许经营企业数量年年增长。资料显示，1998年6月，我国特许经营企业大概50家；2000年达到410家；2002年，超过了1000家；2004年年底，突破2000家；2006年年底超过了2600家；2021年7月，在商务部备案的特许企业总数量已超6000家。[①]

据中国特许经营协会统计资料表明，2019年，从地域分布看，在一线城市已发展成熟的基础上，二线、三线城市已成为特许市场拓展的核心区域。伴随消费市场的发展、配套服务的完善，四线

① 中华人民共和国商务部商业特许经营信息管理平台：http://txjy.syggs.mofcom.gov.cn/index.do?method=tjxx.

城市正快速成为特许市场发展的区域。从行业分布上看，我国特许经营体系主要分布在餐饮、服装服饰专卖、珠宝首饰专卖、便利店、西式快餐、酒店住宿、汽车养护维修、家居用品、休闲食品、水果、中式快餐、家装、熟食专卖、文具专卖、早教、美容美体、生鲜专卖、药品专卖、职业培训、正餐、房屋中介、母婴专卖等几十个行业。

同国外从第一代商品商标型特许经营起步不同，中国的特许经营从一开始就是以第二代特许经营即经营模式特许为主。中国的特许经营主要起步于第三产业中的零售业、餐饮业和服务业。

近几年，海外特许经营品牌进入中国后发展速度明显加快，一方面得益于我国政策环境的改善，另一方面则是中国特许经营市场稳步发展的结果。海外特许经营品牌的进入不仅带来了新的商业概念，增加了特许经营行业和业态的覆盖面，还带来了更先进的管理技术和营销手段，促进了特许连锁经营整体水平的提高，同时启发中国企业采用特许经营的方式，走出国门，融入全球竞争。国内有意向海外发展的特许经营品牌数量明显增加，目前已经走向海外市场的特许经营品牌有全聚德、马兰拉面、小天鹅、谭木匠等。伴随着我国特许经营品牌的进一步成熟，会有越来越多的企业参与到国际竞争中。

（二）特许经营在中国的发展趋势

当前，消费者已不仅仅满足于追求性价比，对商品服务品质、个性的要求越来越突出，服务消费、信息消费、绿色消费等新的消费领域和热点不断拓展，新型消费模式和领域逐步成为新的经济增长点。特许经营在传统零售、生活服务业发展的同时，电商企业、新型服务商也开始进入该领域，并通过业态创新和市场细分，取得了较快发展。随着新一代消费者消费能力的不断提高，品牌的影响力日益提升，未来几年中国特许经营市场将取得更大的发展。

电商企业新型服务商将以数字化为核心特征，引发特许体系重构的过程。与传统特许经营比较，由多层的线性构架转化为单层的平台型构架是数字化特许最根本的特征。

首先，由特许总部—加盟店—消费者（B-B-C）的连接模式，演化为特许总部—消费者（B-C）的直接连接。

通过微信服务号、App、小程序等社交网络平台，总部可以跨越加盟商，独立地与消费者建立连接。同时，移动支付形成的链接机会、其他流量平台以及门店线下流量的转化，也为特许总部建立会员系统和客户管理系统提供了低成本、高效率的工具和途径。此外，总部可以利用数据挖掘等消费者洞察工具，开展精准营销。

在建立线上流量平台的基础上，总部可以把线上流量分配给加盟商，增加其生意机会。同时，总部可以导入 O2O 业务，利用加盟店实体网络，直接为最终客户提供产品和服务。

其次，借助产品和服务的数字化，总部给加盟商更先进的管理工具和服务工具，帮助其改进质量，提高效率。

数字化的另一优势是优化加盟商管理。以前主要依靠人力优化和冗长的管理手册对加盟店进行支持和督导。这样做的结果是成本高、可控性差、门店服务质量不稳定。利用数字化工具和解决方案，总部对加盟店的选址、选品、人员表现、现场管理，将变得高效和专业，而且可以实现千店千面。不久的将来，特许企业可以做到：每个加盟店的选址都由总部决策，每个加盟店的商品和定价都由总部掌握，每个加盟店的员工总部都可以直接管控。

最后，借助数字化进一步提升消费者体验。

数字化可以简化、优化门店的服务流程，使顾客的到店体验得到进一步改善，如提供更多的产品选择、到家服务、O2O 业务等，丰富加盟店的服务功能，让顾客可以享受线上线下、随时随地的产品和服务。

总之，在新的经济形势下，特许经营发展呈现出了一些新的特点，也面临一些新的问题。中国的特许经营企业需要不断探索和实践顺应当前经济发展趋势，适合本土市场的发展道路。

任务实施

实训任务：思维导图设计

根据特许经营的历史发展过程，绘制思维导图。

请按照特许经营历史发展的不同阶段绘制思维导图。

任务实施评价

学生自评表

序号	技能点	佐证	达标	未达标
1	了解特许经营的起源和发展过程	能认识特许经营的起源背景		
		了解特许经营发展的历史进程		
2	了解特许经营在中国的发展	了解特许经营在中国的发展状况和特点		

序号	素质点	佐证	达标	未达标
1	历史发展观思维	对一个学科的学习能有历史发展的视角		
2	团队合作精神	能和团队成员协商，共同完成实训任务		

教师评价表

序号	技能点	佐证	达标	未达标
1	了解特许经营的起源和发展过程	能认识特许经营的起源背景		
		了解特许经营发展的历史进程		
2	了解特许经营在中国的发展	了解特许经营在中国的发展状况和特点		

序号	素质点	佐证	达标	未达标
1	历史发展观思维	对一个学科的学习能有历史发展的视角		
2	团队合作精神	能和团队成员协商，共同完成实训任务		

项目 2　特许经营项目开发

项目导学

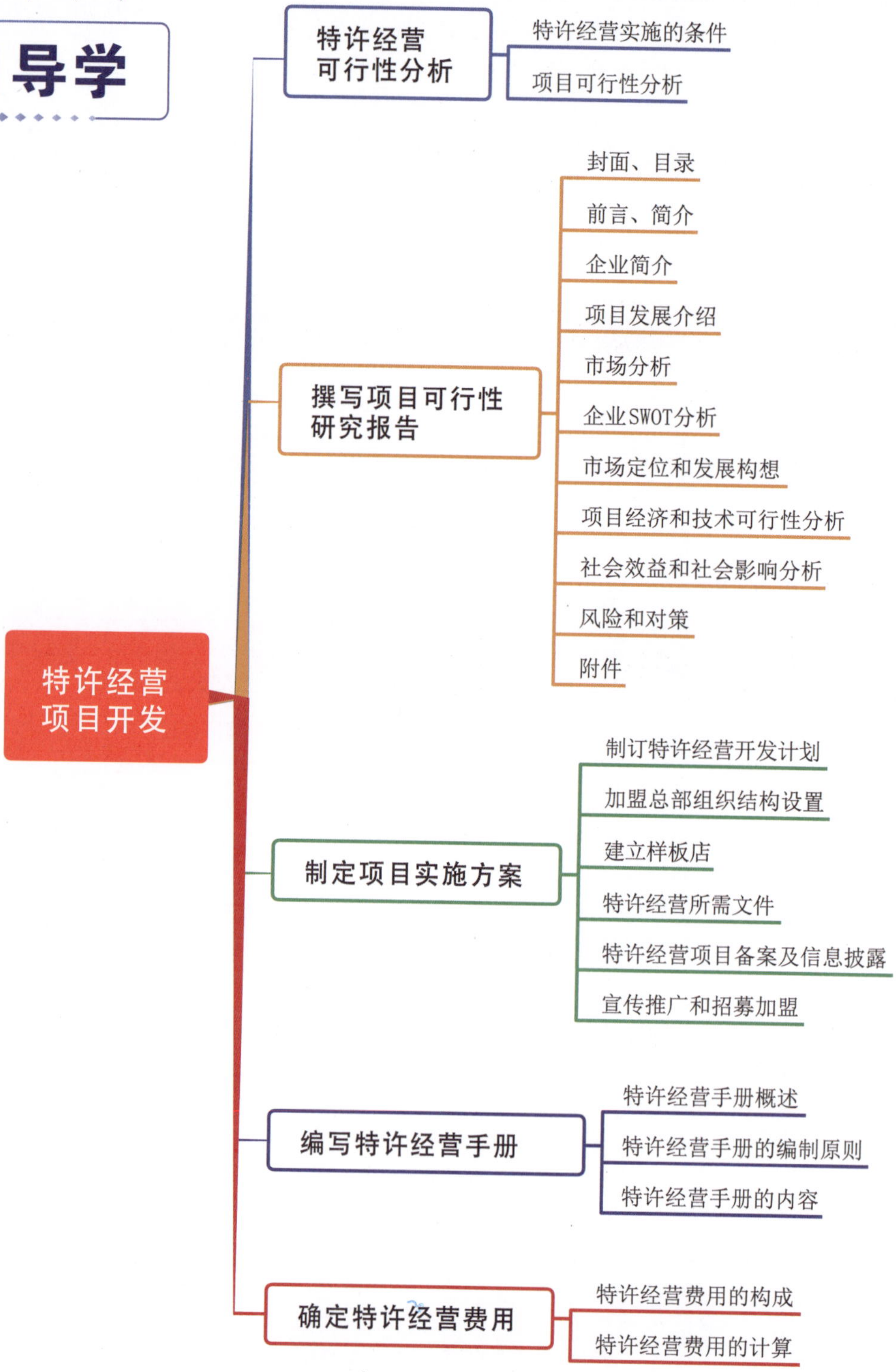

特许经营项目开发

- 特许经营可行性分析
  - 特许经营实施的条件
  - 项目可行性分析
- 撰写项目可行性研究报告
  - 封面、目录
  - 前言、简介
  - 企业简介
  - 项目发展介绍
  - 市场分析
  - 企业SWOT分析
  - 市场定位和发展构想
  - 项目经济和技术可行性分析
  - 社会效益和社会影响分析
  - 风险和对策
  - 附件
- 制定项目实施方案
  - 制订特许经营开发计划
  - 加盟总部组织结构设置
  - 建立样板店
  - 特许经营所需文件
  - 特许经营项目备案及信息披露
  - 宣传推广和招募加盟
- 编写特许经营手册
  - 特许经营手册概述
  - 特许经营手册的编制原则
  - 特许经营手册的内容
- 确定特许经营费用
  - 特许经营费用的构成
  - 特许经营费用的计算

任务 1　特许经营可行性分析

学习目标

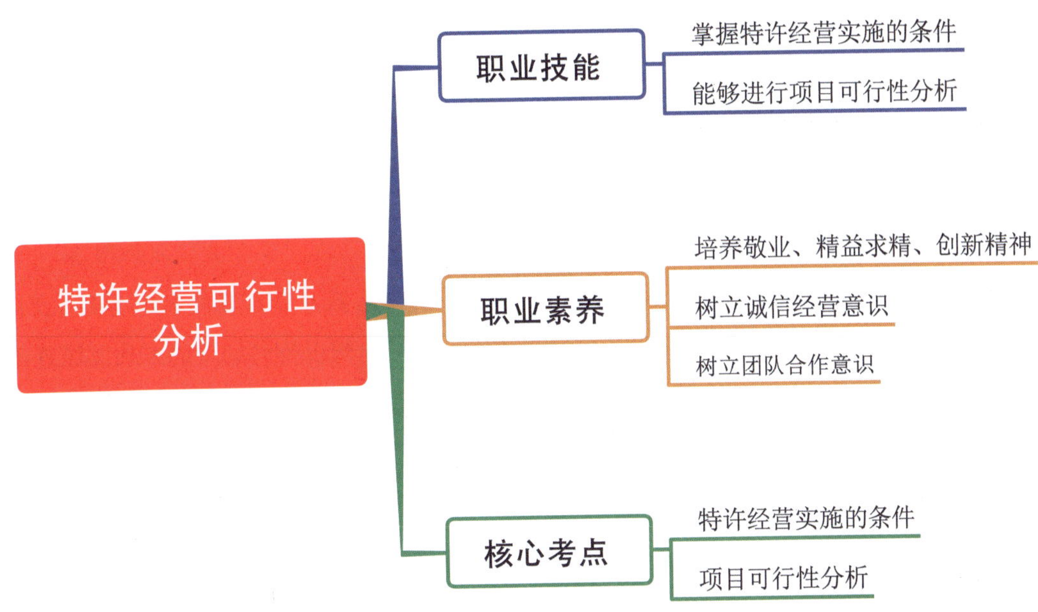

任务导入

特许经营是市场扩张和品牌扩张的系统化解决方案，是一个企业的战略性选择，特许经营成功与否不仅关系到特许人的利益，也关系到受许人的利益。在一个企业决定实施特许经营时应当充分检测其是否具备开展特许经营的条件。

任务解析

加盟总部将一个特许商业转化为可以操作的开发项目，需要进行全方位的评估，并需要拿出较为详细的可行性研究报告。

项目可行性研究主要通过市场调研，对特许经营扩张的必要性、充分性、可行性、影响力等进行系统分析和研究，再通过理性分析和数据论证，判断是否可以开展特许经营业务。在所有的市场调查和分析研究工作完成之后，将形成一个项目的可行性研究报告。

知识准备

一、特许经营实施的条件

开创一份特许经营事业并不是一件容易的事，不是所有的企业都能进行特许经营。不仅仅是企业自身有很好的成功经验就可以了，管理一套特许经营系统比管理一家企业要复杂得多。

一家企业要进行连锁经营，一般都是先创办一两家直营店，在总结成功经验的基础上，再发展连锁系统。如果资金充足，连锁事业的发展便不受限制，但是，想以特许经营的方式发展连锁店，仅有资金还是远远不够的。

作为加盟总部，要实施特许经营，必须具备以下几个基本条件。

（一）拥有较高知名度的商标

特许经营是知识产权交易的一种形式，这里的知识产权指的是商标、企业标志、专利、专有技术等经营资源。其中，商标是最具有吸引力和最重要的部分。加盟总部要想扩大加盟体，必须拥有一个高知名度的商标，这是不言而喻的。大多数小投资者之所以愿意付出加盟费加盟特许经营，就是冲着加盟总部已经创出的响当当的招牌。

品牌的创建是一个艰苦的、循序渐进的过程，不能一蹴而就，需要各方面的努力，持续保持该品牌高品质的产品和服务质量及特色，令人产生这样一种信念：这个品牌的商品，必是佳品。加盟商加盟这样一个响当当的品牌，可以省去艰苦创建品牌的过程，缩短成功创业的周期。

（二）产品、服务和经营独具特色

如果总部经营的项目与同类企业类似，而没有特色产品、特色服务、特色装修、特色管理，则不具有较长期、大范围的市场需求基础，维持一个单店企业都岌岌可危，更不用说一个庞大的加盟体系了。历来企业经营成功后就会吸引同行业甚至其他行业的模仿。如何将消费者吸引到自己的加盟店？行之有效的办法就是塑造产品和服务的独特性，比如，产品独门配方或拥有专利，在经营方面也形成自身独特的风格，以便和其他企业区别开来。

环顾周围的市场，能够长期经营下来的连锁店，无不建立了一套自己的特色经营体系。例如，有些以品种齐全为特色，有些以快捷方便为特色，有些以服务优良为特色，有些则以价格低廉为特色，其目的都在于吸引顾客。大家熟知的“7-ELEVEn”便利店所经营的品种并不是最多，其商品几乎可以在任意一家便利店或超市都能买到，且价格还要更高。如果没有一套特色经营体系，要生存下去都很困难。“7-ELEVEn”便利店最显著的经营特色就是一天 24 小时营业，不仅如此，缴水电费、买车票、ATM 取现、寄收快递等一切生活需要，都可以在这里解决。创造具有特色的经营方式，才是成功的前提。

读一读

内蒙古小肥羊于 1999 年创立，短短几年时间就创造了中国连锁餐饮业的奇迹。由包头市昆都仑区只有 30 张餐桌的小火锅店，到拥有 4 家全资控股子公司、1 个物流配送中心、700 多家连锁门店的全国性大型餐饮连锁企业；连续 3 年荣获中国餐饮百强企业第二名，2003 年被评为中国成长百强企业第一名；2004 年企业商标被国家工商总局认定为中国驰名商标——内蒙古小肥羊餐饮连锁有限公司。6 年“健跑”成为中国餐饮业“领头羊”的成长经历令人惊叹。

小肥羊的制胜法宝就是它的特色，特色奠定了小肥羊餐饮品牌的优势。“小肥羊火锅”将延续了千百年的蘸着小料涮羊肉食法，改革为“不蘸小料涮羊肉”的新食法。锅底料采用几十种上乘滋补调味品；羊肉精选来自纯天然、无污染的锡林郭勒大草原六月龄“乌珠穆沁羊”。二者珠联璧合，形成了“肉品鲜嫩、香辣适口、回味悠长，久涮汤不淡、肉不老”的，具有浓厚蒙古民族餐饮文化特色的小肥羊火锅品牌，保障了自己发展特许经营的基本条件。

（三）拥有特殊的经营技能

在特许经营行业内，有些加盟者可以持续稳定地跟随加盟总部，而有些加盟者加盟不久就会退出独立，脱离总部。这不是总部没有建立经营特色，也不是总部的特许事业没有良好的业绩，而是因为总部没有特殊的经营技能，没有掌控加盟者的办法。

很多经营特色容易被人模仿，如 24 小时营业、品种齐全、价格低廉等。当加盟商经过加盟总部培训掌握了这些经营方法，或获得了总部的进货渠道，就可以独立经营，自然就会想要脱离总部，省掉一大笔加盟费。

因此总部要掌控住加盟者，使其脱离自己无法生存，就需要拥有一套特殊经营技能。这种经营技能可能是某种受专利法保护的专利技术或关键技术，或者是他人无法获得的低价进货渠道，等等，这样就使加盟者一定要依靠总部才能获得这样的经营优势。

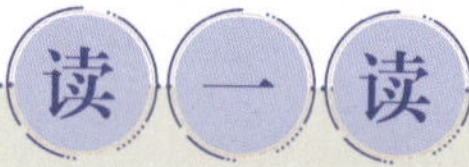

《商业特许经营管理条例》明确规定，企业开展特许经营必须具备以下条件：

（1）拥有成熟的经营模式，并具备为被特许人持续提供经营指导、技术支持和业务培训等服务的能力；

（2）特许人从事特许经营活动应当拥有至少2个直营店，并且经营时间超过1年。

（四）良好的总部业绩

名牌商标、独特的商品服务和经营技能是吸引加盟者加入的重要因素。总部本身的业绩如何，资金、人才、组织是否完备，同样也是加盟者考虑的重要因素。加盟双方的关系一旦形成，总部便是加盟店的后盾，商品销售、经营管理技术、营销策略、广告宣传等都要依靠总部的支持和帮助。如果总部的资金、人才和组织本身就存在不少问题，业绩不佳，则很难使投资人对其产生信任。

（五）一套高效率的信息物流系统

连锁经营的一个基本条件就是要建立一套高效率的信息物流系统，特许经营也是一样。因为总部的仓储中心、配送中心、生产中心、培训中心等部门连同下属各加盟店一起，构成了一个庞大的经营网络，要使这个网络的每一个组成部分步调一致、有效运转，没有一个高效率的信息物流系统是很难维系的。

信息物流系统的工作效率，将直接影响到企业的经营状况。如商品库存不足而采购又不及时，就会造成加盟店缺货。缺货会带来两方面的损失，一是失去交易机会，造成现实损失；二是使顾客产生不信任感，损害企业形象，导致潜在损失。所以，建立一套高效率的信息物流系统非常重要。

二、项目可行性分析

企业开发一个特许项目前，首先必须进行可行性分析。一个特许经营项目是否可行，具体应从以下几个环节考量（图2-1-1）。

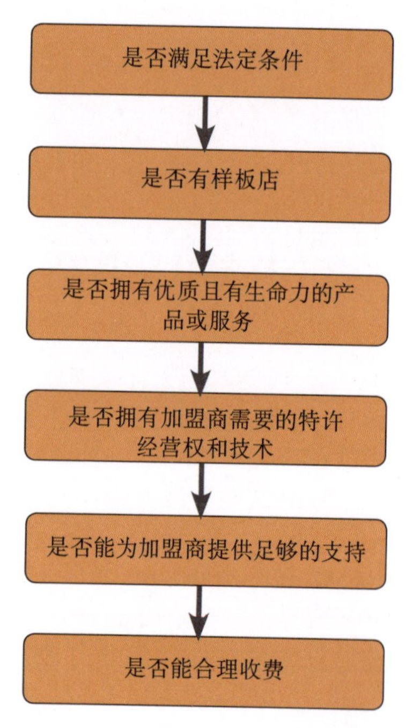

图2-1-1　项目可行性分析流程

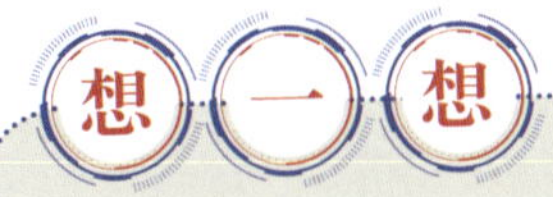

你认为开发一个特许经营项目必备的条件有哪些?

（一）满足法定要求

特许人在开始提供特许经营权之前，必须向有关部门提供法律文件，并得到相关部门的许可。所有的特许经营文件都必须符合其所在地区的法律标准。

（二）有样板店

特许人要将自己的经营复制推广，运行良好的样板店是最好的证明。同时特许人需要通过亲自运营门店，了解它的盈亏特点、季节性因素、顾客、供应商、竞争、定位以及品牌形象。总之，特许人应当掌握关于门店运营的一切情况，才可以发展出更多的加盟者。特许人需要回答这些问题：

（1）门店设计、标志、选址标准以及建立计划；

（2）发展一个分店需要花费的各项资金；

（3）开展经营的标准体系，保证每一个顾客每次都是以同样的方式获得相同的产品；

（4）可以在合理的时间传授所开展经营的体系，保证营运的顺利进行。

（三）拥有优质且有生命力的产品或服务

好的产品是特许人成功的必要条件，不仅要经得起当下市场的考验，还要能顺应潮流趋势的发展变化。

特许人需要确保自己的产品有清晰的优势，并清楚加盟店所在区域对其产品的接受程度，还要考虑清楚自己的产品面临的竞争以及应对市场竞争和市场变化的策略。

（四）拥有加盟商需要的特许经营权和技术

特许人在发展特许经营权之前，应当了解自己的特许经营权是否具有吸引力以及取得特许经营权所需的花费、时间等，确保自己的特许经营权的可实现性。

特许人拓展特许经营体系时，还要考虑为加盟商提供的技术是不是容易实现，是不是可以通过一个合理期限的培训确保加盟商掌握该项技术，开展日常经营工作。这样加盟商才能通过加盟这个特许经营体系实现发展。

（五）可以为加盟商提供足够的支持

优秀的加盟总部会努力向他们的加盟商提供足够的资源支持。为保证特许人开发的特许经营体系顺利扩展，特许人需要为特许经营体系提供一个持久性的竞争优势。这就需要持续地提供优质的产品、营销等服务，保证其特许经营体系长期在同行中处于领先地位。

加盟总部所设置的特许经营体系要能够提供高标准特许经营体系所需要的持续性的培训、现场和总部支持、营销支持、研究和发展，以及其他服务。同时要保证研究和开发的持续性，保证自己特许经营的新颖性和生命力。

（六）合理的特许经营费

特许经营人在开展特许经营时，应确认自己打算让加盟商支付的加盟费（首期特许费）、持续性费用（特许经营权使用费）以及可能的其他费用，如附加的培训、营销以及广告费用等是否合理。加盟总部可能会从加盟商的产品销售中获得收入，或从生产商统一采购中获得收益或回扣。一些特许人还从租赁设备或财产以及其他利润渠道获利。判断特许经营费是否合理，特许人需要回答以下问题：

（1）受许人还有利可图吗？

（2）受许人会得到可接受的投资回报吗？

即使以上问题的答案都是肯定的，特许人还要考虑以下问题：

（1）会有足够多的能承担你的特许经营费的受许人吗？

（2）每个受许人的全部初始投资是多少？

（3）初始投资需要多少现金？

（4）受许人能支付初始投资额吗？

如果准加盟商是一个单独家庭性的经营者，他可能想知道特许经营能否为自己带来比现有工作更多的收入；但是如果受许人是个老练的投资者，他会考虑的问题是特许经营能否给他带来可预见的持续的回报。

特许经营人只有充分考量了以上问题，才能开发出可行的特许经营体系。

任务实施

实训任务：案例分析

麦当劳是大型的连锁快餐集团，在世界上拥有 3 万多家分店，主要售卖汉堡包、薯条、炸鸡、汽水、冰品、沙拉、水果等。麦当劳餐厅遍布全世界百余个国家和地区。在很多国家，麦当劳代表着一种美国式的生活方式。麦当劳成立于 1955 年，总部位于美国伊利诺伊州欧克布鲁克，创始人是雷・克洛克。

麦当劳的黄金准则是“顾客至上，顾客永远第一”。提供服务的最高标准是质量（Quality）、服务（Service）、清洁（Cleanliness）和价值（Value），即 QSC & V 原则。这是最能体现麦当劳特色的重要原则。Quality 是指麦当劳为保障食品品质制定了极其严格的标准。例如，牛肉食品要经过 40 多项品质检查；食品制作后超过一定期限（汉堡包的时限是 20 ～ 30 分钟、炸薯条是 7 分钟），即丢弃不卖；规定肉饼必须由 83%的肩肉与 17%的上选五花肉混制，等等。严格的标准使顾客在任何时间、任何地点所品尝到的麦当劳食品都是同一品质的。Service 是指按照细心、关心和爱心的原则，提供热情、周到、快捷的服务。Cleanliness 是指麦当劳制定的必须严格遵守的清洁工作标准。Value 代表价值，是后来添加的准则（原来只有 Q、S、C），加上 V 是为了进一步传达麦当劳的“向顾客提供更有价值的高品质”的理念。也可以说，QSC & V 原则不仅体现了麦当劳的经营理念，而且因为这些原则有详细严格的量化标准，使其成为所有麦当劳餐厅从业人员的行为规范。这是麦当劳规范化管理的重要内容。

随着中国经济的发展，麦当劳在中国内地的市场也有着迅猛的扩展。到 2021 年，麦当劳的 4 000 多家餐厅遍布中国。麦当劳十分重视中国市场，并会在投资回报最大的基础之上，继续扩展连锁餐厅。截至 2020 年 2 月，中国内地有超过 3 500 家麦当劳餐厅，每年服务顾客超过 10 亿人次，员工人数超过 18 万。①

实训要求：

麦当劳是非常成功的通过特许经营模式快速发展的餐饮企业。请列出麦当劳实施特许经营项目具备的基本条件，并进行初步的可行性分析。

① 麦当劳官网：https://www.mcdonalds.com.cn/index/McD/mcdonalds-china/MCD-in-China-2.

任务实施评价

学生自评表

序号	技能点	佐证	达标	未达标
1	案例分析	熟悉特许经营可行性分析的内容		
		清楚特许经营实施的基本条件		
		能够对开展特许经营的企业进行初步可行性分析		

序号	素质点	佐证	达标	未达标
1	诚信经营意识	能够深入了解，根据企业实际情况做出客观判断		
2	团队合作精神	能和团队成员协商，共同完成实训任务		

教师评价表

序号	技能点	佐证	达标	未达标
1	案例分析	熟悉特许经营可行性分析的内容		
		清楚特许经营实施的基本条件		
		能够对开展特许经营的企业进行初步可行性分析		

序号	素质点	佐证	达标	未达标
1	诚信经营意识	能够深入了解，根据企业实际情况做出客观判断		
2	团队合作精神	能和团队成员协商，共同完成实训任务		

任务 2 撰写项目可行性研究报告

学习目标

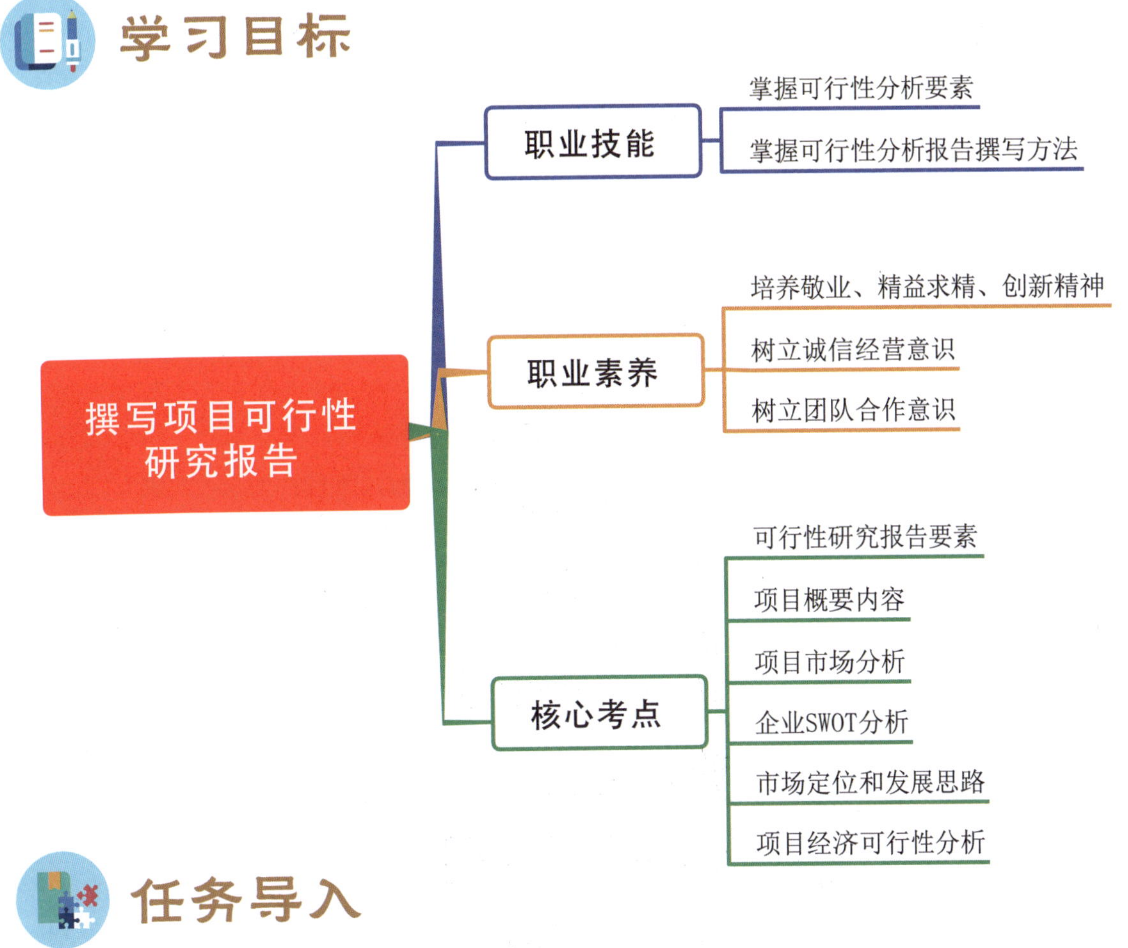

任务导入

加盟总部将一个特许商业转化为可以操作的开发项目，需要进行全方位的评估，并需要拿出较为详细的可行性研究报告。撰写可行性研究报告有什么要求，应当从哪些方面展开呢？

任务解析

项目可行性报告要在介绍企业基本情况、项目基本情况、项目发展基本情况的基础上，通过企业分析、市场分析、市场定位和发展思路分析、经济和技术可行性分析、社会效益和社会影响分析等，全面展开项目可行性系统论证，最后在对风险相应防范措施评估的基础上判断是否可以开展特许经营业务。

知识准备

加盟总部要将自己的成功经验转化为可操作的开发项目，需要对项目进行全方位的评估，做出详细的项目可行性研究报告。项目可行性研究主要通过对项目的市场环境，经济、技术条件，盈利预测，实施方案等开展可行性论证，总部可以据此做出是否开展特许经营的决策，受许人可以据此做出是否加盟的决策。

特许经营项目可行性研究报告一般包括以下内容（图 2-2-1）。

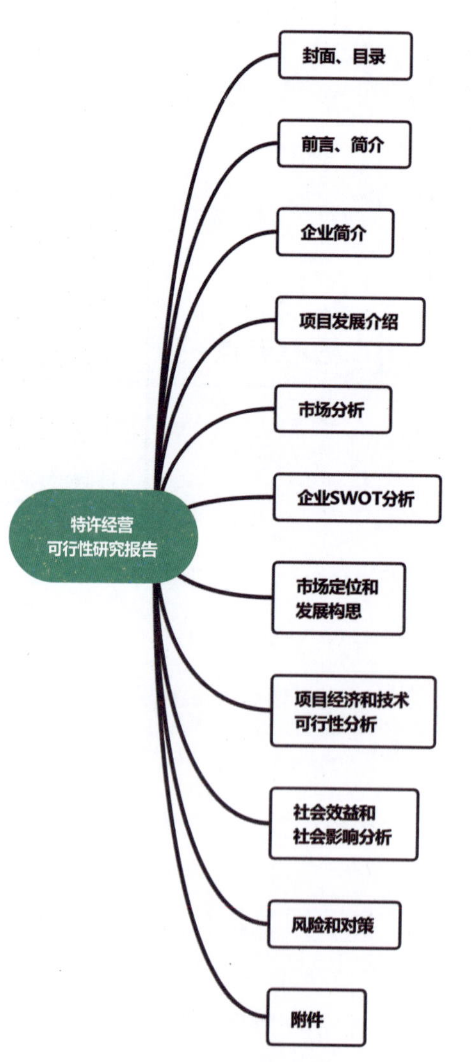

图 2-2-1　特许经营项目可行性研究报告内容

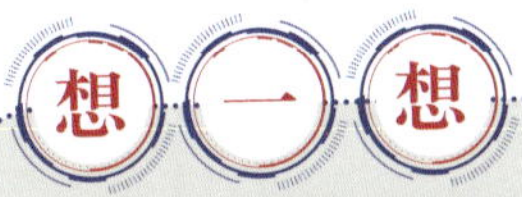

如果你是一个加盟商，想考察加入合适的特许经营项目，你最关注项目的哪些条件？

一、封面、目录

封面，包括项目名称、研究单位和报告时间。

项目名称，如“关于 *** 特许经营体系的可行性研究报告”。

项目目录，展示研究报告的逻辑框架。

二、前言、简介

前言或简介，概括和总述项目可行性研究报告的基本信息、核心思想，解释整个项目的可行程度以及对特许经营方案给出具有意见性的结论和建议的部分，又称项目概要。

投资者等利益相关者往往会通过概要获得对项目的基本了解并做出基本判断。所以，这一部分内容既要简练又要精确。

三、企业简介

企业简介是对特许经营企业基本情况的介绍。

1. 企业概况

包括企业的名称、性质、地址、法人、注册资本、所在的行业、组织结构、人员情况、发展历史等。

2. 企业业务状况

包括企业发展规模、现有店面数量、经营状况、目标市场和占有率等。

3. 企业产品和服务

产品和服务主要包括产品和服务的类型、特色、目标消费群体、价格定位、竞争力等。产品和服务定位非常重要，很大程度上决定着加盟店成功与否。

四、项目发展介绍

1. 项目背景介绍

（1）主要说明企业开展特许经营的必要性。

（2）根据目前国家相关产业政策、行业发展趋势，分析项目符合宏观环境的情况。

（3）企业实施特许经营所具备的条件、优势等。

2. 项目进展介绍

项目进展介绍主要包括企业目前的环境状况调查情况（包括行业环境、法律法规、行业配套环境情况），市场调查情况（包括企业产品和服务市场情况、竞争状况等），项目推广情况（包括已完成的、正建设的特许经营单店情况等）。

五、市场分析

经过详细的市场调研，形成对特许经营项目所在市场基本情况的分析。

1. 市场需求及趋势分析

市场需求分析可以从不同地域的市场，如国外市场、国内市场、区域市场来分析，而且不仅要分析市场的现有需求，还要分析市场的未来发展趋势。

2. 市场竞争分析

市场竞争分析要充分调查本项目所属行业的市场竞争激烈程度，同时对竞争对手的产品类型、产品状况、价格、目标市场等进行详细调查。

3. 消费者分析

主要包括影响消费者购买行为因素分析；购买行为类型分析；购买决策过程分析；消费者收入、支出模式变化分析；消费者细分等内容。

然后，根据产品和服务的特点与优势，通过市场细分，确定目标市场，准确定位目标群体。

六、企业 SWOT 分析

SWOT 分析是对企业优势（Strengths）、劣势（Weaknesses）、机会（Opportunities）、威胁（Threats）四个方面的分析。

按照企业竞争战略的概念，战略应是一个企业“能够做的”（即组织的强项和弱项）和“可能做的”（即环境的机会和威胁）之间的有机组合。

1. 优势劣势分析（SW 分析）

优势劣势分析是企业和竞争对手相比较的优势和劣势，从整个价值链的每个环节上，将企业与竞争对手做详细的对比。例如，产品是否新颖，制造工艺是否复杂，销售渠道是否畅通，以及价格是否具有竞争性等。对企业来说，更大的市场份额、规模化经营、获得持续性发展都是竞争优势。需要指出的是，衡量一个企业及其产品是否具有竞争优势，站在现有潜在用户的角度上比站在企业的角度上更为重要。

2. 机会威胁分析（OT 分析）

机会威胁分析，主要是针对行业环境的变化及其对组织产生的影响进行预测。环境发展趋势分为两大类，一类表现为环境威胁，另一类表现为环境机会。环境威胁指的是环境中一种不利的发展趋势给企业所带来的挑战，如果不采取果断的战略行为，这种不利趋势将导致组织的竞争优势受到削弱。环境机会就是对组织行为富有吸引力的领域，在这一领域组织将拥有竞争优势。

分析项目优势、劣势、机会和威胁，对制定适当的发展策略至关重要。

优势，是组织机构的内部因素，具体包括有利的竞争态势；充足的财政来源；良好的企业形象；技术力量；规模经济；产品质量；市场份额；成本优势；广告攻势等。

劣势，也是组织机构的内部因素，具体包括设备老化；管理混乱；缺少关键技术；研究开发落后；资金短缺；经营不善；产品积压；竞争力差等。

机会，是组织机构的外部因素，具体包括新产品；新市场；新需求；外国市场壁垒解除；竞争对手失误等。

威胁，也是组织机构的外部因素，具体包括新的竞争对手；替代产品增多；市场紧缩；行业政策变化；经济衰退；客户偏好改变；突发事件等。

七、市场定位和发展构想

市场定位和发展思路是可行性报告的核心内容，需要明确项目的总体定位、目标和发展战略规划。在总体定位的基础上，又可以单列特许权内容、目标市场定位、品牌定位、产品定位等具体内容。

发展构想是对特许经营发展做的初步描述，先说明总体发展思路，然后说明具体的发展思路。

发展构想具体内容包括：

（1）特许经营所有权状况及特许经营内容等；

（2）特许经营授权体系结构，如单店授权、区域授权或区域主授权等；

（3）单店的经营模式，包括客户定位，商品、服务组合，总部战略控制；

（4）特许经营费用的安排，包括加盟费、特许经营权使用费、广告基金以及其他费用，如保证金、广告费、培训费、转让费、更新费、设备费、原料费、产品费等；

（5）运营操作安排，包括招募、营建、财务管理、信息管理、物流配送等；

（6）项目运作团队和工作方式；

（7）特许经营发展总体进度计划、总体目标阶段划分等。

八、项目经济和技术可行性分析

1. 项目经济可行性分析

项目经济可行性分析是对整个项目投资和回报的分析，需详细分析整个项目的总投资概算、资金来源，未来特许经营总部、特许经营单店投资回收期测算等，通过计算不同的指标，如项目盈利指数、盈亏平衡点、经营安全率等来分析该项目在经济上的可行性。

2. 项目技术可行性分析

项目技术可行性分析主要内容包括特许经营体系的技术可行性支持和维护，具体包括关键技术的开发和购买、专利申请以及各种管理技术的设计、督导、信息控制、市场营销和物流配送等。

九、社会效益和社会影响分析

评价社会效益是一份可行性报告中必要的一部分，一个具有良好社会效益的特许经营项目才能具有持续发展能力。项目的社会分析主要包括项目对当地财政税收和经济发展的影响，对就业机会增加的影响，对合理利用资源和环境保护的影响以及和当地基础设施发展水平、当地居民宗教、民政习惯的相互适应性等。

可行性研究人员应当根据项目的特点，对项目主要社会效益和影响进行说明。

十、风险和对策

可行性研究需要针对特许项目未来可能存在的主要风险进行分析，如行业风险、市场风险、技术风险、管理风险等，报告人需要对可能影响特许经营项目未来发展的主要风险进行重点分析，并提出相关的防范对策。

十一、附件

未能列入可行性报告主体的项目可行性研究资料，均可列为可行性研究报告附件。一般包括项目立项批文、市场调研分析报告、国家相关法律政策以及其他对比方案说明、关键词汇解释等。

任务实施

实训任务：案例分析

截至 2018 年，7-ELEVEn 已经在全球 19 个国家和地区开设了近 2.4 万家店铺。作为世界最大的连锁便利店，除经营日常必需的商品外，还协助附近社区居民收取电费、煤气费、保险费、水费、有线网络电视收视费，甚至快递费、国际通信费，对生活在附近的居民，起到了切实便利的作用。

7-ELEVEn 加盟书部分内容如下：

7-ELEVEn 的加盟理念在于优势互补，共同繁荣。7-ELEVEn 的优势是能够给您提供后台经营支持；7-ELEVEn 希望加盟商所具备的优势是出色的店铺运营管理能力和一定的资金能力。两种优势互为补充，建立友好的合作关系，开展共同的事业。

1. 加盟类型

7-ELEVEn 的加盟制度，包括"特许加盟连锁"（A 型）与"店铺委托经营"（D 型）两种形式。"特许加盟连锁"是申请人自备店面加盟，让申请人能降低创业的经营风险、享受稳定获利的经营保障；"店铺委托经营"是由 7-ELEVEn 提供店面、委托申请人专职经营。

2. 加盟优势

给您提供经营支持：支持您的事业，从商品、店铺、知识、资金等多方面提供支援。

源源不断的商品开放：应消费者需求的变化，开发丰富有趣的商品。

给百姓带来生活便利：365 天 24 小时营业，给百姓生活提供便利。

实训要求：

（1）明确一份特许经营可行性分析研究报告的基本要素。

（2）请查阅相关资料对 7-ELEVEn 特许经营项目进行市场分析和企业 SWOT 分析，明确该项目的市场定位和发展思路。

任务实施评价

学生自评表

序号	技能点	佐证	达标	未达标
1	案例分析	熟悉特许经营可行性研究报告的内容		
		能够对项目进行市场分析		
		能够对项目进行企业 SWOT 分析，明确该项目的市场定位和发展思路		
		能够基本了解该项目的市场定位和发展思路		

序号	素质点	佐证	达标	未达标
1	诚信经营意识	能够深入了解，根据企业实际情况做出客观判断		
2	团队合作精神	能和团队成员协商，共同完成实训任务		

教师评价表

序号	技能点	佐证	达标	未达标
1	案例分析	熟悉特许经营可行性研究报告的内容		
		能够对项目进行市场分析		
		能够对项目进行企业 SWOT 分析，明确该项目的市场定位和发展思路		
		能够基本了解该项目的市场定位和发展思路		

序号	素质点	佐证	达标	未达标
1	诚信经营意识	能够深入了解，根据企业实际情况做出客观判断		
2	团队合作精神	能和团队成员协商，共同完成实训任务		

任务 3　制定项目实施方案

学习目标

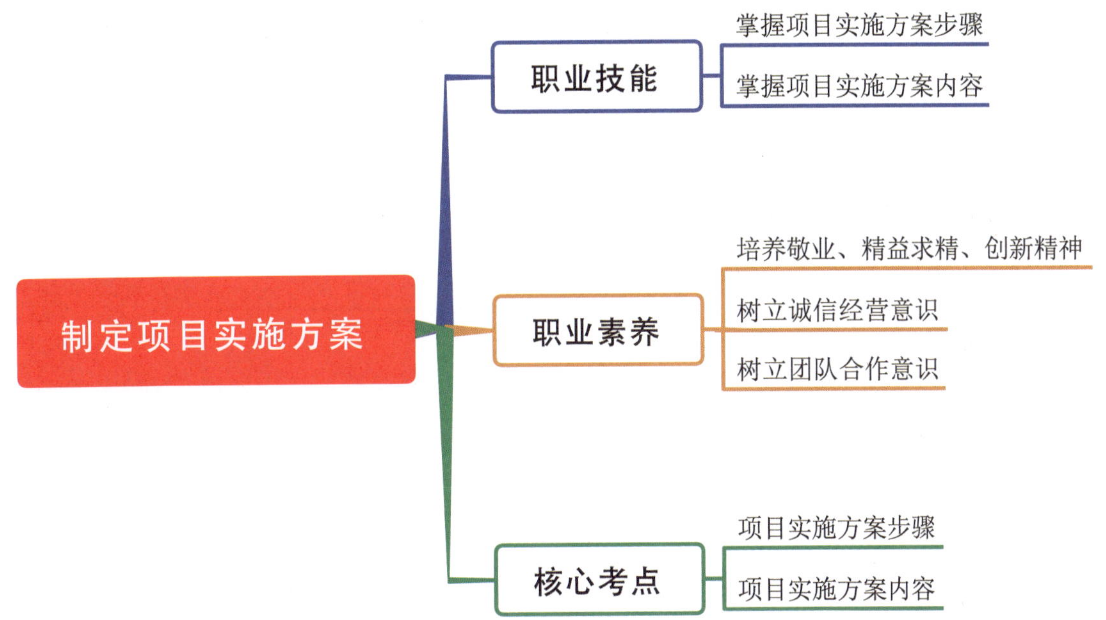

任务导入

2009 年底，谭木匠控股有限公司（以下简称“谭木匠”）登陆香港联交所，这多少有些让人意外，一家“依靠小店卖木梳”的特许经营企业也能上市？作为一家以制造、销售木梳为主的企业，谭木匠在 2009 年的营业额达到了 1.39 亿元。1995 年正式注册“谭木匠”商标时，木匠世家的谭传华选择把木梳作为唯一的产品，在销售方式上尝试过沿街叫卖、进商场、开专卖店等，逐渐站稳了脚跟，而真正让谭木匠发展壮大的则是特许经营的方式。那么谭木匠是如何设计自己的项目实施方案来发展自己的特许经营体系的呢？

在确认了加盟总部符合特许经营条件后，就要考虑如何具体开展特许经营业务。此时，制定一套切实可行的特许经营项目实施方案是当务之急。

任务解析

具体的项目实施方案是项目发展战略和策略的具体化，是项目发展要经过的几个详细阶段以及每个阶段发展的重点和目标，包括制订特许经营开发计划、设置加盟总部组织结构、建立特许经营样板店、准备特许经营所需文件以及加盟有关具体细节的梳理等。

知识准备

一、制订特许经营开发计划

企业在开展特许经营之前应该规划的内容包括选择何种特许经营方式、优先发展哪个加盟区域、战略目标及发展节奏的确定等。

每一种特许经营方式都有其不同的特点，国内目前常见的是单店特许经营，这种形式在特许经营事业开拓初期常被采用，但许多加盟总部在发展到一定阶段后，会考虑区域特许，而此时由于单店特许经营合约已难以更改，工作会变得十分被动。因此，选择何种特许经营方式在业务开展之前就应该明确下来，从而避免走弯路。

此外，加盟总部选择哪个区域进行优先发展也是十分重要的。许多加盟总部在初创时往往来者不拒，迫不及待地将特许权授予任何地区、任何人，但如果因加盟店远在加盟总部管理和供应范围之外，不能及时得到加盟总部的有力支持而导致失败，将影响加盟总部特许经营事业日后在该地区的发展。因此，即使是新成立的加盟总部，也应该事先确定重点开发区域，采取层层推进的方式，有选择、有步骤地开拓特许经营事业。接下来还要确定特许经营发展的战略目标以及发展节奏，如某连锁酒店特许经营企业战略目标是用 3 年时间发展 300 家加盟店，那么发展节奏可能为第一年发展 50 家加盟店，第二年 100 家，第三年 150 家。在这一战略目标和发展节奏下，还要考虑资源配置问题，如商品是自己配送还是借助第三方物流等。

二、加盟总部组织结构设置

开展特许经营是一项特别重要的工作，加盟总部的组织结构是否完善直接影响日后特许经营业务能否顺利运行。加盟总部在向外出售特许权之前，应首先确认内部机构的设置和职能划分是否恰当，是否能满足特许经营的需要。

特许经营机构的设置，可以根据不同行业的业务特点采取相应的方式，没有一个完全的通用标准。发展较成熟的连锁企业加盟总部一般都专设特许经营事业部。事业部下设开发部、培训部、管理督导部等，每个部门具体职责均落实到人。

加盟总部特许经营机构必须履行以下工作职责。

1. 加盟商招募与授权

（1）拟订年度招募计划；

（2）设定加盟条件；

（3）准备招募和授权文件；

（4）组织实施招募信息的发布和广告宣传；

（5）组织实施对加盟申请人的咨询；

（6）遴选加盟商及签订加盟意向；

（7）与加盟商谈判并签订加盟合同。

2. 加盟店的评估选址与营建

（1）样板店的选址与营建；

（2）对潜在加盟者已经拥有的店铺进行地址评估；

（3）指导和协助加盟者进行单店的选址；

（4）指导和协助加盟者进行人员的招募和培训；

（5）指导和协助加盟者进行单店的装修；

（6）指导和协助加盟店的开业准备工作。

3. 开业后的督导和沟通

（1）对开业的加盟店进行指导和质量控制；

（2）计划和实施区域推广活动；

（3）计划和实施加盟店主的持续培训工作；

（4）协助加盟总部对加盟店的后续服务；

（5）协助提升加盟店的管理水平；

（6）解决加盟总部与加盟店的冲突。

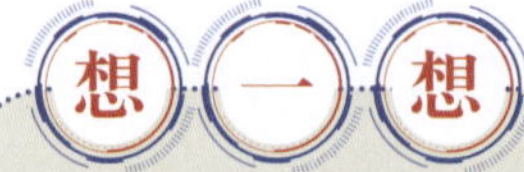

同一般的企业相比，特许经营特有的组织机构是什么？

三、建立样板店

要说服投资者加盟特许经营网络，最直接有效的办法是建立自己成功的样板店。通过样板店的经营，一方面可以检验加盟总部的经营模式是否可行，并在实践中总结经验，不断地改进完善；另一方面可以得到社会承认和投资者认可，打消投资者的疑虑。因此，样板店的选址和经营是加盟总部在实施特许经营计划之前必须慎重考虑的问题。样板店大多是加盟总部直接投资建设的，也有一部分是加盟总部和区域加盟者合资建设的，还有一部分是在加盟总部的指导下，由区域加盟者自行建设的。无论选择何种方式建立样板店，都要保证加盟总部对样板店的绝对控制。另外，还要考虑区域覆盖的问题，以节省加盟者的学习成本。

样板店的多少可以根据加盟总部的市场发展规划来定，如果加盟总部决定在不同的区域同时推广和建设特许经营网络，可以在这些区域分别建设同种样板店。这样不仅可以在不同地区的市场环境下检验特许经营概念，而且可以帮助加盟总部摸索出一个可以推而广之的单店运营模式。要注意的是，样板店是日后特许经营体系推广的标本，加盟总部在建设样板店的过程中，要充分考虑样本店的可复制性。所有装修材料、机器设备、商店形象都必须标准化，可复制且便于复制，否则很难实现特许经营体系的统一。

很多连锁企业，即使未开展特许经营业务，也会开设自己的样板店作为其他分店的参考模板，这样的样板店也被称为旗舰店。旗舰店是商店形象展示的最佳手段，虽然还没有一个统一的关于旗舰店的定义，但旗舰店是所有连锁业都熟悉的一种门店形式。对于管理者而言，旗舰店就是将商店形象设计的所有元素都充分展示出来的一个标准店和样板店。旗舰店往往设在人流量最大的购物中心或大城市繁华的商业中心，伴随着精心设计的商品陈列和良好的卖场氛围，向人们展示该企业的最新品牌理念，出售该企业的所有商品，规模比一般的门店要大得多。

四、特许经营所需文件

特许经营是一种知识产权的转让方式，加盟总部在将其经营模式许可给投资者时，还必须准备一系列的文件，以便宣传推广、潜在投资者查询、签约、岗前培训和将来的管理之用。企业要注意的是使其业务尽量简单化。业务越复杂，在招募、培训和支持加盟商的过程中遇到的困难就越大。因此，企业必须完善加盟业务的运作程序。

连锁经营的一大特点在于各分店营业方式的统一。能否有效地使每一个加盟商执行统一的运作程序，是每一个有意从事特许经营的企业必须重视的问题。在这一方面，运作程序的科学化、简单化、系统化扮演了极其重要的角色。加盟总部应该将经过实践检验的成功经营方式和操作过程总结出来，形成详细明确的营业指南，供加盟商随时参阅，从而有效开展工作。没有一个运营系统是一成不变的，因此修正的程序也必须十分明确，使得任何新的操作方式都能立即得到有效执行。

在加盟总部的运作流程及实施标准设计完成之后，要将所有的内容编辑成不同的管理手册，将来所有方面的解释应用都以管理手册为主，确保不会发生因人而异的现象。

这些文件，包括特许经营合约、公开的宣传资料、培训材料、具体操作手册、公司章程、管理制度等，还包括配合推广宣传的相关资料、发展加盟店必备的表格等。具体可以分为以下四个类别。

（一）加盟合同

加盟合同是加盟总部和加盟店签订的合作协议，应当尽量详细具体，且应严格遵守《中华人共和国民法典》对格式合同的规定。

（二）公开文件

一般加盟总部应当在一定时间内，向潜在加盟商提供一套公开文件。公开文件提供的基本文件内容一般包括特许权详细情况、费用项目、特许权中止、总部资源、对加盟商的限制等。

（三）操作手册

操作手册的内容随企业和行业的不同而有所区别。例如，快餐业的操作手册内容包括配方、制作方式和程序、每份数量、存货量、展示方法、地方性广告及公共促销活动、顾客抱怨处理、关于健康卫生的特殊法律要求、废物处理、夜间经营、日常清洁、噪音和停车等问题。有些总部的操作手册不仅列出了加盟店开业后的各项工作，还列出了开店的各种步骤、购物表、财务预算表等，实际上就是加盟商的经营指南。

（四）培训材料

培训材料包括培训的所有内容，涉及有关专业的全方位知识。例如，服装公司对加盟商的培训不仅包括公司介绍、店铺陈列方式、店铺规则以及员工守则，还包括如何分析顾客心理、如何为顾客搭配服装颜色等。

编制管理手册有以下优点。

1. **统一解释**

管理手册上有明确的说法，不会造成执行上的差异。

2. **方便管理**

不管连锁门店开到哪里都可以通过管理手册进行标准化作业。

3. **作为调整的依据**

商业的形象常常因时因地不同而需要调整设计，尽管不能完全照搬原来的设计，但是设计者可以根据管理手册的基本风格和要求灵活调整，以达到神似的效果。

4. **有利于培训管理**

手册是培训的基本依据，员工可以了解自己该做什么以及怎么做。

5. **强化加盟者的信心**

完整的管理手册代表企业的管理水平，更容易被加盟商接受。

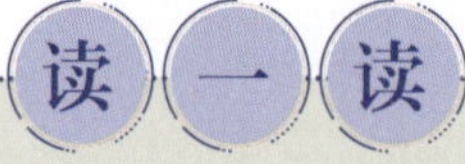

美国联邦贸易局有关连锁业法规规定：总部提供的基本情况内容主要包括，特许权详细情况，董事人员及联系人员名单，费用项目，财政状况，特许权中止、取消或更新的规定，总部提供的支援，对加盟商行为的限制，等等。

五、特许经营项目备案及信息披露

加盟总部在正式大规模招募加盟商之前，应该按照2007年5月1日施行的《商业特许经营管理条例》（以下简称《条例》）及2012年新修正的《商业特许经营信息披露管理办法》的规定进行法律法规的准备工作。

《条例》第八条规定，特许人应当自首次订立特许经营合同之日起15日内，依照本条例的规定向商务主管部门备案。在省、自治区、直辖市范围内从事特许经营活动的，应当向所在地省、自治区、直辖市人民政府商务主管部门备案；跨省、自治区、直辖市范围从事特许经营活动的，应当向国务院商务主管部门备案。根据条例，特许人向商务主管部门备案，应该提交以下文件、资料：

（1）营业执照复印件或者企业登记（注册）证书复印件；

（2）特许经营合同样本；

（3）特许经营操作手册；

（4）市场计划书；

（5）表明其符合本条例第七条规定的书面承诺及相关证明材料；

（6）国务院商务主管部门规定的其他文件、资料。

特许经营的产品或者服务，依法应当经批准方可经营的，特许人还应当提交有关批准文件。

《条例》第二十一条规定，特许人应当在订立特许经营合同之日前至少 30 日，以书面形式向被特许人提供本条例第二十二条规定的信息，并提供特许经营合同文本。

根据《条例》第二十二条规定，特许人应当向被特许人提供以下信息：

（1）特许人的名称、住所、法定代表人、注册资本额、经营范围以及从事特许经营活动的基本情况；

（2）特许人的注册商标、企业标志、专利、专有技术和经营模式的基本情况；

（3）特许经营费用的种类、金额和支付方式（包括是否收取保证金以及保证金的返还条件和返还方式）；

（4）向被特许人提供产品、服务、设备的价格和条件；

（5）为被特许人持续提供经营指导、技术支持、业务培训等服务的具体内容、提供方式和实施计划；

（6）对被特许人的经营活动进行指导、监督的具体办法；

（7）特许经营网点投资预算；

（8）在中国境内现有的被特许人的数量、分布地域以及经营状况评估；

（9）最近 2 年的经会计师事务所审计的财务会计报告摘要和审计报告摘要；

（10）最近 5 年内与特许经营相关的诉讼和仲裁情况；

（11）特许人及其法定代表人是否有重大违法经营记录；

（12）国务院商务主管部门规定的其他信息。

六、宣传推广和招募加盟

在一个新地区开展业务时，宣传推广和招募加盟是必不可少的重要环节。

与其他公司不同的是，加盟总部的宣传推广既要吸引消费者又要吸引投资者。在加盟业务开展前期，宣传推广的对象应该着重放在投资者身上，其推广的渠道主要有：

（1）全国性和地区性的特许经营展会；

（2）本企业网站，中介机构及中介机构的网站，包括行业协会、特许经营协会等；

（3）相关行业的平面、广播、电视媒体；

（4）加盟商招募的新闻发布会；

（5）现有的直营店和加盟店。

确定项目推广策略非常重要，特别是加盟总部开展特许经营初期，或者是在一个新市场推广特许经营业务时。宣传推广活动可以采取的方式很多，如广告宣传、展会推广和人员推广等。每一种方式都有多种选择，如广告宣传中的媒体选择等，加盟总部都应该统筹安排，如推广方式、推广人员、推广材料、推广费用、推广时间、推广地点等。提前准备越充分就越能收到良好的效果。

特许经营实施方案涉及整个特许经营流程各个环节的设计和准备工作，这里只展开了特许经营前期准备工作。

任务实施

实训任务：思维导图设计

根据教材知识总结分析，绘制项目实施方案思维导图。

请按照特许经营项目的内容梳理项目开发方案的步骤和内容。

任务实施评价

学生自评表

序号	技能点	佐证	达标	未达标
1	认识项目开发方案内容	能明确特许经营项目的开发步骤和内容		
2	了解特许经营的行业运作方式	能对特许经营项目的开发工作有整体认识		

序号	素质点	佐证	达标	未达标
1	整体化思维	明确项目开发步骤之间的逻辑关系		
2	团队合作精神	能和团队成员协商，共同完成实训任务		

教师评价表

序号	技能点	佐证	达标	未达标
1	认识项目开发方案内容	能明确特许经营项目的开发步骤和内容		
2	了解特许经营的行业运作方式	能对特许经营项目的开发工作有整体认识		

序号	素质点	佐证	达标	未达标
1	整体化思维	明确项目开发步骤之间的逻辑关系		
2	团队合作精神	能和团队成员协商，共同完成实训任务		

任务 4　编写特许经营手册

学习目标

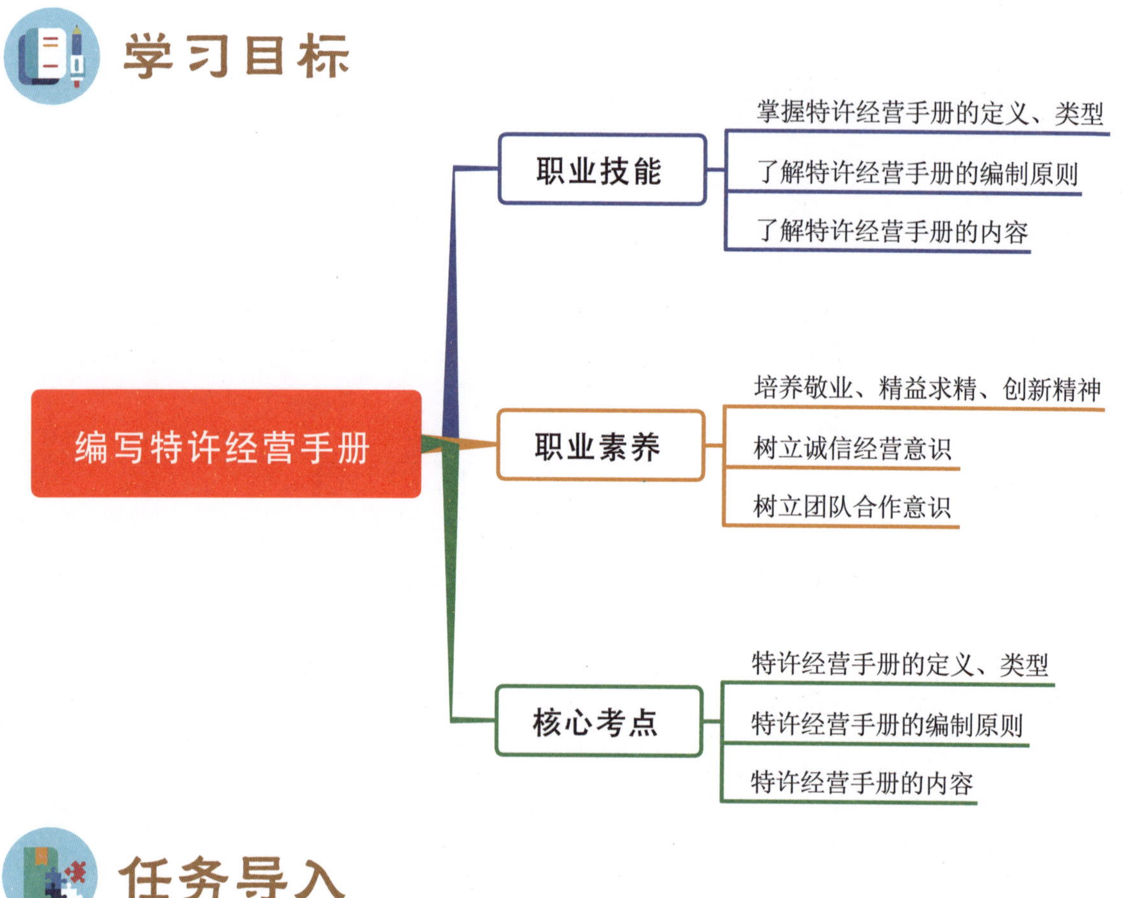

任务导入

掌握特许经营手册的类型、编制原则与内容，对特许经营招募文件、单店手册、总部手册等有较清晰的认知。

任务解析

特许经营手册应当是特许经营体系的招募依据，是体系参与者的行为指南，是新进加盟商的培训资料，其实质是特许经营体系运行的书面保障。对于不同的经营手册，应从特许经营体系所处行业的特点、运营体系的特点、运营体系书面化的资源材料内容等多角度出发进行编写。

知识准备

一、特许经营手册概述

（一）特许经营手册的定义

特许经营发展的核心在于特许人保持对特许系统资源的控制，但特许经营的资源大多都是可以复制的，同时良好的品牌形象也需要长期的维护。这就要求有一份规范文件确保受许人的日常经营活动符合整个特许经营体系的利益。

特许经营手册是特许人制定的，要求整个特许经营体系遵照执行的，规定了特许系统受许人的招募、总部和加盟店的日常经营行为的书面文件。

特许经营手册，是特许经营权内容的书面化，是每一个特许经营项目经营复制的重要蓝本，凝聚了加盟总部管理团队集体的智慧，是加盟总部对自己经营业务的知识、经验、技能、创意等的总结。为了保证众多加盟店能够准确复制样板店，一套完整详细的特许经营手册是必不可少的。同时，一份专业完备的特许经营手册也增强了投资者对特许经营体系的信心。

读一读

麦当劳允诺：每个餐厅的菜单基本相同，而且“质量超群，服务优良，清洁卫生，货真价实”。它的产品、加工和烹制程序，乃至厨房布置，都是标准化的、严格控制的。为保证产品和服务的高质量，无论是食品采购、产品制作、烤焙操作程序还是炉温、烹调时间等，麦当劳对每个步骤都遵从严谨的高标准。这一标准的贯彻也是麦当劳制胜的法宝。那么麦当劳是靠什么来贯彻执行其高标准的呢？

（二）特许经营手册的类型

按使用者不同，特许经营手册可分为以下四个类别。

1. 总部手册

总部手册是为了特许经营体系的良性运作而编制的，是关于加盟总部的运营、管理等方面的工作指导和规范。主要供加盟总部的管理人员使用，可根据不同的管理内容细分为多个具体的专业手册，如加盟总部督导手册、特许经营CIS手册、加盟总部人力资源管理手册、加盟总部招募手册、加盟总部商品管理手册、加盟总部物流管理手册、加盟总部培训手册、加盟总部营销管理手册、加盟总部信息系统管理手册等。

2. 单店手册

单店手册是关于加盟店在选址、建设期、开业初期及正常运营之后所有工作内容、流程、工具和步骤等的汇总，是加盟店全部运营活动的指导和规范。单店手册也可以分为许多具体的专业手册，主要有加盟指南、加盟店经营常见的问题解答、加盟店开店手册、加盟店运营手册、加盟店员工手册、加盟店促销手册、加盟店商品管理手册、加盟店店长手册等。

门店店长手册

3. 分部或区域加盟商手册

分部或区域加盟商手册是阐述分部或区域加盟商如何开展工作的原则、流程和具体技术的文件。

4. 招募文件

招募文件是由特许人发出的，精练、概括地介绍自己的特许经营体系状况以吸收潜在加盟商加盟的文件。加盟商可以根据招募文件的资料大致了解加盟总部的状况，然后进行进一步商谈。

二、特许经营手册的编制原则

经营手册的编制是一项要求非常严密的工作，在编制时需要把握以下几个原则。

（一）有效性

特许经营手册要能有效传达特许经营的实质内容，要能将加盟总部看得见的“有形标准”部分和看不见的“无形标准”部分结合。“有形标准”指LOGO、外观装修、内部装饰、设备、原材料、产品、组织架构、操作系统、软件系统等，这部分强调形式、实体或性能上的一致，相对较容易统一。“无形标准”指企业经营服务的技术、制度、理念、文化等抽象的部分，这部分较难控制，往往需要更长的时间。特许经营手册应当能够充分传达特许经营项目的实质。

（二）实用性

首先，特许经营手册是加盟商日常经营的法宝，是管理人员具体操作实践的依据和标准，一定要有很好的读者界面。例如，经营加盟店常见问题类手册的编写，要让加盟者既了解如何做，又了解为什么这样做，对相应的问题能举一反三、触类旁通。

其次，特许经营手册应按照一定标准分类，比如按照手册的内容差异，可以分为招商加盟指南、受许人营建手册、开店手册、营运手册、法律文件手册、商品手册、培训手册、督导手册等。

再次，注意编写形式的丰富性，编写要恰当地将文字和各种图表结合起来，以帮助管理人员

和加盟者更好地理解。比如，在介绍具体业务操作流程和商品陈列时，可以用相应的流程图和陈列图，这样做不仅能使经营手册内容生动鲜活，也保证了使用者能更清楚明确地理解手册编写者要传达的意思。

最后，手册的编写要符合使用者的习惯、使用规律和逻辑。比如，开店手册可以按照开店的工作时间发生顺序编写，这样更有助于加盟商按照手册指导完成工作。

但切忌在外包装上过度下功夫，搞噱头、搞花样来吸引潜在的加盟者。

（三）保密性

编写特许经营手册不仅要求清晰、明确，同时应当具有充分的保密意识。因为加盟总部的经营手册会呈现特许经营管理体系的大部分关键内容，这些成功的经验和管理方法是企业在多年的探索和实践中获得的，轻易被竞争对手掌握或者被别有用心的商家使用可能会带来负面效应。另外，从特许经营体系的生存和发展角度来看，那些容易被模仿泄露，同时又是企业经营核心机密的部分不要直接呈现，而应当采取一些巧妙的规避手段和预防措施，保护企业的知识产权和未来的生存发展之道。

（四）时效性

特许经营手册要注意及时根据最新内容更新，因为在一个不断变化的竞争市场中，任何企业的管理模式和管理流程都会随着外部环境的变化而不断更新改进。特许经营手册作为企业管理经验的积累和提炼，需要伴随技术的提升、流程的优化等不断地进行调整修改。这样才能使经营手册真正发挥驱动特许经营体系运转的作用。这就要求加盟总部的管理者树立动态的观念，不断更新完善经营手册的内容，保证整个特许经营项目发展的活力。

这里要注意的是，每次都要对应手册的版本进行修改，以便快速准确找到不同时期和阶段的手册版本，保留手册被修改的版本痕迹。

三、特许经营手册的内容

（一）总部手册的内容

总部手册的编写是按照特许经营总部的职能进行再细分，即总部或特许人的每一种职能都对应着一部手册作为指导。具体来讲，总部的手册可以有如下若干小类：特许经营总部总则、特许经营总部人力资源管理手册、特许经营总部行政管理手册、特许经营总部组织职能手册、特许经营总部财务管理手册、特许经营总部商品管理手册、特许总部产品知识手册、特许经营总部招募管理手册、特许经营总部营建管理手册、特许经营总部销售管理手册、特许经营总部样板店管理手册、特许经营总部商品配送管理手册、特许经营总部信息系统管理手册、特许经营总部培训手册、特许经营总部督导操作手册、特许经营总部市场推广管理手册、特许经营总部标识及品牌管理手册、特许经营总部产品设计管理手册、特许经营总部产品生产管理手册等。

需要说明的是，在实际编写手册的工作中，加盟总部因其自身企业特点、行业、地域、特许经营体系发展阶段、特殊目的等的不同，可根据企业的实际情况进行增减、合并等，并不一定要编写如上所述的全部 19 类手册。比如，在手册内容较少的时候，可以把上述所有手册合并成一部综合性手册。

（二）分部或区域加盟商手册的内容

区域加盟商是加盟总部开展特许经营业务的一个重要辅助，它可以有效地帮助特许人在某个更大的区域里更迅速地建立、管理与运营特许经营的多家单店。

分部或区域加盟商/受许人手册便是指导分部或区域加盟商在所在特许区域开展工作的指南。它的内容通常应包括本手册使用的注意事项、加盟总部的概况介绍、分部或区域加盟商的意义、分部或区域加盟商的组织结构、各个部门与人员的岗位责任制、分部或区域加盟商的工作内容、工作流程解析（人力资源管理、财务结算、市场开拓战略技术、商品管理、库存、物流、单店管理、客户关系管理）等。

（三）单店手册的内容

单店手册一般可细分为两类：开店手册与营运手册，其编写各有侧重点。

1. 开店手册的内容

开店是特许经营单店的最初亮相，是体现特许经营单店形象的最开始一环。开店手册就是针对特许经营单店开店所涉及的主要问题进行的概括和说明，以便开店人员能够以此为参考，较快地进入角色，顺利地完成开店任务。

开店手册主要包括以下内容：

（1）概述。

（2）市场分析：①目标城市状况调查；②目标城市本特许经营体系从事的行业状况调查（目标城市年销售额、销售场所、城市知名同行业品牌等）；③市场调查方法。

（3）商圈调查：①商圈范围；②商圈类型；③商圈特征（商圈内消费人口特征、客流量、同业及异业状况、商圈的发展性）；④商圈调查方法。

（4）选址：①店址特征（店中店、独立专营店等）；②客流分析；③店址的选定；④店面的租赁（特许人的意见、租契要素）。

（5）装修：①装修准备（取得所选店面的照片，取得所选店面的相关图纸，将以上资料交与特许经营总部的相关设计部门）；②装修流程（装修商资格评定标准、装修商评定流程）；③店内设施；④店内气氛设计；⑤店面外观设计。

（6）人员招聘与培训。

（7）开业前的筹备：①筹备物品；②筹备事项；③相关证照办理。

（8）开业仪式：①开业形式；②开业注意事项等。

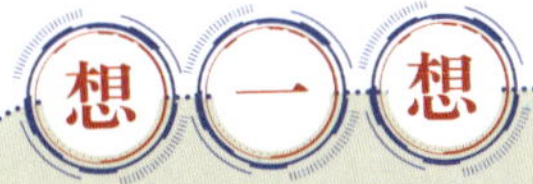

一份合格的开店手册应该具备哪些基本要素?

2. 营运手册的内容

营运手册是单店开业后的营运流程指导，即从单店开张之日起的所有工作步骤和依据。

许多特许人在编写营运手册时，把开店手册也包括在内。其内容不仅包括选址、开店、簿记、会计、广告以及盛大开业程序，还会涉及雇员的职责以及食品制作（如饭店）。此外，也包含一些日常性的职责，如开业与结业程序、验收检查、制作日报、雇佣新人、制作日程表、接收与中转货物、制作供应表以及维持存货程序、安全措施与金融程序等。

（四）招募文件的内容

招募文件是加盟总部制作的，向不特定的潜在投资者发出的介绍特许经营体系基本情况和加盟条件、加盟程序的书面材料。招募文件的目的在于向潜在的投资者发出在特许经营体系内的合作邀请，在法律上不具有直接约束力。招募文件是加盟总部招募行动的基础文件。一般包括项目介绍、加盟特许系统优势、投资盈利分析、加盟条件、加盟程序等内容。

任务实施

实训任务：案例分析

必胜客隶属于世界上著名的餐饮集团——百胜餐饮集团，百胜餐饮集团庞大的餐饮网络覆盖全球超过 130 个国家和地区，拥有近 43000 家连锁餐厅。百胜餐饮集团旗下肯德基、必胜客和塔可贝尔三个餐饮品牌分别在烹鸡、比萨、墨西哥风味食品连锁餐饮领域广受欢迎。截至 2020 年 6 月，必胜客在中国 400 多个城市已拥有了 2000 余家休闲餐厅。可以说，必胜客获得了很大的成功。它成功的奥秘是什么呢？

必胜客初进中国市场时，面临着肯德基与麦当劳两大快餐巨头，它们都属于快餐类市场，而必胜客的主打产品——比萨在国外也只属于中低消费的食品，究竟选择怎么样的人群作为必胜客的主力消费人群呢？必胜客规避了肯德基、麦当劳的主力消费人群——儿童及年轻消费人群，而把目标瞄准了中青年白领这一具有很强购买力的消费人群。这样的定位，让必胜客避开了与肯德基、麦当劳的正面竞争，也将自己的品牌提升到一个“开心聚会，分享快乐”的高级版本，直接和其他快餐品牌区别开来，成为一种小资生活的聚会场所，开创了属于自己的一片蓝海。

除了准确的目标群体定位，必胜客从就餐环境、菜品等方面也很好地满足了这一群体的消费需求。与肯德基、麦当劳显得有些喧闹的环境相比，必胜客的环境更加安静、舒适，悦目的装潢、舒适的设计、柔和温馨的灯光、舒缓的音乐、训练有素的服务人员，等等，让顾客感受到了不一样的就餐体验；比萨、意大利面、新鲜的自助沙拉等，通过精致的容器包装，不但满足了顾客的味蕾，更是为就餐增添了很多情趣，这也很好地满足了白领人群的“小资”情调。正是通过对品牌的差异化定位以及围绕目标消费群而提供的针对性服务，让必胜客从竞争激烈的餐饮市场脱颖而出，最终成为全球最大的比萨餐饮加盟企业。必胜客之所以能够成功打入中国市场，并取得如此大的成就，是因为它在自身的定位、风险的规避以及服务的质量上做到了够全、够好、够优质。

实训要求：

必胜客的成功经验需要制定要求整个特许经营体系遵守执行的，规范特许系统受许人招募、特许经营总部和加盟店日常经营行为的书面文件。

（1）列出一份特许经营企业的经营手册类型。

（2）请以必胜客为例，列出特许经营手册的主要内容。

任务实施评价

学生自评表

序号	技能点	佐证	达标	未达标
1	案例分析	熟悉特许经营手册的基本类型		
		掌握特许经营手册的主要内容		

序号	素质点	佐证	达标	未达标
1	整体化思维	能够深入了解，清楚完整手册包含的内容		
2	团队合作精神	能和团队成员协商，共同完成实训任务		

教师评价表

序号	技能点	佐证	达标	未达标
1	案例分析	熟悉特许经营手册的基本类型		
		掌握特许经营手册的主要内容		

序号	素质点	佐证	达标	未达标
1	整体化思维	能够深入了解，清楚完整手册包含的内容		
2	团队合作精神	能和团队成员协商，共同完成实训任务		

任务5 确定特许经营费用

学习目标

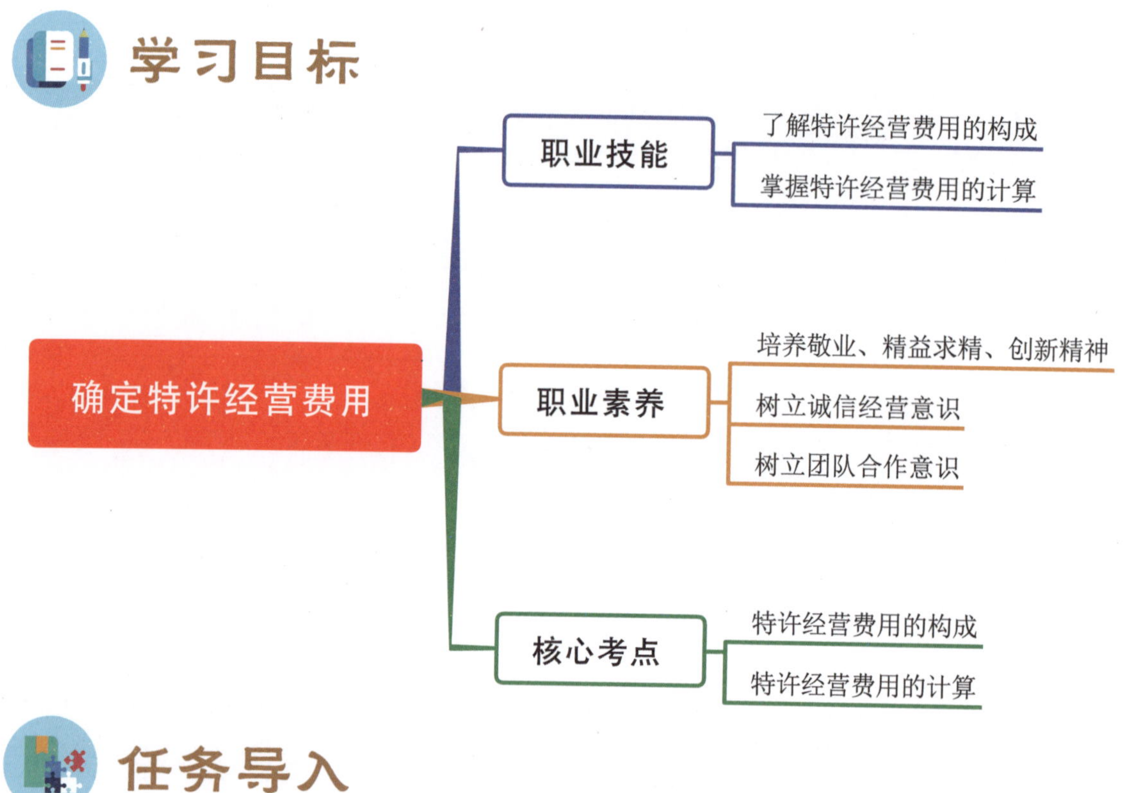

任务导入

小肥羊的招商费用和招商标准（旧政策）如表 2-5-1 所示。

表 2-5-1 小肥羊的招商费用和招商标准

类别	加盟费	特许经营权使用费	保证金	合同期限	加盟费、保证金、特许经营权使用费收取方式	面积
地级市	20 万元	10 万元 / 年	10 万元	3～5 年	一次性支付	600m² 以上
县级市、县	15 万元	5 万元 / 年	5 万元	3～5 年	一次性支付	500m² 以上
镇	10 万元	2 万元 / 年	2 万元	3～5 年	一次性支付	350m² 以上

注：

1."加盟费"是加盟商获得十年特许经营权的初始费用，该费用是一次性的费用。

2. 加盟商接店经营后还需要按合同交纳的费用包括特许经营权使用费（按营业额的 5% 收取）、广告基金（不论直营店或加盟店，均按照营业额一定比例收取，共同分摊广告基金，加盟店参照直营支付标准承担）和相应的服务费。

3. 店面按照小肥羊公司统一标准装修。

4. 羊肉及相关原料由小肥羊公司统一配送。

5. 合同期限届满后无任何违约情况，履行完毕终止合同相关手续后，保证金返还。

6. 本公司现开放加盟较严格，具体开放区域要经本公司调查人员实地考察后逐一审定。

7. 前期广告自行宣传，广告费自行安排。

确定合适的特许加盟费用，是特许连锁经营项目开发的一个非常关键的问题，直接影响到特许事业的顺利发展。费用定得太高，加盟商 / 受许人不能获得预期利润，就不会考虑参与这个项目；反之，费用定得太低，总部收益受损，无法弥补所提供服务的费用开支，项目就无法维系。那么，一个特许经营项目是如何确定其特许加盟费用的呢？

任务解析

加盟总部 / 特许人将辛苦开发的特许权授予加盟商 / 受许人，并在加盟商 / 受许人的经营过程中持续提供大量的支持工作，这需要加盟商 / 受许人给予一定的回报。这个回报包括使用加盟总部 / 特许人所拥有的品牌的回报，以及加盟总部 / 特许人在经营过程中提供的持续支持和指导的回报等。

知识准备

特许经营费用是指加盟商为获得特许人的经营模式、注册商标、企业标志、专利、专有技术等经营资源的使用权而向特许人支付的费用，包括加盟费、特许经营权使用费、广告基金及其他约定的费用。合理的特许经营费用，对特许经营的发展非常重要。费用过高，投资者望而却步；费用过低，加盟总部无法长期提供高质量服务。因此加盟总部在推广特许经营项目之前，应当谨慎制定合理的收费方案，确定特许经营的收费方式及其各项费用水平，以便获得持续的合作关系。

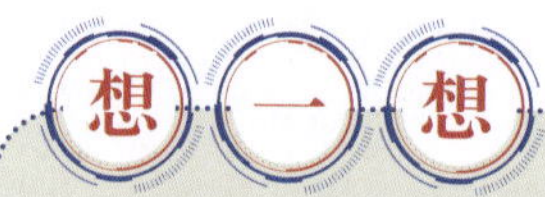

如何判断一个加盟总部确定的加盟费用是合理的呢?

一、特许经营费用的构成

（一）加盟费

加盟费，也称首期特许费或初始特许费，是加盟商为获得特许人的经营模式、注册商标、企业标志、专利、专有技术等经营资源的使用权而向特许人支付的一次性费用。加盟费体现了受许人加入特许系统所得到的各种好处的价值。

加盟费常被加盟商看作进入一个特许经营体系的门槛费。在一个特许经营合约期限内，加盟商只需要交纳一次加盟费。合约期内，即使加盟商退出，此费用也不予退还。合约到期后，如果双方要继续合作，就需要交纳新的特许经营期的加盟费。通常会根据加盟商的实际情况交纳，有的企业会允许加盟商分批分次交纳。

（二）特许经营权使用费

特许经营权使用费，也称权益金，是指加盟商在使用特许经营权过程中按一定的标准或比例向特许人定期支付的费用，体现的是加盟总部在加盟商日常经营活动中拥有的权益。

特许经营权使用费不仅是加盟总部的利润来源，也是加盟总部持续为加盟商提供支持和服务的保障，以维持特许经营体系的运转，促进特许经营体系发展。

（三）其他费用

1. 履约保证金

履约保证金是在签订经营合同后，作为今后加盟商履行合同及债务的担保而交纳给加盟总部的费用，用于加盟商不能及时向加盟总部支付款项时的补偿。合同期满后，加盟商没有拖欠应付加盟总部的合理款项时，加盟总部会如数将保证金退回给加盟商。

2. 品牌保证金

品牌保证金指的是加盟总部为了保证加盟商不出现有损特许经营体系品牌的情况，在特许经营合同签订后向加盟商收取的一定金额的资金。如果加盟商在经营期间违反了品牌保证金规定的事项，或做出了有损加盟总部品牌的事情，加盟总部将没收此保证金。反之，特许经营合约期满，加盟总部将把此保证金返还给加盟商。

3. 市场推广 / 广告基金

市场推广 / 广告基金是特许人或经特许人授权的企业按加盟商营业额或利润的一定比例，或者按照双方敲定的固定数额向加盟商定期或不定期收取的费用所组成的基金。该基金应用于特许经营体系（包括特许人或加盟商）的市场推广和对外广告宣传。该基金一般由加盟总部统一管理，但加盟商也可以根据自己的市场推广计划向加盟总部申请使用该基金。加盟总部收取这笔费用，将每家分店的广告基金集中起来，一是可以放大单独做广告的效果，二是符合特许经营体系的统一性，单一广告整体受益。

在实际的经营活动中，受许人所交纳的费用还会有一个合同更新费。合同更新费指的是在特许经营合同到期时，如果要续签合同，需要受许人在正常的特许经营费用之外另行额外交纳的费用。尽管这个费用通常被认为是不合法的，但现实中的许多特许人，常常要求受许人必须交纳，并常以不交纳就不续签相威胁。更新费可以是一个固定值，也可以是一个比例，通常为加盟费的某个百分比。

4. 培训费

培训费是加盟商为接受加盟总部培训而交纳的费用，主要用于加盟商开业后接受持续培训的费用，具体包括加盟商门店开业经营过程中，接受的关于加盟总部开发的新技术、新产品、新体系和新规定的培训费用。加盟商开业前接受的培训一般不包括在内，因为已经计算进加盟费里了。

5. 特许经营转让费

一般情况下，按照加盟双方签订的特许经营合同规定，除非出现不可抗力因素，在合同关系未到期的情况下，加盟双方不能单方退出，但也有一些加盟总部允许加盟店中途有条件退出。如果加盟商中途放弃加盟店的经营，并将其转出，需要交纳一定的转让费用。因为加盟总部需要花费额外的资源去培训一个新的、合格的加盟商，所以需要向原加盟商收取这一额外支出的补偿。

6. 设备、产品或原材料费

一般特许经营使用的设备、产品、原材料都是由加盟总部专门定制和统一采购的，以保证提供的产品品质的一致性以及连锁店形象的一致性。因此加盟商需要支付一定的设备、产品或原材料费。有一些特许经营体系的设备是由加盟总部租赁给加盟商的，这种情况下，加盟商需要支付一定的设备租赁费。

此外，其他费用还包括店铺设计费、施工费、财务业务费、意外保险费等。另外，一些加盟总部还会根据自身情况向加盟商收取专项费用，如有的行业加盟总部会向加盟商收取定期的盘点服务费。还有的加盟总部要求加盟商支付驻店指导人员的劳务费或补贴等。由于各项费用繁多，为避免加盟商不清晰，在实际操作中，一些加盟总部会采用总体打包形式，给潜在的加盟商一个十分明确的费用概念。

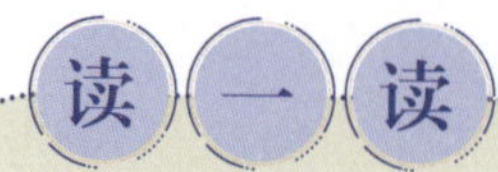

“7-ELEVEn”便利店的加盟费用包括商标使用授权费、设备经费(电脑终端、计量器等)、扣除总部负担之后的水电费(80%)、定期盘点服务费、簿记会计服务费(报告用表格、账簿等)、商品企划行销服务费（商品进货谈判、商品项目搭配）、广告费、经营咨询服务费和意外保险费等。

二、特许经营费用的计算

（一）确定加盟费

加盟费金额由每个加盟总部根据自己的情况自行确定，不同国家和地区，同一国家和地区的不同行业、同一行业下的不同企业之间，加盟费都不相同。就目前国内情况看，大致有三种情况：第一种情况是免除加盟费的，但通常加盟总部可能会在别的费用方面把这个免除的加盟费补回来；第二种情况是加盟总部只收取象征性的费用，数额从数千元到数万元不等；第三种情况是加盟总部会收取数额比较大的加盟费，少则十几万，多则几十万，甚至上百万或更多。

那么，加盟费的收取有没有一个标准？如何衡量呢？

目前来看，加盟费的计算一般包括：第一，加盟总部的前期支持成本；第二，加盟总部的预期利润。

1. 加盟总部的前期支持成本

从加盟店开业到进入正常运转的这个时期，加盟总部需要为加盟者提供许多支持，包括接受潜在加盟者的第一次咨询，挑选合适的加盟商，帮助加盟商选址，对加盟商进行培训，帮助加盟商招聘人员，进行开业支持，到加盟商单店进行现场指导等。简而言之，从潜在加盟者第一次向加盟总部咨询开始，一直到加盟店开业，并正式进入营运阶段，加盟总部需要为加盟商提供一系列的支持。这些支持需要加盟总部耗费一定的成本，这个成本应该作为加盟费的一个基本组成部分，由加盟商支付。

加盟总部应该首先详细列出自己在前期为加盟商所提供的所有支持活动，然后根据每项活动所耗费的资源来初步估计这个前期的费用总和。加盟费应当是不小于这个前期值的。

2. 加盟总部的预期利润

除了收取前期费用，加盟总部还会收取一个自己期望的利润，即收取对自己开发项目的回报。预期利润的多少没有具体的要求，取决于加盟总部的意愿，但加盟总部应充分考虑“双赢”，考虑对加盟商的激励程度，考虑双方长期利益等各个方面，确定一个双方都能接受的利润值。

3. 加盟调节系数

仅仅把加盟费等同于前期支持费用和加盟总部期望利润的总和还是不够的，因为加盟总部向

加盟商最终收取的加盟费数额还会受其他因素的影响。这些因素包括行业竞争、续约次数、加盟店数量、加盟地域、加盟店的性质和规模、加盟期限、权益金、加盟商的初期投资等。因此，加盟总部将前期费用和期望利润相加得出加盟费初值之后，还要根据这些因素的影响来调节这个数值。

（1）行业竞争。

在特许经营市场上，加盟总部也要面对同行的竞争，而加盟费这个门槛无疑是竞争的一个重要因素。过高的加盟费会导致加盟总部丧失大量合格的潜在加盟者。而过低的加盟费，要么会迫使加盟总部将没收取的加盟费转嫁到其他费用上，要么就会因为资金不足而影响加盟总部建设特许经营体系的质量。

一般而言，同行竞争比较激烈，自身特许经营体系没有明显的竞争优势，加盟总部收取的加盟费需要适当低一点。同行竞争不激烈，自身特许经营体系有明显竞争优势，如品牌知名度高，或明显的技术优势等，加盟总部收取的加盟费就可以适当高一些。但无论如何，加盟费最低基数额不能低于总部前期提供的支持费用总值。

（2）续约次数。

对于大多特许经营项目，加盟总部往往会对续约的受许人在加盟费方面实施一定的优惠政策，如第二期加盟费比第一期低，第三期更低，以此类推。

（3）加盟店数量。

和普通商品交易相同，有的加盟总部会规定加盟店数量越多，加盟费越优惠，平均到每家单店的加盟费就会减少。一般区域加盟商会有多店加盟的情况。但对于区域加盟商本身而言，它可能会随着自己的成熟和成长，提高本区域的单店加盟费。

（4）加盟地域、加盟店的性质和规模。

由于目标顾客市场的不同，加盟总部可能会针对不同的加盟地区规定一个最低的加盟店规模，相应的加盟费等费用也会有所不同，可按省级中心店、市级特许店、地级特许店等依次降低。

（5）加盟期限。

一般情况下，加盟总部每个加盟期限都会重新向加盟店收取加盟费，所以加盟期限越长，加盟费越高，反之就会降低。

（6）权益金。

加盟费和权益金是加盟总部向加盟商收取的两个主要费用，因此它们是此消彼长的关系。一般而言，加盟费高的企业会收较低的权益金。

（7）加盟商的初期投资。

加盟费一般会占加盟门店初期投资的 5% ～ 10%（有时候也有例外），虽然这个数字没有经过科学论证，但仍然可以作为在确定加盟费时的参考。

（二）确定特许经营权使用费

特许经营权使用费可以按月、季、年收取，也可以按周收取，一般企业习惯上会按月收取，有些企业则选择按年收取。

特许经营权使用费计算方式主要有以下三种。

1. 按固定的数额收取

即加盟商定期交纳一定费用，不考虑营业状况，但若考虑到通货膨胀因素和将来的发展，这种方式有很大弊端，且因为加盟商对未来的经营业绩没有把握，担心盈利会小于所交费用，一般都不愿意接受。因此根据加盟商营业状况，设定一定比例交纳使用费的情况是双方都比较愿意接受的，而且加盟的收益和加盟店的业绩挂钩，既可以鼓励加盟总部给予加盟商更全力的支持，又可以避免通货膨胀的影响。

2. 按利润百分比收取

加盟商通常希望能按照利润来计算和收取特许经营权使用费，主要原因有两个方面。一方面，加盟商对门店的盈利比对营业收入更关心，按照利润计算对自己更公平，如果营业收入高，而加盟店实际上是亏损的，按营业收入计算使用费会让加盟店经营非常困难。另一方面，按利润计算，可以使加盟总部对加盟商的关注点更聚焦在利润上而非营业收入上，这就要求加盟总部在提供服务和支持上尽量做好，否则加盟店没有盈利，则意味着加盟总部也没有收入。

3. 按业绩百分比计算

加盟总部一般会采用这种方法，一是营业收入数据比较容易获取，也比较可靠。因为加盟店的经营利润比营业收入更容易被人为操纵，加盟商可以通过调高经营成本来降低利润。如果以销售收入为依据来计算特许经营权使用费，加盟总部只需要对加盟商的营业收入进行监督，分辨真伪，而不需要监督其经营成本，这样要比按利润计算收取特许经营权使用费简单得多。这也有利于加盟双方减少不必要的纠纷，因为加盟商经营成本的计算问题常常是加盟双方发生争执的主要原因之一。另外就是这种计算方法可以降低加盟总部的风险，因为无论加盟店经营效益如何，总会有销售收入的发生，加盟总部就会获得稳定的收入，从而保证加盟体系顺利运转。

按照收入来计算特许经营权使用费，还有利于加盟商积极主动减少经营成本。因为加盟商知道减少经营成本就可以增加利润，从而促使加盟商更尽力地做好经营。

目前国内在按照营业收入收取特许经营权使用费时，比例通常在 1% ～ 5%，国外有些品牌比例会超过 10%。

这种方式的特许经营权使用费计算公式为：

$$RF=\beta T$$

RF 代表特许经营权使用费，T 代表加盟店营业收入，β 代表收取比率。

按照营业收入收取特许经营权使用费对于特许人来说更容易控制、更稳定。

另外，一些公司采取的是一种变动的特许经营权使用费比率。例如，上海“可的”便利店加盟总部有这样一个规定：加盟店一个月的毛利额小于 3 万元时，特许经营权使用费比例为 25%；加盟店一个月的毛利在 3 万元以上 5 万元以下时，特许经营权使用费比例为 30%；加盟店一个月的毛利额大于 5 万元时，特许经营权使用费的比例为 35%。日本“7-ELEVEn”便利店加盟总部给出了降低使用费比例的激励政策：加盟店开业 5 年后，平均每日营业额为 30 万日元（1 人民币≈ 16.81 日元）以上的店铺，特许经营权使用费降低 1%；每年毛利额在 5800 万日元到 7800 万日元之间的，再降低 1%；每年毛利额在 7800 万日元以上的可以降低 2%，最高可降低 3%。

当然，特许经营权使用费的计算方式，最终要建立在双赢的基础上，虽然表面由加盟总部确定，但加盟总部要充分考虑潜在加盟商的意愿，并体现出对加盟商的关心才能吸引加盟商加入。

任务实施

实训任务：案例分析

全家便利店加盟条件如表 2-5-2 所示。

表 2-5-2　全家便利店加盟条件

项目	特许加盟
加盟费	6 万元
保证金	15 万元
装修费	30 万元
收入分配	加盟商分配：月销售毛利 ×70%

罗森便利店加盟条件如表 2-5-3 所示。

表 2-5-3　罗森便利店加盟条件

项目	特许加盟
加盟费	6 万元
装修费	14 万元
其他	约 1 万元
收入分配	加盟商分配：月销售毛利 ×65%

实训要求：

请根据全家、罗森便利店的加盟费用分析以下问题。

1. 全家、罗森便利店加盟费用的构成？

2. 调查全家、罗森便利店经营管理状况，分析其加盟费用确立的合理性。

任务实施评价

学生自评表

<table>
<tr><th>序号</th><th>技能点</th><th>佐证</th><th>达标</th><th>未达标</th></tr>
<tr><td rowspan="2">1</td><td rowspan="2">案例分析</td><td>熟悉特许经营加盟费用的构成和基本计算方法</td><td></td><td></td></tr>
<tr><td>能够对特许经营项目加盟费用进行合理性分析</td><td></td><td></td></tr>
</table>

序号	素质点	佐证	达标	未达标
1	精益求精精神	能够对所学理论深入调研，认真、精准分析		
2	团队合作精神	能和团队成员协商，共同完成实训任务		

教师评价表

<table>
<tr><th>序号</th><th>技能点</th><th>佐证</th><th>达标</th><th>未达标</th></tr>
<tr><td rowspan="2">1</td><td rowspan="2">案例分析</td><td>熟悉特许经营加盟费用的构成和基本计算方法</td><td></td><td></td></tr>
<tr><td>能够对特许经营项目加盟费用进行合理性分析</td><td></td><td></td></tr>
</table>

序号	素质点	佐证	达标	未达标
1	精益求精精神	能够对所学理论深入调研，认真、精准分析		
2	团队合作精神	能和团队成员协商，共同完成实训任务		

项目 3　招募与培训受许人

项目导学

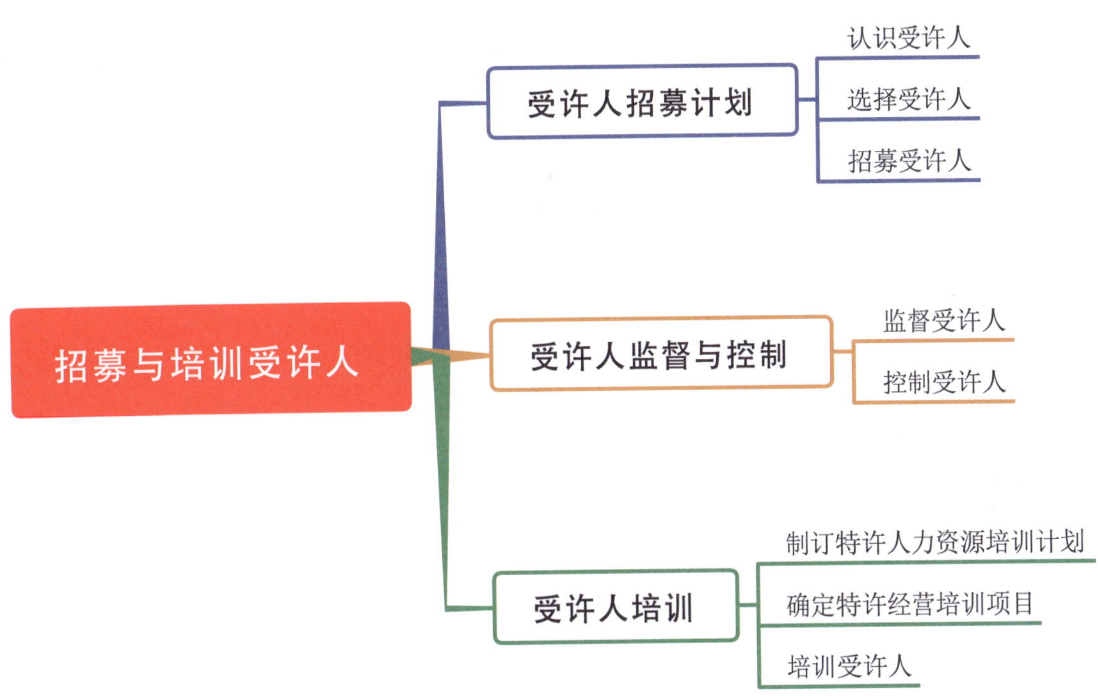

任务1　受许人招募计划

学习目标

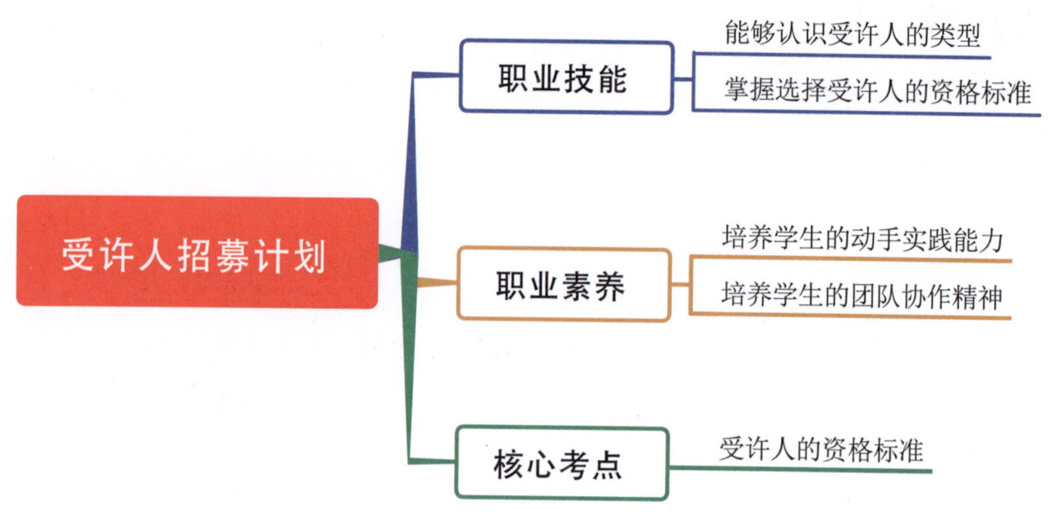

任务导入

A品牌是一个小笼包品牌，创始人专注于餐饮细分市场，最终理想是把中国的小笼包传播到世界各地。通过各方考察论证，企业决定采用连锁特许经营的模式拓展国内外市场，但是招募合格的受许人是其中一个难题。

任务解析

作为一个成熟的品牌，A品牌拥有稳定的客源。想要将小笼包传播到世界各地，需要运营特许经营的模式，其中针对如何招募合格的受许人，公司总结了招募的主要流程，如图3-1-1所示。

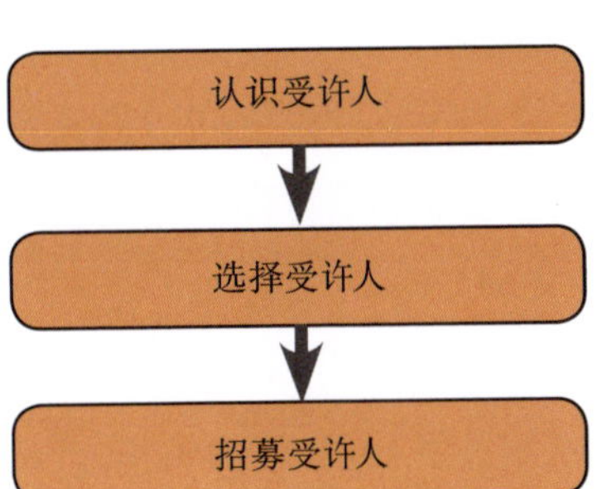

图 3-1-1　受许人招募的流程

知识准备

一、认识受许人

（一）受许人的类别

（1）加盟商：与特许人签订了加盟合同进行合作的受许人。

（2）加盟申请人：向特许人递交加盟申请的法人或自然人。

（3）准受许人：已与特许人签订加盟意向书，但还没签订正式特许经营合同的加盟申请人。

（二）受许人的身份

受许人作为特许经营的主体可以是法人或自然人。

（1）受许人在特许经营过程中，主要处于被培训、被支持、被授权的被动地位。

（2）从特许经营双方的实力来讲，受许人不代表实力不如特许人，有时受许人的实力会超过特许人。

（3）特许人作为经营者，最大化追求自身的经济利益，需要将受许人作为特许经营体系的伙伴看待，而不能当作进行市场扩张的工具。

（4）受许人必须满足一定的标准，具备一定条件的企业或者法人才能成为受许人。

（5）受许人加盟经营与独立创业有所不同，不能按照自己的经营思路进行企业运营管理，不能创建自己的品牌。

（三）受许人的类型

受许人的类型与特许经营的类型密切相关，特许经营的类型决定了受许人存在的类型。特许经营按授予特许权的方式划分为单体特许经营模式、区域直接特许经营模式、区域复合特许经营模式，因此受许人的类型可分为单体受许人和区域受许人。

1. 单体受许人

单体受许人主要适用于单体特许经营模式，也称为一般特许经营模式。单体特许是指特许人授予受许人在某个地点开设一家加盟店的权利。特许人与受许人直接签订特许合同，受许人亲自参与店铺的运营，受许人的经济实力较弱。

2. 区域受许人

区域受许人主要适用于区域特许经营模式。由特许人将指定区域内的独家特许经营授予受许人，受许人可将特许经营权再授予其他申请者，也可自己在该地区开设特许经营网点，从事经营活动。

二者的优缺点如表 3-1-1 所示。

表 3-1-1　单体受许人和区域受许人的优缺点

优缺点	受许人类型	
	单体受许人	区域受许人
优点	特许人直接控制受许人	有助于区域受许人实现规模效益
	对受许人的投资能力没有限制	特许企业快速扩张
	没有区域独占	特许人的管理负担小
	不会对特许人构成威胁	区域受许人可改进特许体系
缺点	网点发展速度慢	在合同范围内，特许人无法发展新的受许人
	总部投入较大	对区域受许人控制力较小
	限制了有实力的加盟商	过分依赖区域受许人，特许合同执行缺乏保证
		特许收入分流

二、选择受许人

（一）受许人的基本条件

对特许人来说，受许人的选择过程至关重要，正确选择受许人有利于工作的顺利开展。特许人应该认真研究选择受许人的过程，设计好向申请人提出的问题、面试、申请者审核标准等事宜。

1. 成为受许人的基本条件

（1）拥有足够成为加盟商的资金；

（2）准备或选定了加盟特许经营的营业场所；

（3）具有一定的经营与管理经验；

（4）具有创业的勇气和信心；

（5）有服从、接受特许经营体系要求的意愿和决心；

（6）良好的沟通品质。

2. 成为受许人的路径

（1）特许经营权的购买；

（2）特许经营产品、服务的销售；

（3）销售授权；

（4）区域的发展等。

（二）受许人的资格条件

除了国家政策规定的受许人的基本要求和特许人摸索出来的基本条件外，成功的特许经营企业制定了以下几条受许人应该具备的资格标准。

1. 一定的管理经验

受许人在加盟之后会从总部获得系统的管理知识和技术知识的培训，但是其面对的事情和问题较为复杂，拥有一定的管理经验能够帮助受许人更好地胜任自己的角色。

2. 长期作战的心理准备

受许人决定加盟特许体系时，需要有一个心理准备：特许经营需要全身心投入，要取得成功需要比一般人付出更多。

目前存在对特许加盟的错误认识：加盟了特许经营，总部为加盟商事事都考虑周全，自己不需要过多操心；选择加入特许经营组织，就是一种“舒心”的选择，省去了创业的辛苦与拼搏。

3. 一定的财力

特许人要求受许人必须具有相当的资金实力，用于前期店铺租赁、装修和后期的首批进货。一些特许人还要求受许人交纳一定的加盟费和保证金。因此受许人在开始加盟的时候，有足够的资金显得格外重要。

4. 良好的经营意识

加盟特许体系，确实不需要为货源、器材、采购和广告宣传担心，成功看起来仅一步之遥，但是在利用总部的知名度和信誉收获了客源之后，这些客源能不能成为加盟商的稳定客源或者忠诚顾客，还要看受许人自身的经营意识。

受许人的经营意识主要体现在：能够以创业的心态进行加盟事业，凡事尽心尽力，认真经营；为利润的获取持续改进自身的服务和管理水平。

5. 独立性

具有独立性的潜在受许人能自己进行日常管理工作，自己做出符合实际情况的客观决策，同时其独立性也不应该强大到使他不遵守体系规则或想脱离体系。

（三）如何选择受许人

在了解了受许人的资格条件之后，结合受许人加盟店的情况，对受许人进行评估，主要评估项目列于表 3-1-2。

表 3-1-2　受许人选择评估表

评估项目	子项	具体考察内容	评价		
			条件优越	符合要求	尚有欠缺
店铺条件	商圈条件	所在地点的繁荣程度、所在地区的商业类型及范围等			
	店址条件	交通状况、交通路线、附近的公共设施等			
	营业面积	各类型的特许经营企业有各自要求			
	客源条件	基本客源、同业的竞争状况等			
资金及营运状况	保证金	以现金或非现金的担保品为担保			
	周转金	贷款能力及初期周转金			
	员工雇佣	对员工雇佣及培训程序是否熟悉			
	经营计划	利润、最低毛利保证、风险及初期可能遇到的各种问题			
申请者自身的条件	个人品行	过往经历、不良记录情况			
	学历和专业知识	学历、专业知识条件、管理要求			
	加盟动机和经营理念	申请者面对利润、开业遇到的困难、公司经营、公司文化及理念等的心理准备			
	个性、潜力及可塑性	个性、诚意、持续的经营热情、潜力、可塑性			
	沟通能力	能否配合企业的做法，认同企业的经营理念，以达到企业的要求标准			
	健康状况	身体状况能否胜任繁忙的工作			
	婚姻状况	是否已婚、责任感			
	工作经验	相同行业的工作经验			
其他辅助条件	家庭支持	家庭是否支持、配偶能否共同参与			
	当地经营关键	当地总体消费水平、投资环境、社会治安情况			

连锁企业特许人可以参照上述表格的内容以企业的实际情况为依据修改评估表，对受许人进行客观评估，但也可“一票否决”。具有下述缺点的申请者，一般不宜成为特许经营体系的加盟商：

（1）独断专行，无法与他人共事；

（2）无法根据业务需要进行人员雇佣；

（3）人品不佳，无法履约；

（4）家庭不和睦、夫妻不同心；

（5）无法吃苦，贪图一本万利；

（6）身体不好、年纪太大，无法胜任加盟店经营管理工作。

读一读

特许经营过程中特许人可能遇到以下状况：

（1）加盟商在特许人规定的区域、店数之外私自开店；

（2）把加盟作为自己偷艺、单干的跳板；

（3）泄露特许人的商业秘密；

（4）逃避缴费义务；

（5）在加盟终止后，继续使用具有特许人标志的物品或技术等；

（6）违反特许人的统一化规定；

（7）特许人为加盟商的过错买单。

因此，选择合适的加盟商非常重要。

三、招募受许人

受许人是特许经营体系的决定性一环，没有受许人的加盟和单店营建，特许经营体系也无法发展。因此，能够招募到合格的受许人并高质量地营建单店是特许经营体系成功的关键一步。

（一）受许人招募计划的制订

1. 受许人招募工作的内容

（1）研究受许人的加盟条件。

（2）拟定年度、季度的招募计划。

（3）策划招募活动和广告。

（4）审核加盟申请。

（5）与准受许人谈判，签订加盟意向书。

（6）与受许人谈判签订加盟合同。

2. 制定受许人的加盟条件

受许人应该接受特许人的选择。特许人可以参照表3-1-2制定符合自己品牌的加盟条件，挑选合适的受许人。

（二）招募加盟的方式

招募由招募经理、招募主管、招募咨询人员组织开展。制订总体特许加盟招募计划、年度招募计划、加盟条件和受许人招募优惠条件，发布受许人招募信息。企业应该充分利用一切机会向外界或目标招募主体发布自己的招募加盟信息，以吸引尽可能多的加盟者。

招募加盟方式主要分为两类：申请者主动接洽和特许连锁企业主动寻求。处于发展初期的特许连锁企业由于知名度不高，多数会选择主动出击；知名度较高的企业则主要接受申请者的接洽。

企业主动出击的招募加盟方式主要有以下几种。

（1）媒体招募。传统的招募方式以媒体传递信息为主，传递的信息主要包括基本加盟条件和联络方法。连锁企业在选择媒体时，要注意其传播地区、传播目标及接触频率等条件，以形成媒体组合功能。常用的媒体广告有电视广告、报纸广告、杂志广告、车厢广告等。如果本行业有针对目标顾客或连锁会员发行的刊物，也可以视为一个好的媒体而加以宣传。

（2）特许经营展览会。国内外经常有中介机构或行业协会组织举办特许经营展览会，可以以业务展览和主题研讨会的形式进行宣传。

（3）人员招募。设专职特许经营业务拓展人员负责加盟工作，对潜在加盟商进行主动约谈。鼓励其他员工或现有加盟商介绍的方式也常被采用。

（4）店面POP宣传。开展特许经营的连锁企业统筹拥有较多数量的门店，在门店进行POP宣传是常用的招募方式。

（5）网站或者公众号等招募。特许人的官方网站可以发布招募加盟商的信息。随着移动终端的广泛使用，越来越多的信息都在本特许人的公众号进行发布，也便于潜在加盟商查阅相关信息。

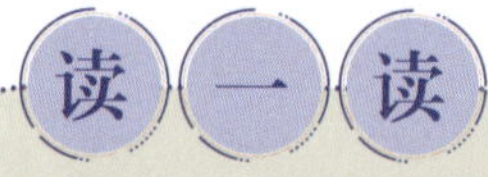

据官网显示，谭木匠2021年的连锁店数量已达1200家，而这还是谭木匠严加控制的结果。谭木匠的加盟申请通过率很低，因为谭木匠把加盟商的选择看得尤为重要，认为这是维护其连锁品牌形象的首要控制系统。

申请人首先要将加盟申请的资料递交给所属片区，片区经理根据申请者的经历、学历、经商经验以及对谭木匠的认识等各方面进行初步审核。初审通过之后，片区经理和督导会约申请人在某地面谈。严格控制加盟商，不至于因盲目扩张致使品牌管理失控，或许这才是谭木匠能够运营到今天的原因。

（三）受许人的咨询和信息收集

受许人的咨询和信息收集主要内容如下。

（1）首次咨询。

（2）向加盟申请人发放《加盟招商手册》和加盟申请表。指导加盟申请人填写《加盟申请表》。

（3）邀请和安排加盟申请人参观样板店，安排专人进行详细解说。

（4）建立加盟招商热线电话，由经过培训的专门人员接听或接收电话和电子邮件等信息资料。

（5）建立加盟申请人的信息资料数据库。

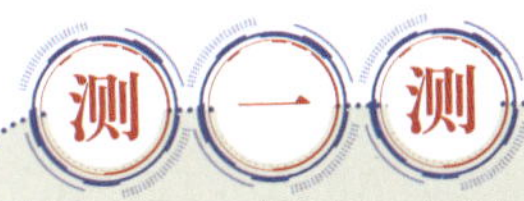

你想过自己会进行加盟创业吗？你对哪个品牌比较熟悉？在正式申请成为受许人之前，请你按照表 3-1-2 进行自测，看看自己的条件如何，未来如何改进。

任务实施

实训任务：制作受许人评估表

“林清轩坚信产品品质永远是最重要的事”，其品牌创始人如是说。2018 年后中国品牌迎来了创新时代，呈现出蓬勃发展的趋势。“美容经济”化妆品行业更是欣欣向荣，交易规模不断扩大，作为其中一员，林清轩凭借独有的产品口碑优势不断发展壮大。

实训要求：

请为林清轩制作一份受许人评估表。

任务实施评价

学生自评表

序号	技能点	佐证	达标	未达标
1	制作受许人评估表	能够制作符合企业要求的受许人评估表		
		能够根据企业的特点和发展趋势制作受许人评估表		

序号	素质点	佐证	达标	未达标
1	团队合作精神	能和团队成员协商，共同完成实训任务		

教师评价表

序号	技能点	佐证	达标	未达标
1	制作受许人评估表	能够制作符合企业要求的受许人评估表		
		能够根据企业的特点和发展趋势制作受许人评估表		

序号	素质点	佐证	达标	未达标
1	团队合作精神	能和团队成员协商，共同完成实训任务		

任务 2　受许人监督与控制

学习目标

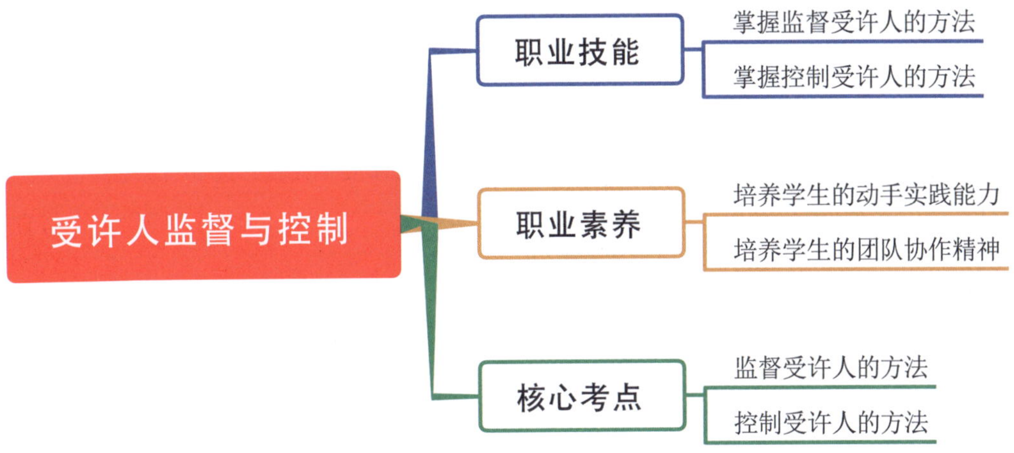

任务导入

A 品牌是一个小笼包的品牌，创始人专注于餐饮细分市场，最终理想是把中国的小笼包品牌传播到世界各地。前期采用特许经营的模式招募了诸多受许人，但是如何对受许人进行监督和控制是个难题。

任务解析

作为一个成熟门店，拥有诸多的受许人，但是要对受许人进行合理的监督和控制才能保障品牌的声誉和形象，从而提升竞争力。监督和控制受许人的主要流程如图 3-2-1 所示。

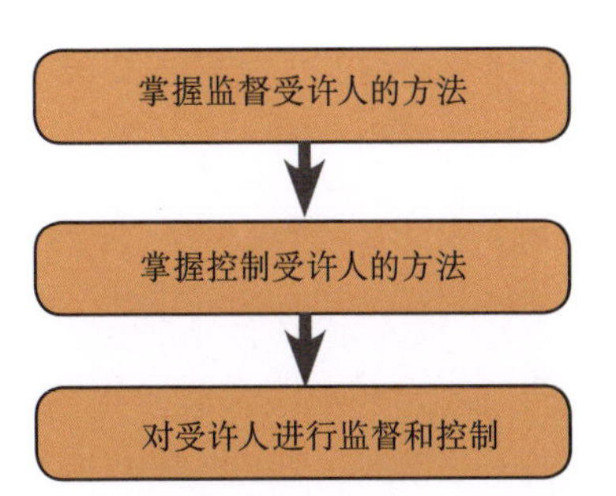

图 3-2-1　监督和控制受许人的主要流程

知识准备

一、监督受许人

在法律允许的范围内特许人要严格规范特许经营的机制，以便有效监督受许人。“监督”主要体现在销售业绩、竞争与市场份额、顾客反馈和业绩指标。

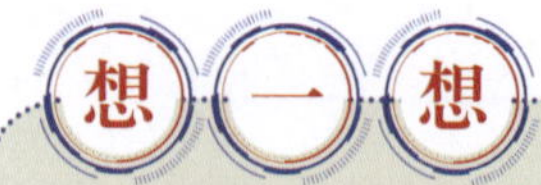

只对受许人进行监督就可以了吗？特许人是不是也需要被监督？

1. 销售业绩

衡量一个企业的好坏，通常查看销售和收入两个指标。作为最基本的业绩因素，可以衡量受许人即加盟门店的经营状态。特许人应该根据企业性质事先做好调查表，按照时间维度定期收取加盟门店的销售数据。

销售业绩是如何实现对受许人监督的呢？

（1）特许人制订区域销售业绩目标，受许人细化销售业绩，具体到每周销售业绩目标。

（2）特许人调派督导人员到加盟门店进行指导，协助受许人制订切实可行的行动计划。

（3）收集受许人销售业绩的数据并进行分析，寻找加盟店销售业绩异常的原因。

（4）建议和督促加盟门店完成销售业绩目标。

对受许人而言，衡量自己单位业绩的最好方法就是盈利能力，但是对特许人而言，盈利不是有效的监督方法，因为它无法代表控制了受许人的成本和费用。特许人对受许人的监督不应该仅仅局限在销售和收入上。

2. 竞争与市场份额

当今社会数字化管理被越来越多的企业所采纳，只有对数据进行跟踪、收集、整理、分析，才能正确判断市场的走势。

通过收集竞争品牌的动向、促销活动、新项目发布、价格调整情况、外销政策、质量情况、人员数量与结构等，及时进行反馈。

但是收集竞争对手的上述信息通常有一定的难度，因为数据独立存在于运营之外，不容易被获取。因此需要掌握正确的收集数据的方法。

（1）查看商业网站信息和杂志。可以收集竞争对手和整个行业的数据。特许人应该要求受许人查看当地的出版物。

（2）监督当地竞争者的广告和促销活动。受许人可以通过这种方式了解竞争对手主要利用的媒体、促销方案和扩大品牌知名度的活动。

（3）受许人可以通过观察竞争对手了解出入其加盟门店的顾客数量和顾客类型；顾客对竞争者产品的反映；等等。此外，还可以使用“密探”和“神秘顾客”来考察竞争对手的销售和服务。这样，受许人就可以大体了解竞争者的产品、销售方案和服务水平。

（4）特许人应该鼓励受许人成为当地行业协会的成员。行业协会的成员通常会在论坛和协会里针对行业内不同成员交换看法，受许人能通过这个渠道获取有用的信息。

特许人通过掌握竞争对手和市场份额的整体情况，对受许人的经营状况进行判断，从而能为其下一步的营销策略制定提供支撑，也能督促受许人继续努力经营。

3. 顾客反馈

顾客反馈从侧面说明了特许经营加盟店的业绩和服务水平。顾客的意见通常集中在销售、服务和售后服务等环节。特许人应该准备标准的书面反馈表，发放给各个受许人，以便周期性获得顾客的反馈意见。

特许人通过顾客反馈监督受许人的渠道主要包括：

（1）受许人提供的顾客反馈数据表。特许人定期检查分析受许人提供的顾客服务数据，从中了解加盟品牌的服务水平，也能便于特许人监督自己加盟店的服务水平。

（2）“神秘顾客”反馈。特许人也可以使用“神秘顾客”获取顾客对加盟门店服务水平的真实反馈意见。当特许人收到顾客对某个受许人的“投诉”时，可以使用“神秘顾客”查清真相。建立有效的投诉管理机制，以便顾客能够对各个加盟门店进行建议、反馈和投诉。投诉管理机制可以通过设立意见箱、邮箱、手机端线上留言、热线等渠道，确保每一位顾客的投诉和意见都能得到尽快解决。收集“神秘顾客”的反馈，及时发现问题，处理和解决相关问题。

（3）督导巡店进行顾客服务评分。督导定期巡视各区域加盟店的经营运作情况，对顾客服务、顾客反馈进行信息收集整理，及时向公司反馈和跟进问题。

4. 业绩指标

特许人应该设计一个业绩指标，将销售业绩、竞争和市场分析、顾客反馈全部包含进去，以便衡量各个受许人的工作业绩。业绩指标包括销售 / 收入的等级、市场份额和顾客服务三个要素。特许人可以根据自己所在行业的特殊性灵活地增加衡量指标，综合考虑影响业绩的各个因素，并且根据不同业绩因素的重要程度对其赋予不同的指标权重，得到最终业绩指标。

特许人可以使用该业绩指标综合考察各受许人的工作业绩，从而了解整个地区的经营状况。宏观上，把握受许人的整体业绩情况，明确与竞争对手的差距和对应的解决方案；微观上，从区域内进行对比可以衡量不同受许人的经营情况，以便特许人能够对症下药，为其提供对应的培训、管理支持，从而提高某个加盟门店的销售业绩，进而提高某个地区的销售业绩。

特许人通过上述业绩指标可以对受许人进行全面监督，从品牌和加盟店运营两个层面进行问题发现及解决，从而实现品牌有质量地扩张。

二、控制受许人

特许人对受许人的控制主要体现在以下几方面。

1. 运作控制

运作是特许经营单位生产过程中的重要组成部分。运作控制可以是控制一个活动、一件原材料、一个制度、一个环节等。

在软饮料行业，受许人生产软饮料所需要的浓缩液就是其中的一个控制元素。因为浓缩液需要特许人直接向受许人提供，没有浓缩液，受许人根本无法进行生产，所以特许人对受许人的软饮料生产有着绝对的控制权。

教育行业，特许经营加盟总部需要按照注册的学生人数给受许人提供课件、考试试题和结业证书等，这些元素确保了特许人可以控制整个运作过程。这样既监督了自己的服务水平，又监督了受许人向特许人交纳的经营费用。

采取特许经营的企业都有自己的控制点，特许人从选定第一个受许人开始，就应该明白自己的控制点是什么。运作控制能够帮助特许人总揽大局，也能防止受许人漏交费用。

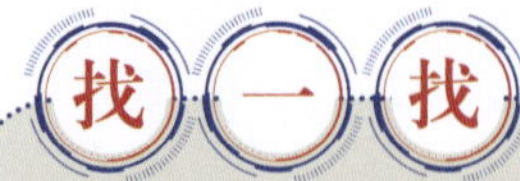

以小组为单位，查找ISO9000质量标准体系，谈谈特许人要求受许人遵循该标准体系的目的和意义。

2. 财务控制

特许经营人可以采取不同的财务控制方式，如现金控制和财务审计。

要求受许人每天向特许人的账户存入一定的存款，能够加强受许人的纪律性，有利于特许人了解受许人的交易情况，但是这种要求过于苛刻，一般较难执行。

财务审计是特许经营的必要步骤。特许人的审计员需要定期审查受许人的所有账本，公正地向特许人汇报审查结果。审计员要和受许人事先商量好审计的范围，包括所有的收入和收款、向特许人支付的特许经营权使用费（使用其他经济单位所有的专利权、商标权、版权或类似专有权利的付款）、原材料等。审计的范围主要是那些对运作控制起重要作用的元素，每个行业的属性不尽相同，所以每个特许人需要明白自己应该审计的元素。例如，教育行业，需要审计注册的学生人数、学生学习情况、从特许人处采购的课件、颁发给学生的证书等。

3. 质量控制

运作控制和财务控制能够保护特许人的财务利益，监督销售单位的营业业绩，防止受许人漏交特许经营权使用费。

质量控制和质量本身一样不容忽视，它既保证了每个受许人能够严格遵循特许经营机制，也保证了受许人能正确使用特许人的品牌，按照特许人规定的质量标准生产产品或服务，保证品牌的荣誉。品牌和产品是特许人的核心资产，质量控制的地位和作用十分重要。

特许人需要监督各个加盟店，使其严格执行操作手册规定的内容。特许人的工作人员要进行周期性的检查和审计，核实各个加盟店的执行情况。

特许人也需要利用诸如 IS09000 之类的质量认证标准来规范受许人的经营。

IS09000 认证提供了诸多质量标准，为特许经营机制提供了较好的质量规范支持，能够解决运作过程中的设计、生产和配送等问题。

4. 通过报告来控制

报告机制也会对受许人起到控制作用。特许人可以将受许人的业绩报告进行分析和归纳，以观察所属单位的会计系统和质量系统是否出现问题。同时特许人可以将报告的数据与其他咨询机构等渠道获得的数据进行对比，来查找受许人经营管理过程中出现的问题。

任务实施

实训任务：搜索特许人对受许人进行控制的制度和规范

实训要求：

以小组为单位，搜索你熟悉的连锁品牌，熟悉特许人对受许人进行控制的制度和规范，并分析其控制制度和规范的合理性。

任务实施评价

学生自评表

序号	技能点	佐证	达标	未达标
1	搜索特许人对受许人进行控制的规范和制度	能够搜索特许人对受许人控制的相关制度		
		能够分析规范和制度的合理性		

序号	素质点	佐证	达标	未达标
1	团队合作精神	能和团队成员协商，共同完成实训任务		

教师评价表

序号	技能点	佐证	达标	未达标
1	搜索特许人对受许人进行控制的规范和制度	能够搜索特许人对受许人控制的相关制度		
		能够分析规范和制度的合理性		

序号	素质点	佐证	达标	未达标
1	团队合作精神	能和团队成员协商，共同完成实训任务		

任务 3　受许人培训

学习目标

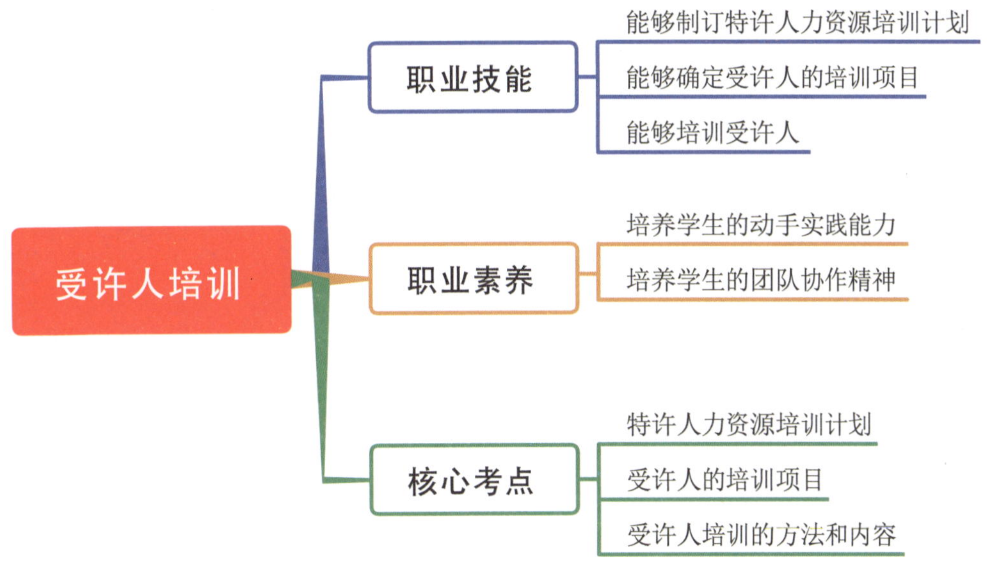

任务导入

A 品牌是一个小笼包品牌，创始人专注于餐饮细分市场，最终理想是把中国的小笼包传播到世界各地。前期采用特许经营的模式招募了诸多受许人，但是如何对受许人进行培训是个难题。

任务解析

作为一个成熟品牌，拥有诸多的受许人，需要对受许人进行合理的培训才能保障品牌的声誉和形象，提升竞争力。培训受许人的主要流程如图 3-3-1 所示。

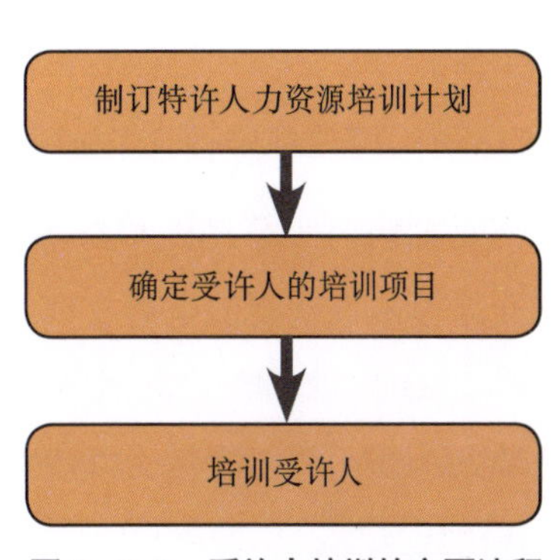

图 3-3-1　受许人培训的主要流程

知识准备

一、制订特许人力资源培训计划

受许人签订合约，加入特许经营体系，从义务上来说，加盟总部需要对受许人进行培训。有效的培训是特许经营企业能够将成功模式或运营方法复制的有效途径。从流程上来说，受许人培训首先应该制订特许人力资源培训计划。

1. 制订特许人力资源培训计划的前提

（1）作为特许经营体系，公司已经制定了特许经营的发展战略，对于加盟总部和门店的发展有了明确的发展计划。

（2）对于门店发展的速度和规模有明确的规划。

（3）总部制订了人力资源发展规划及执行计划。

（4）作为受许人需要制订门店营业的用人计划。

（5）积极关注国际国内政治、经济有关企业经营的新形势、新趋向。

（6）行业新技术的发展或特许体系新技术、新设备的应用。

（7）能够明确人力资源的培训需求。

2. 特许人力资源培训计划的内容

（1）培训目的：根据培训需求确定培训目的，如掌握连锁特许经营企业的发展历程。

（2）培训目标：根据培训目的确定培训目标，如掌握企业发展历程，认同企业文化。

（3）培训对象：签约受许人、潜在受许人、店长、门店管理人员、操作人员、门店服务人员等。

（4）培训内容：主要包括岗前培训、员工管理培训和开业培训，涉及管理和技术等内容。

（5）培训时间：根据人力资源计划，制订年度和月度培训计划。培训计划因特许经营体系的不同有较大差异。大多数的受许人培训时间在 5 ～ 60 天，培训项目根据主题差异会有不同的时间跨度、复杂程度。

（6）培训讲师：实施培训的师资包括内部讲师和外部讲师。内部讲师由各个专业的负责人担任；外部讲师由门店总经理和总部营运联合认定聘用。培训讲师要具有特许经营的理论知识和丰富的实践经验，最重要的是具有在特许经营企业重要部门的实践经验。负责受许人培训项目的人员应掌握有效的培训程序，并对特定行业的运作要求和特点有深入了解。

（7）培训场地：根据培训主题确定。理论培训可以是加盟总部；实践培训可以在特许总部或加盟商所在门店。

（8）培训组织：特许人一般会在特许组织内部设立培训部或者培训职能部门来组织培训。

（9）效果评估与考核：培训后需要对培训情况进行考核、验收、评估，确认培训效果，颁发合格证书，并进行持续跟踪。

二、确定受许人的培训项目

特许经营体系的培训从三个方面进行：成立培训或者承担培训的部门；设计培训场地；开发培训项目。受许人的培训项目主要包括以下九个方面：

（1）特许经营体系和公司的历史；

（2）特许经营体系的经营理念与企业文化；

（3）特许企业的发展战略；

（4）特许企业的经营环境；

（5）特许经营的业务介绍；

（6）特许经营合同的签订；

（7）特许经营手册；

（8）特许经营营运知识；

（9）法律知识。

三、培训受许人

特许经营是一种成熟的商业模式，需要受许人掌握专业的技能和具体经营的知识，才能顺利经营。

（一）受许人培训的形式

1. 培训资料

培训资料能够帮助受许人快速明确加盟的相关知识，主要包括以下内容：

（1）行业企业的发展现状；

（2）企业介绍；

（3）企业特许经营体系的公开资料；

（4）招商加盟的相关文件，如加盟申请表、加盟指南、特许加盟意向书、特许经营合同、合同附件、特许经营授权书或其他摘要部分；

（5）特许企业未来的发展规划。

2. 咨询平台

特许人设立专门的招募热线电话、邮箱、小程序、公众号等咨询渠道，并安排专业的客服人员回复潜在受许人、新闻媒体及其他感兴趣人士的问题。

3. 招募说明会

招募说明会是招募受许人的重要环节，也是宣传推广特许经营体系的重要形式。该培训方式区别于其他人力资源部门的一般培训形式，具有特许经营自身的特点。

（1）对象：经过资格审核的潜在加盟申请者。

（2）时间：根据公司的发展规划制定培训的时间。

（3）地点：特许经营总部、分部、样板店等。

（4）人数：根据企业具体情况确定，10 ～ 20 人。

（5）费用：受许人自理。

招募会内容主要包括下述几个方面：

（1）品牌介绍、公司发展历程与规划；

（2）企业特许经营体系的公开资料；

（3）特许经营业务知识；

（4）招商加盟的相关文件说明；

（5）参观附近样板店；

（6）答疑；

（7）现场签约。

4. 封闭式培训班

对签约受许人进行全封闭培训，主要是对有关特许经营、本企业、本行业、本特许经营体系加盟等方面的知识进行培训。

5. 现场指导

对已经运营的加盟门店，总部会安排管理人员到门店进行现场指导。

（二）受许人培训的内容

培训内容可以按签约前、签约后和运营中三个不同的阶段层层递进（图 3-3-2）。

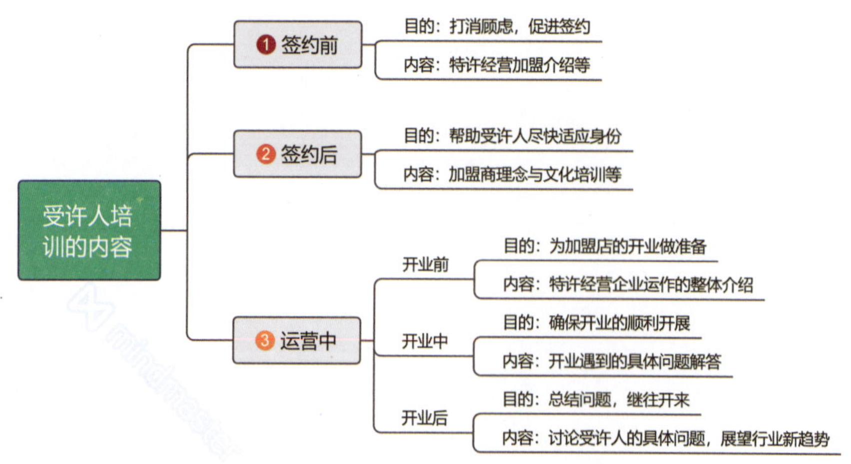

图 3-3-2　受许人培训内容

1. 签约前培训

在受许人签约前，培训主要是为了打消受许人的顾虑，进而促成签约。因此，培训的内容主要包括特许经营和加盟介绍、加盟商素质及自我评估、如何选择特许人、企业的历史、成就与经营目标、企业的理念与文化、企业特许经营业务分析、企业特许经营财务分析、特许经营合同（标准版）分析、加盟事业筹备事宜、特许经营陷阱回避等。

2. 签约后培训

在受许人签约之后，培训的目的是帮助受许人尽快适应新身份，能够快速经营门店。培训的内容主要包括加盟商的理念与文化、特许经营合同（加盟版）分析、特许经营加盟商手册分析等。

3. 运营中培训

运营中的培训一般分为开业前、开业中和开业后三个阶段的培训。

（1）开业前培训。

培训主题：涉及特许经营企业规划、招聘、采购、销售规划、广告、企业管理、现金和库存控制等。

培训形式：既有课堂教授，也有手把手演示。

培训人数：一般不宜超过 15 人，这样既能保证学员间有足够的交流空间，又能保留学员的个性，使每个人都能最大限度地获得参与的机会。受许人可以一起讨论各自的预期、愿望、优势和担忧。

培训计划：包括一份涵盖特许经营企业相关主题的培训手册。企业相关主题主要有特许人采取的体系结构、融资、市场营销、运营、服务（产品）、管理（人事）等。

培训手册的载体可以多样化，纸质版、影印版均可。培训手册的内容涵盖了业务介绍、经营程序、特许人建议、培训方法等。该手册能够帮助受许人处理经营过程中发生的具体问题，其重要性显而易见。

从受许人角度思考，最重要的培训内容是什么？

（2）开业培训。

特许人在受许人筹备开业时会派出培训专员在现场进行辅导，确保开业顺利进行，因此开业培训一般是特许人在加盟商所在地进行实地培训和指导。

开业培训需要周详的前期准备，一般对员工进行培训的内容包括经营程序培训、服务培训、生产培训、市场营销培训等。

培训的时间因业务存在差异而有所不同，主要取决于开业所遇到问题的类型和程度。

一些服务导向型特许人从培训开始到受许人真正开业，会提供 2 ～ 7 周的培训。这段时间中，有 1 ～ 3 周是在总部集中培训，有 1 ～ 3 周是为门店即将开业做现场培训。在开业运营的第一周，特许方代表会一直和新加盟的受许人在一起。大多数特许人认为应该由总部培训的同一培训员一直跟踪到开业。这样的亲近感有助于特许人和受许人建立商业关系和信任，显示特许人为受许人服务的承诺，并有希望赢得受许人的忠诚、热情和团队精神。

（3）后续培训。

培训内容：后续培训主要是指在开业之后为了进一步了解行业企业发展趋势、掌握新的技术和服务理念、了解市场营销最新情况、开发新的产品或服务、熟悉特许经营政策或者程序的变化等开展的培训。该培训能够为特许双方的共同发展进行非正式的思想交流提供良好的平台。

培训方式：不同的特许人在进行后续培训支持方面可能采取不同的方式。可以采用的方式有以下三种。①会议。季度会议、半年会议、年会等。②研讨。有需要时对感兴趣的话题进行研讨。③实时培训。这是大多数特许人在体系内推广新产品 / 服务的主要方式。特许人有责任采用最新最好的方式向消费者提供产品 / 服务，并不断改进经营程序。同时，特许人通常还负责开发新产品 / 服务或改良现有产品以满足消费者不断变化的需求。为使特许体系保持精简、新颖和有效，实时培训是传递所需知识技能的理想形式。

培训地点：加盟总部、受许人所在地。一些大型国内或国际特许体系会在总部或在受许人所在地举行定期培训。

培训人员：培训专员或者代理。当地代理在后续培训时扮演着重要角色。他们往往直接与受许人在一起工作，为受许人提供专家咨询，进行管理经营现场培训，提供教学视听材料，为特许体系新思想的共享提供渠道。

需要注意的是，特许人无法提供全方位的、涉及各个方面的培训。任何特许人都没有能力、财力、人力为受许人提供全方位的培训。特许人提供的通常是自己经营领域中运作所需要的一些技术、知识和经验。培训都是根据既有的知识和经验对未来进行研判，进而构建的培训体系，但是消费者市场和宏观环境变化快速，任何培训都无法保证能够切实地满足受许人的需要，也无法保证受许人未来一定能够获得预期收益，需要受许人作为经营者，加强学习、努力创新，为适应市场环境的变化而努力，为品牌的良好形象做出自己的贡献。

任务实施

实训任务：制订受许人培训计划

锅圈食汇是一家火锅烧烤食材供应商，国内首创以火锅、烧烤食材为主，涵盖休闲零食、生鲜、净菜、饮食、小吃等商品的超市便利店连锁系统。以互联网 + 食材的 B2B、B2C 运行模式，线下门店与线上商城并行。解决两大行业痛点，既为广大中小型餐饮企业提供 B 端食材供应，又为越来越多的“宅、急、忙、懒、老”人群提供家庭生活便利。

目前企业遇到的困境：

实现锅圈食汇未来三年战略目标的连锁系统支持不足，人才梯队建设急需加强。

实训要求：

以小组为单位，制订一份锅圈食汇针对受许人的培训计划大纲。

任务实施评价

学生自评表

序号	技能点	佐证	达标	未达标
1	制订受许人培训计划	能够制订受许人培训计划大纲		
		能够充分分析锅圈食汇的连锁特点		

序号	素质点	佐证	达标	未达标
1	团队合作精神	能和团队成员协商，共同完成实训任务		

教师评价表

序号	技能点	佐证	达标	未达标
1	制订受许人培训计划	能够制订受许人培训计划大纲		
		能够充分分析锅圈食汇的连锁特点		

序号	素质点	佐证	达标	未达标
1	团队合作精神	能和团队成员协商，共同完成实训任务		

项目 4 签订特许经营合同

项目导学

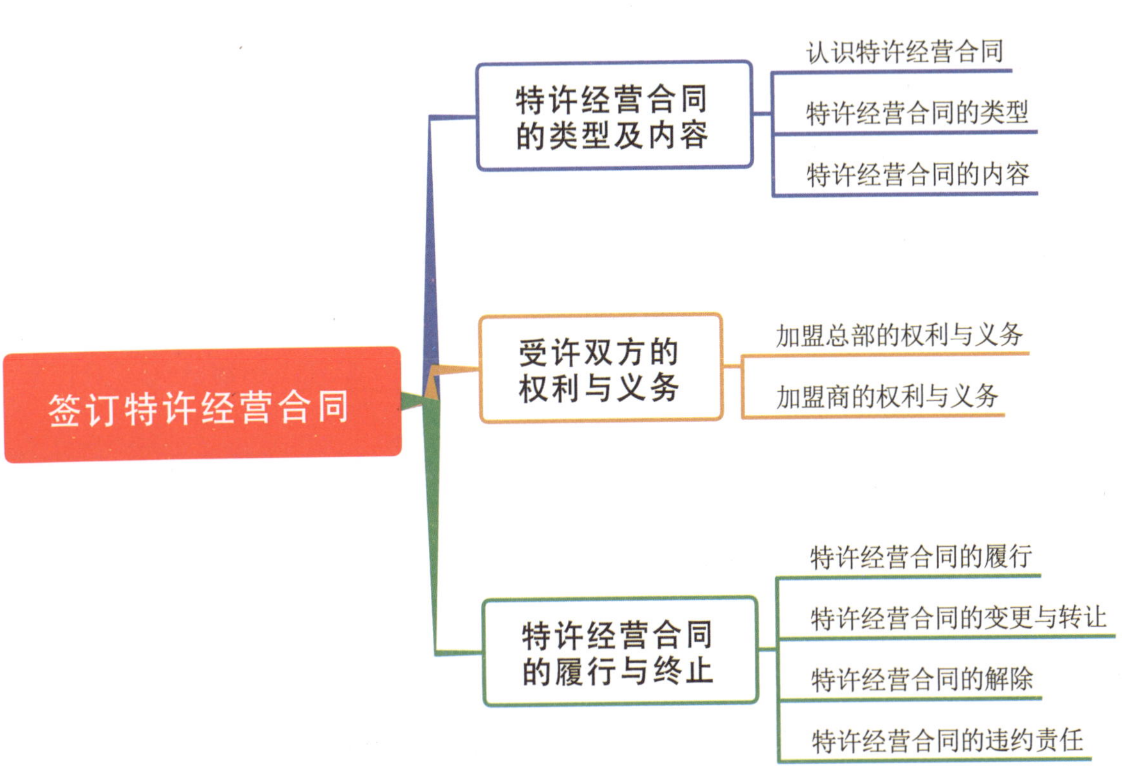

任务1　特许经营合同的类型及内容

学习目标

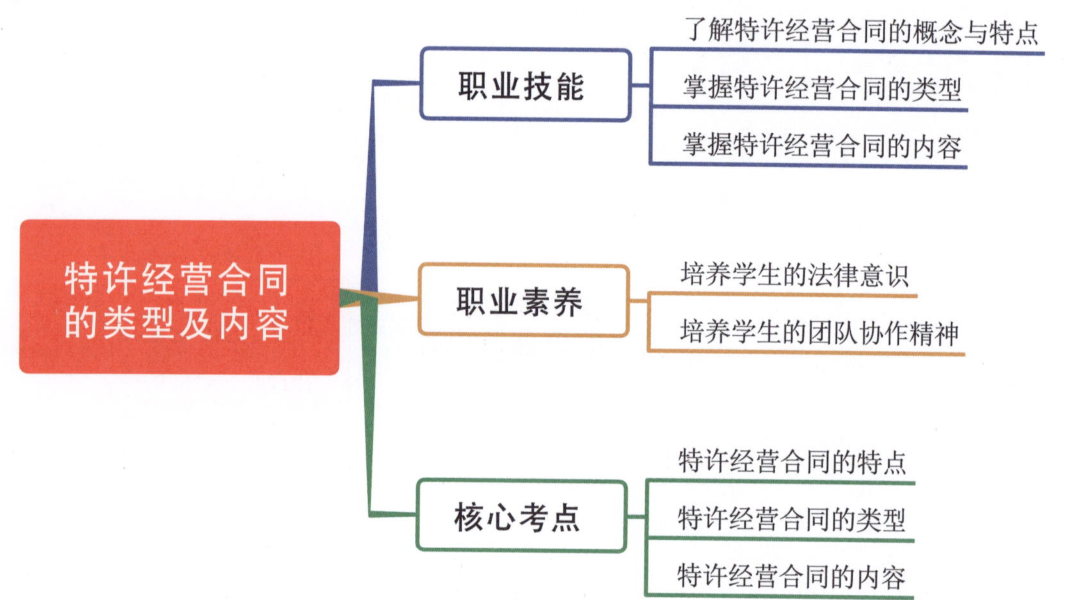

任务导入

某粥记有限公司于2006年成立，是一家专注打造地道广东粤菜美食的特色餐饮品牌。它以地道潮汕砂锅粥为主打，经营纯正粤菜。前期已经招募了受许人，现需要制定特许经营合同来规范双方的行为。

任务解析

作为一个成熟公司，拥有稳定的客源，特色鲜明，招募受许人之后，需要签订特许经营合同来规范双方的行为，我们可以按图4-1-1所示的流程来具体了解特许经营合同。

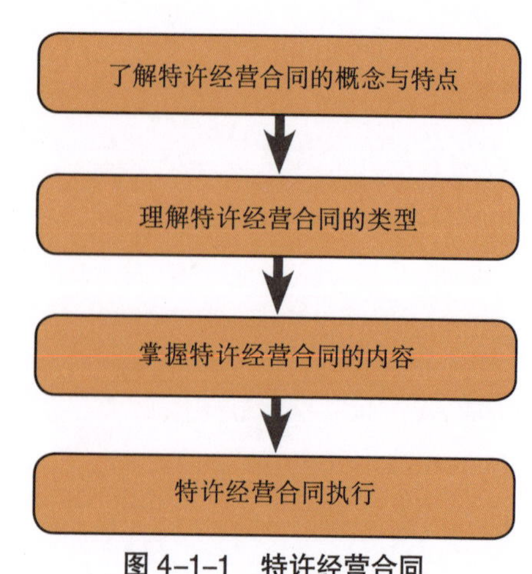

图4-1-1　特许经营合同

知识准备

一、特许经营合同的概念与特点

（一）特许经营合同的概念

特许经营合同是特许人和加盟商之间签订的用于规定双方在特许经营关系过程中的权利义务、确定双方特许经营关系的法律文件。

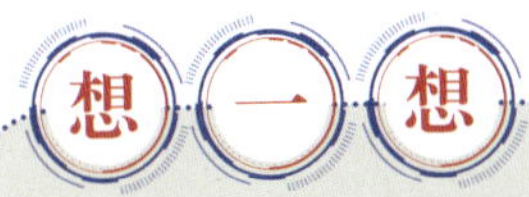

2020 年 5 月 28 日，十三届全国人大三次会议表决通过了《中华人民共和国民法典》，自 2021 年 1 月 1 日起施行。婚姻法、继承法、民法通则、收养法、担保法、合同法、物权法、侵权责任法、民法总则同时废止。

（二）特许经营合同的特点

特许经营合同具有合同的一般特点，以设立、变更和终止双方的民事权利义务关系为主要目的，合同当事人之间的民事法律关系是平等、自愿的，具有同等的法律约束力。特许经营合同的特点主要包括以下几个方面。

1. 合同双方地位平等

双方当事人地位平等，充分体现了当事人的真实意思。双方不存在隶属关系，也不存在控股和被控股的关系，这一特点充分体现了民事法律关系上的平等原则，在此主要是强调特许关系的民事属性。双方当事人以平等主体的身份签订特许经营合同后，受许人根据合同的约定在经营上接受特许人的指导管理，在合同中约定权利和义务。

2. 内容多元化和复杂化

特许经营合同对特许人和受许人的权利和义务进行了规范，但是具体的要求、支持的形式和内容各不相同，因此特许经营合同的内容是多元化和复杂化的。

（1）诺成合同与实践合同。

诺成合同是指当事人意思表示一致即可成立的合同。

实践合同，是指除双方当事人意思表示一致外，还必须交付标的物才能成立的合同。特许经营合同在双方当事人意思一致，即特许人和受许人签订特许经营合同后，合同即告成立，合同的履行实践不是合同成立的依据。

（2）双务合同与单务合同。

根据合同双方当事人的权利和义务，将合同分为双务合同和单务合同。双务合同是指双方当事人互相承担义务和享有权利的合同；单务合同是指一方只享有权利而不尽义务，另一方只尽义务而不享有权利的合同。

特许经营合同的特许人和受许人同时承担了债权人和债务人的角色，受许人的权利正好是特许人的义务，受许人的义务正好是特许人的权利。

（3）有偿合同与无偿合同。

除了上述两种类型外，还可以根据当事人取得权利有无代价，分为有偿合同和无偿合同。当事人一方需要给予另一方对应的利益才能获得自己的利益，此为有偿合同。无偿合同是指当事人一方只享有合同权利而不偿付任何代价的合同，如赠与合同、借用合同等。特许经营合同为双务有偿合同，受许人根据特许人许可享有特许人的商标、形象系统、商业秘密等的使用权时，必须向特许人支付加盟费等对价。

3. 格式条款特性

特许经营合同由特许人事先制定，受许人只能就一些变动事项在有限的范围内与特许人商议。格式合同在很多情况下体现了合同当事人双方市场和经济地位的不平等，合同制定者一般处于强势的一方，特许经营合同中也是如此。特许人在市场实力、行业知识、市场信息等方面相对于受许人处于强势地位。故《中华人共和国民法典》对格式合同双方当事人的权利和义务进行了平衡。

对格式条款的理解发生争议的，应当按通常理解予以解释。对格式条款有两种以上解释的，应当做出不利于提供格式条款一方的解释。格式条款和非格式条款不一致的，应当采用非格式条款。

4. 权利概括特性

特许经营中特许人授予受许人的权利包括企业形象系统的授权使用、商标许可、专利许可等，因此在特许经营合同中需要对上述要素的使用和相关的费用进行说明，受许人按照合同条款享有对应的权利并支付总体的对价。

《中华人共和国民法典》第四百九十六条规定：“采用格式条款订立合同的，提供格式条款的一方应当遵循公平原则确定当事人之间的权利和义务，并采取合理的方式提示对方注意免除或者减轻其责任等与对方有重大利害关系的条款，按照对方的要求，对该条款予以说明”。

二、特许经营合同的类型

（一）产品分销特许经营合同和经营模式特许经营合同

按合同约定的特许权内容，特许经营合同可以划分为产品分销特许经营合同和经营模式特许

经营合同两种基本类型。

1. 产品分销特许经营合同

产品分销特许经营合同是一种比较早的特许方式，是一种向受许人转让某一特定品牌产品的制造权及经营权的商品商标型特许经营模式。合同约定特许人向受许人提供技术、专利和商标等知识产品以及在规定范围内的使用权，但不参与具体的经营活动。例如，汽车经销商、加油站以及饮料的罐装与销售等。目前产品分销特许经营模式已逐渐演化成经营模式特许化。

2. 经营模式特许经营合同

经营模式特许经营合同重点在于经营模式特许，称之为第二代特许经营合同。合同约定特许人提供经营模式，而非产品，其合同中的质量标准、经营方针都要按照特许人规定的方式进行。受许人需交纳加盟费和后续不断的权利金，而特许人利用这些经费为受许人提供培训、广告、研究开发和后续支持。

（二）不同主体间订立的特许经营合同

特许经营合同按合同主体构成可以划分为制造商和批发商之间的特许经营合同、制造商和零售商之间的特许经营合同、批发商与零售商之间的特许经营合同、零售商与零售商之间的特许经营合同。

1. 制造商和批发商之间的特许经营合同

特许经营合同中，一般制造商为特许人，批发商为受许人，在符合特许人要求的前提下，按双方约定的方式分销产品，且特许人允许受许人销售或再加工特许人的商品。

2. 制造商和零售商之间的特许经营合同

在大型工业品分销渠道中，由于涉及商品金额较大及其商品服务的特殊性，一般制造商与零售商会达成特许经营协议，其中制造商为特许人，零售商为受许人。两者之间特许经营的特征与商品商标型特许经营模式有相似之处。例如，汽车、石油销售渠道中往往签订这样的合同。

3. 批发商与零售商之间的特许经营合同

这种合同主要适用于计算机商店、药店、超级市场和汽车维修业务。

4. 零售商与零售商之间的特许经营合同

这种合同是典型的经营模式特许下的特许经营合同，代表企业是快餐店。

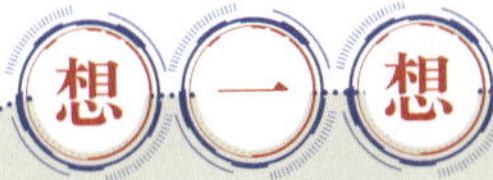

（1）请思考制造商与批发商之间的特许经营合同的实际案例。

（2）请思考哪些工业品符合制造商与零售商之间的特许经营合同的特征。

（三）内容综合型特许经营合同与分离记载型特许经营合同

根据合同内容的记载方式（是否集中于单个合同），可分为内容综合型特许经营合同与分离记载型特许经营合同。

1. 内容综合型特许经营合同

内容综合型特许经营合同是指所有涉及事项都在一份合同中详细约定，不再以补充协议、营业手册等附录文件对合同进行补充约定。合同涉及的经营规模较小，适合于特许事业的初创阶段及小规模特许事业。

这种形式的合同具有文件简单、明确等优点。但一个成熟的特许经营体系，涉及事项较多，受许双方所涉及各项差异性较大的权利和义务也往往较多，一般难以在一份合同中穷尽并详细规定完整，所以本类型的特许经营合同基本不太迎合国内特许行业快速向成熟化、规模化发展的趋势。

2. 分离记载型特许经营合同

分离记载型特许经营合同采用文件群的方式记录相关事项，受许双方的基本权利和义务体现在特许经营合同的文本正本中，至于专业化的细节问题则以附件形式附属于合同，如专题文本、引用文件等。例如，复杂的特许经营体系，在其合同某些条款中会约定受许人应遵守特定的培训手册等日常经营管理文件的规定，并把这些文件作为合同书的附件。只要有这些引用条款，附件即为合同内容的一部分，当事人双方就必须遵守。

（四）直接特许经营合同和区域特许经营合同

按特许经营体系层级划分，可分为直接特许经营合同和区域特许经营合同。

1. 直接特许经营合同

此类合同是指特许人直接给予受许人特许经营相关权利，受许人因此得以经营特许经营体系中的单份事业，特许人与受许人之间存在直接权利和义务关系的合同。这种合同在法律关系上的安排相对简单，合同主体也仅有特许人和受许人两方。从经营管理的角度来说，这种合同仅存在于特许总部与加盟商之间。

2. 区域特许经营合同

区域特许经营合同是指在特许经营体系复合构建的情况下产生的不同特许经营主体间复杂的合同体系。严格来说，这不是一类特许经营合同。

当特许人多层次开展特许事业时，可向最终受许人直接授予经营单一事业的权利，也可将某区域或某一范围内特许事业的权利授予区域特许人经营，而区域特许人则依据与总特许人签订的合同约定，与最终受许人签订特许经营合同。当然区域特许人仍可以将某区域或某一范围内特许事业的权利向下一级区域特许人授权。理论上讲，这种授权操作可无限延续，但在实际操作中则不符合市场经营规律，通常仅一层区域特许。其关系如图 4-1-2 所示。

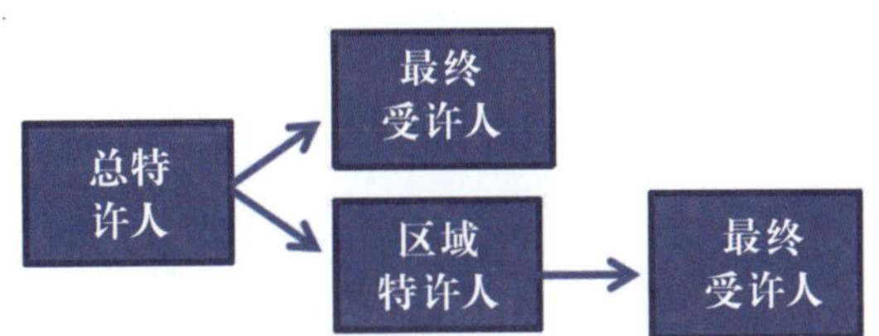

图 4-1-2　区域特许经营合同的构建关系

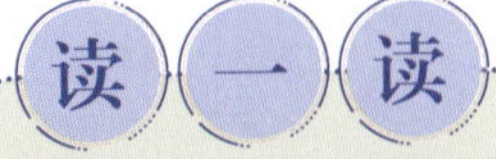

从企业的角度，跨行叫跨界；从客户的角度，跨行叫以客户为中心的平台运营。

——逸马“万利连锁”

三、特许经营合同的内容

经营内容、经营方针、服务能力在不同的特许经营系统中存在差异。不同的合约类型其合同内容也各有侧重点。但是，作为一份特许经营合约，主要规定的是特许人与加盟者双方的权利和义务，大多包括以下几个方面。

1. 商标、商号等的使用

在多数的特许经营体系中，特许方拥有以下无形资产：

（1）贸易商标或贸易名称以及相应的商誉；

（2）一种商业模式或一种体系，其各个要素记载于一本手册中，有些内容可能是商业秘密；

（3）在某种情况下，可能是一份制作方法、秘方、专门技艺、设计图样和操作方法的文件；

（4）上述某些项目的版权。

因此在签订加盟合约时，应准确说明特许人拥有哪些无形资产，受许方可使用这些无形资产的种类和范围。

2. 合约期限

合约期限是双方合作关系的持续时间，任何合作关系都有期限。随着合作关系及相关情况的不断发展变化，相应的特许经营关系也会随之发生变化。合约时间短则 3 ～ 5 年，长则 10 年以上，没有固定的期限。但西方国家法律通常会规定，合约的持续时间应该大于加盟商收回初始投资的年限。

3. 加盟总部提供服务的种类和范围

合约中要详细说明加盟总部对加盟店提供哪些服务及其范围，如开业前的初始服务及开业后的后续服务。初始服务主要有选址、店铺装修、培训、开店设备的购置、融资等；后续服务包括经营过程监控、经营标准化监视以及帮助加盟店获得一定利润等。加盟总部应就操作方法的改进及革新持续向加盟店传授，并传达相关的市场调查研究信息。同时加盟总部应集中开展统一的促销与广告活动；加盟总部应向加盟店提供集中采购的优惠货源；加盟总部的专家应向加盟店提供管理咨询服务等。合约中详细列出这些服务项目，是对加盟者利益的一种法律保护。

4. 区域保护

多数加盟总部会在授予一个加盟者特许经营权之后承诺不会在其所属区域新开加盟店。区域界定可以是加盟者营业场所的半径范围、行政边界（县 / 城市）、邮政编码等。

有些特许经营体系，尤其是顾客流动性较强的体系，加盟总部还会对在区域内外开展营销活动做出详细规定。

5. 加盟费用

加盟双方签订了加盟合约之后，加盟者需要为得到总部的经营模式、商标、商号使用许可等支付一定的费用。同时也需要一次性交纳一笔加盟费，其后再按照收入或利润的一定比例交纳特许经营权使用费。

合约存续期间，加盟者需要交纳其他费用，如广告费等，并且要在合约中标明项目、对应金额、交纳方式、支付时间等。

6. 加盟店的义务

在加盟合约中规定了加盟商和加盟总部的权利与义务，因此加盟店在获得了加盟总部的支持，正规经营之后，也需要承担对应的责任。一般情况下，加盟总部会制定一套完整的义务制度，比如，操作手册或营业手册。这些手册中会有一些内容涉及加盟者的义务，并可作为加盟者开业后的经营活动参考指南。随着特许经营体系的发展，操作手册将不断得到更新和完善。

7. 对加盟店的经营控制

特许经营的模式就是高度复制经营业务和经营方式，形成资本统一经营的外在形象。因此每一家加盟店都需要按照总部的统一要求进行经营，否则就破坏了加盟体系的完整性。为了保障加盟体系的整体形象，加盟总部需要对加盟店进行有效的控制，因此会在加盟合约中表明控制的方法。尤其是对商品或服务的要求，以确保加盟商达到规定的质量标准。加盟店手册应该明确加盟特色的保持方法、质量检验和质量控制的方法。

8. 加盟店的转让

加盟者可能会由于种种客观原因而无法继续经营加盟店，这就涉及加盟店转让或出售的问题。加盟店是否能转让、如何转让、转让给何种人等都必须列入合约中，以免将来因此而发生纠纷。也有些合约明确表明，假如加盟者要转让自己的企业，加盟总部有优先购买权，或者有权选择转让的对象。在这种情况下，一定要特别说明加盟店的转让价应以市场价为准。当然，大多数加盟总部是不会回收加盟店的，但又不愿看到加盟店关门，影响自己的声誉，一般都会同意加盟店转让，但会设置一些条件，如设置选择新加盟者的标准及选择程序等。

9. 仲裁

在加盟合作过程中，加盟双方可能会出现摩擦和冲突，比较合适的解决办法就是选择仲裁。

仲裁是由双方选择的仲裁人进行的私下诉讼，它的优点在于整个程序都是在私下进行的。为了节省时间和费用，双方可以事先在合约中设定仲裁的规则。仲裁最重要的就是选择合适的仲裁人，其应该公平公正、完全客观，只有这样才能确保双方顺利走向和解的道路，否则激化了双方的矛盾，只能采取法律途径维护自己的权益。

根据从西方国家的实践中得出的经验，当双方当事人产生冲突时，仲裁的裁定结果通常要比法院的判决轻得多。在美国，各州法院为保护小商人的地位和利益，对加盟总部违法行为的裁决有时非常严厉，要求加盟总部的赔偿要高于加盟者实际损害的 3 倍是常有的事。因此，约定仲裁条款可以避免加盟双方把纠纷提交给法院。

10. 合约终止及后果

合约的确立是为了规范和约束双方的行为，但是仍然存在不遵守合约的情况。合约中应明确规定，任何一方违反协议到什么程度，另一方有权终止合约。当然，也应写明违反合约的一方是否有机会弥补其过失，以避免合约终止的后果。一般来说，合约终止后，加盟者不能再使用加盟总部的贸易商标、名称、各种标志及享有其他权利。

11. 限制竞争

加盟商在加盟合约存续期间不得再另外单独从事与该加盟业务相类似的业务。一般会规定在合约存续期间及合约解除的几年之内都必须遵守合约相关的限制竞争条款。

这一条款对加盟总部维持特许经营体系在市场竞争中的地位十分重要，如果缺少这一条款，很可能让原先的加盟者在合约期满后成为竞争对手。

除了以上内容外，合约一般还约定地域的限制、营业时间的规定、商业秘密的遵守等。

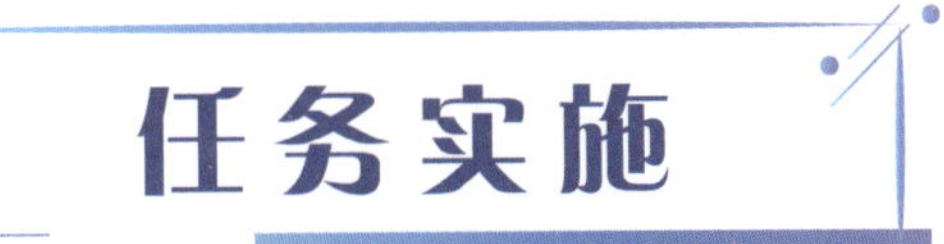

实训任务：设计一份特许经营合同

百果园在成立之初，连锁亏损 7 年，在此情况下，百果园决定砍掉加盟，只做直营。通过 7 年的不断摸索和试错，百果园深刻意识到连锁系统的重要性。与逸马合作后，开启了百果园标准化复制扩张之路。通过几年时间，百果园形成了自己的连锁运营体系并进行了复制扩张和人才裂变。因为门店长期亏损，百果园当时有增加品类（日杂零售）以增加利润的想法。经过双方项目团队的充分讨论，最终确定简单模式易复制，百果园专注一生一世只做水果，至于盈利问题当门店数和供应链达到一定程度即可解决。因为对战略的笃定，百果园余总也由曾经的“水果疯子”变成了如今的“水果大王”。

实训要求：

请根据特许经营合同的条款内容设计一份百果园的特许经营合同。

任务实施评价

学生自评表

<table>
<tr><th>序号</th><th>技能点</th><th>佐证</th><th>达标</th><th>未达标</th></tr>
<tr><td rowspan="2">1</td><td rowspan="2">设计特许经营合同</td><td>能够制定完整的特许经营合同</td><td></td><td></td></tr>
<tr><td>能够反映品牌的特征</td><td></td><td></td></tr>
</table>

序号	素质点	佐证	达标	未达标
1	创新精神	能够根据品牌的形象特点设计特许经营合同		
2	团队合作精神	能和团队成员协商，共同完成实训任务		

教师评价表

<table>
<tr><th>序号</th><th>技能点</th><th>佐证</th><th>达标</th><th>未达标</th></tr>
<tr><td rowspan="2">1</td><td rowspan="2">设计特许经营合同</td><td>能够制定完整的特许经营合同</td><td></td><td></td></tr>
<tr><td>能够反映品牌的特征</td><td></td><td></td></tr>
</table>

序号	素质点	佐证	达标	未达标
1	创新精神	能够根据品牌的形象特点设计特许经营合同		
2	团队合作精神	能和团队成员协商，共同完成实训任务		

任务 2　受许双方的权利与义务

学习目标

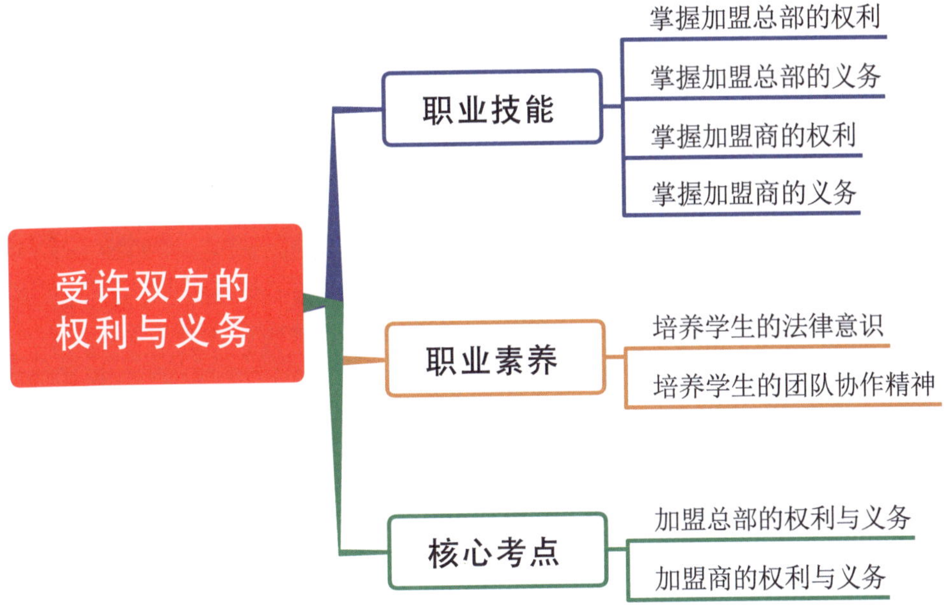

任务导入

某粥记有限公司于 2006 年成立，是一家专注打造广东粤菜美食的特色餐饮品牌。它以地道潮汕砂锅粥为主打，经营纯正粤菜。前期已经招募了受许人，现需要制定特许经营合同来约定受许双方的权利与义务。

任务解析

作为一个成熟公司，拥有稳定的客源，特色鲜明，招募受许人之后，需要合理运用特许经营合同规范双方的权利与义务。我们可以按如图 4-2-1 所示的流程来了解双方的权利与义务。

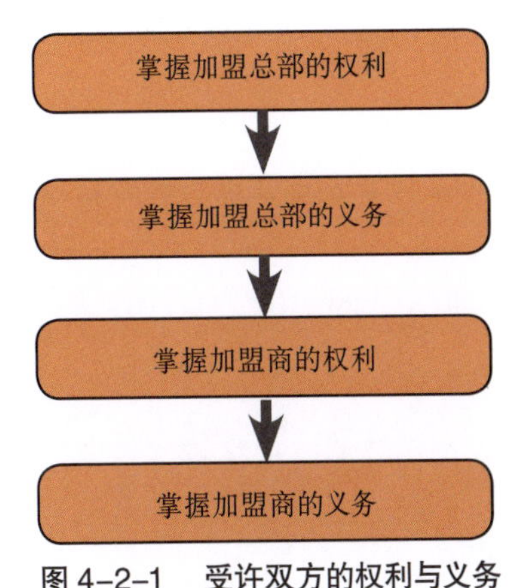

图 4-2-1　受许双方的权利与义务

知识准备

一、加盟总部的权利与义务

无论是加盟总部还是加盟商，其所拥有的权利和义务都是有限的。作为加盟总部和加盟者，在签订特许经营合约之前，需要明确自己法律上的权利和义务，明确什么是必须做的，什么是应该做的。双方在权利和义务上的观念达成一致后，才能在未来的经营中减少冲突和纠纷。因此本文介绍的内容都是加盟总部和加盟者认可的而不是法律规定的权利与义务，每个加盟商都可以在加盟总部给出的合约基础上进行合理修订，直到能够保障双方的利益。

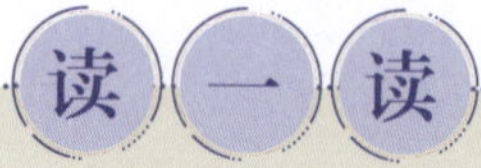

技术的变化只能带来百分比的增长速度，模式的变化才能带来几何级的增长速度。

——逸马“万利连锁”

（一）加盟总部的权利

1. 保留特许权为自己所有

特许经营是加盟总部为了扩大品牌影响力进行的经营模式，但只是让渡特许权的使用权，特许权还为加盟总部所有。在特许经营合约中需要明确特许经营权的所有方，同时要与其他知识产权的交易进行区分，一旦产生纠纷，需要使用法律武器维护自己的权益。

2. 要求加盟商遵守特许经营手册

在签订了加盟合约之后，加盟双方的特许经营关系就正式确定，因此需要制定特许经营手册约束加盟商的经营行为，规定特许权的使用是全方位、全部内容的复制，而不仅仅是商标、商号的使用。

3. 按约定向加盟商收取各种特许经营费用

特许经营模式中加盟总部将自己特许经营权的全部内容与加盟商分享，降低自己的投资风险。这个过程中加盟商需要向加盟总部交纳相应的特许经营费用，加盟总部可以按照约定的方式收取该费用。

4. 要求加盟商能够保持特许体系的“统一化”，并接受加盟总部的监督和检查

特许经营需要确保品牌的竞争力，因此加盟总部会采取措施对加盟商进行监督、检查，提出整改意见，直到确保品牌的“统一化”。因此加盟商应该欢迎加盟总部的工作人员进行检查并提

供检查信息反馈，经营过程中与第三方发生争执、纠纷甚至诉讼等不利情况时，应该及时汇报给总部。

5. 信息披露的权利

加盟总部需要按照政府有关管理条例对加盟商的信息进行披露，披露的信息需要符合政府管理条例和法律法规。

6. 保留合约修改的权利

合约具有法律效力，因此特许经营合约一经签订原则上不能发生改变，加盟总部和加盟商都应该遵守。

部分行业由于技术快速更新，消费市场变化莫测，特许经营权的内容需要根据实际情况进行调整，因此加盟总部基于特许经营品牌的价值提升目标，会保留对合约的修改权利。

7. 对不履行义务的加盟商有解除合同的权利

加盟商在有效合约期限内应当积极履行自己的义务，不能做损害加盟总部和特许经营品牌的事情，因此加盟总部对于不履行自身义务的加盟商有权对其进行处罚，情节严重的可以终止其特许经营资格。

（二）加盟总部的义务

1. 信息披露

在签订合约之前，加盟总部必须按照法律法规的要求对潜在的加盟者进行信息披露。披露的信息应该是完整、准确、真实、合法的内容，不能存在欺骗、遗漏重要事实、产生误导等陈述情形。

2. 品牌支持

品牌是特许经营最重要的无形资产，加盟总部为了能够帮助加盟商顺利进行连锁特许经营，需要进行品牌维护、品牌提升、公共关系与企业形象塑造等品牌支持活动。

品牌维护包括：建立商标、标志的识别技术指标及其在经营使用中的标准，准确描述商标和体系的特点，防止不正当使用；建立并完善质量管理系统，提高客户的满意度；建立并完善品牌维护督导系统，规范和指导单店运营；建立和完善品牌保护机制，维护加盟双方的权益。

品牌提升包括：基于品牌定位丰富品牌内涵，建立品牌的竞争差异性；建立并推广企业形象和店铺形象识别系统；建立费用预算体系，保证品牌推广效果。

公共关系与企业形象塑造包括：建立和完善公共关系管理，以维护特许经营体系在市场中的良好公共关系；及时跟进企业形象状态，做好随时调整的准备；建立危机干预系统。

3. 营销支持

加盟总部为了能够帮助加盟商顺利步入正轨，会对加盟商进行营销支持：制定市场调研方案，建立市场调研机制，以适应市场环境的快速变化；制定特许经营发展规划，不断开发新产品、设计新服务，提高品牌竞争力；以经营体系发展战略为蓝本，加盟总部统一制定品牌的产品宣传方案和门店促销方案。

加盟商在得到加盟总部的允许之后才能制定自身的广告和促销方案。

4. 培训支持

为加盟商提供培训支持能够帮助加盟总部保持加盟体系的一致性，因此加盟总部必须建立完善的培训系统：与加盟商达成特许经营体系内的共识；让各级员工熟悉特许经营体系的运营标准，提高员工的整体素质。

培训的内容主要有：员工岗前培训，包括企业文化，基本制度，产品和服务的知识，商标、专利及经营管理的应用等；特许经营体系持续发展所需要的各方面内容；特许经营体系创新所涉及的各方面内容。

5. 督导支持

加盟商业务的顺利开展离不开加盟总部的督导，因此加盟总部需要根据行业特点建立运营规划和督导系统，对加盟机构进行周期性督促和指导，确保加盟商的行为规范符合特许经营体系标准化运作要求。

6. 开店支持

完成前期的加盟准备之后，加盟商就可以进行开店活动，该环节中加盟总部也会进行支持，包括法律手续、装修、员工配置、设备调试、物料准备、促销、开幕等。

7. 采购与配送支持

在正式开业之后，加盟总部为了保证特许经营体系的一致性，会制定相对稳定的采购标准，或者是在总部控制下进行采购。供应商、采购标准、流程由总部通过评估进行确定，一定比例的核心原材料、商品、设备及其他相关物品等由总部进行统一配送。

8. 信息技术支持

加盟商营业过程中，应有销售时点管理系统（Point of Sale 系统，POS 系统）和以此为基础的加盟店信息管理系统以满足营业需要，实现加盟总部与加盟店的业务数据交换。一定规模的特许经营体系应借助信息技术协助加盟店完成财务、营业、进销存、人事、行政、顾客关系等管理事宜。

9. 特许经营体系创新

成熟的特许经营体系也需要随着市场的变化进行调整和创新。加盟总部应听取加盟商的意见和建议，定期评估特许经营体系的策划结果、分析其运行情况，并不断引进先进的管理思想、方法和工具，才能保持商业模式、经营管理方法及产品和服务的市场性。

10. 保密义务

除了按照管理规定和相关法律法规披露必要的信息之外，加盟总部不得向第三方展示加盟商的商业信息，如营业报告书等其他有关资料，不得损害加盟店的利益。

二、加盟商的权利与义务

加盟商的权利和义务可以分为法律和非法律两个层面的内容。

本书所介绍的加盟商的权利和义务是行业中被普遍认可的，并不完全是法律意义层面的，因此具体的权利和义务还需要加盟双方以合约的形式固定下来，并严格执行。

（一）加盟商的权利

（1）在合同约定的范围内行使特许人赋予的权利。

（2）有权获得加盟合约中约定的由特许人提供的经营技术和商业秘密。

（3）有权使用加盟总部授予的商标、商号、专利、经营诀窍等特许经营体系中的特许权。

（4）有权得到加盟总部的开店支持。

（5）有权得到加盟总部提供的采购与配送支持，包括必需的产品、原料、设备、器具、物流配送等。

（6）有权获得加盟总部统一开展的促销支持，包括广告宣传和促销优惠等。

（7）加盟商及其成员有权获得总部的培训支持，包括岗前培训，特许经营体系创新和持续发展所需要的知识和能力培训、指导。

（8）在加盟总部授予的营业区域范围内，加盟商独占特许权，享有特许权更新后的内容和后续服务支持的区域保护。

（9）享有与加盟总部对等的终止合约的权利，并对加盟总部的违约行为享有补偿、申诉和追究法律责任的权利。

（二）加盟商的义务

1. 遵守运营规则的义务

连锁特许经营体系下，加盟总部为了维护品牌的形象，保持产品的质量和服务的一致性，制定了连锁特许经营手册。加盟店必须按照合约和手册进行经营活动，并根据加盟总部提出的整改意见修订、完善自身的活动。

2. 维护特许经营体系统一形象的义务

加盟店和加盟总部是一荣俱荣、一损俱损的关系，因此加盟商应当正确使用连锁特许经营品牌，保管维护好店内设施、设备和经营物品等，确保店内处于完好状态；同时应该极力制止侵犯特许经营体系合法权利的各种行为，保证品牌形象的一致性。

3. 专心营业的义务

加盟店开业不仅仅代表了加盟商个体的形象和利益，也捆绑了加盟品牌的形象，因此在合约执行期间，加盟商应该心无旁骛、全力以赴地进行门店经营，确保品牌的市场份额和良好形象。

4. 保守商业秘密的义务

加盟店获得了加盟总部的技术、配送、产品、服务等多方面支持，涉及连锁特许经营体系的核心内容，因此加盟店在合约维持期间，不得向第三者泄露关于加盟总部的任何商业机密，同时合约期满之后在约定期限内，也要承担保密的义务。

5. 按时支付费用的义务

加盟商在使用加盟总部的特许权之后，必须按约定的时间和方式向加盟总部交纳特许权使用费和其他相关费用。

6. 按约定归还特许经营相关物件的义务

加盟总部在授予加盟店特许经营权的过程中也随即给予了相关物件支持，因此在加盟合约结束之后，加盟商应该按照约定归还特许权标志物、经营手册及其他文件，并且在约定期限内不得进行同业竞争。

7. 接受特许人的指导和监督的义务

加盟商在合约期限内，应该自觉接受加盟总部的监督和指导，保证连锁特许经营体系产品和服务的一致性，维护品牌形象和声誉。

任务实施

实训任务：撰写加盟总部的义务

据悉，弄堂小笼包的起源可以追溯到清朝晚期，创始人赵常立发明了把汤汁包在小笼包里的独特技法，使肉馅与鲜汤“同居一室”，深受当时老百姓的喜爱。2010 年韩先生对配方进行研发改进，并重新注册“弄堂小笼包”。弄堂小笼包以专注于细分餐饮市场、专心于“蒸”式营养餐品、专情于老上海传统风味的鲜明定位，辅以系统化的品牌包装，已在全国各地开设了多家分店及加盟店。2016 年末，公司已开始进军美国市场，最终理想是把中国原汁原味的小笼包传播到世界各地。

实训要求：

根据特许人义务的相关规定为弄堂小笼包品牌撰写加盟总部的义务。

任务实施评价

学生自评表

序号	技能点	佐证	达标	未达标
1	设计加盟总部的义务	能够撰写完整的加盟总部义务		
		能够反映品牌的特征		

序号	素质点	佐证	达标	未达标
1	创新精神	能够运用特许经营合同规范双方权利和义务		
2	团队合作精神	能和团队成员协商，共同完成实训任务		

教师评价表

序号	技能点	佐证	达标	未达标
1	设计加盟总部的义务	能够撰写完整的加盟总部义务		
		能够反映品牌的特征		

序号	素质点	佐证	达标	未达标
1	创新精神	能够运用特许经营合同规范双方权利和义务		
2	团队合作精神	能和团队成员协商，共同完成实训任务		

任务3　特许经营合同的履行与终止

学习目标

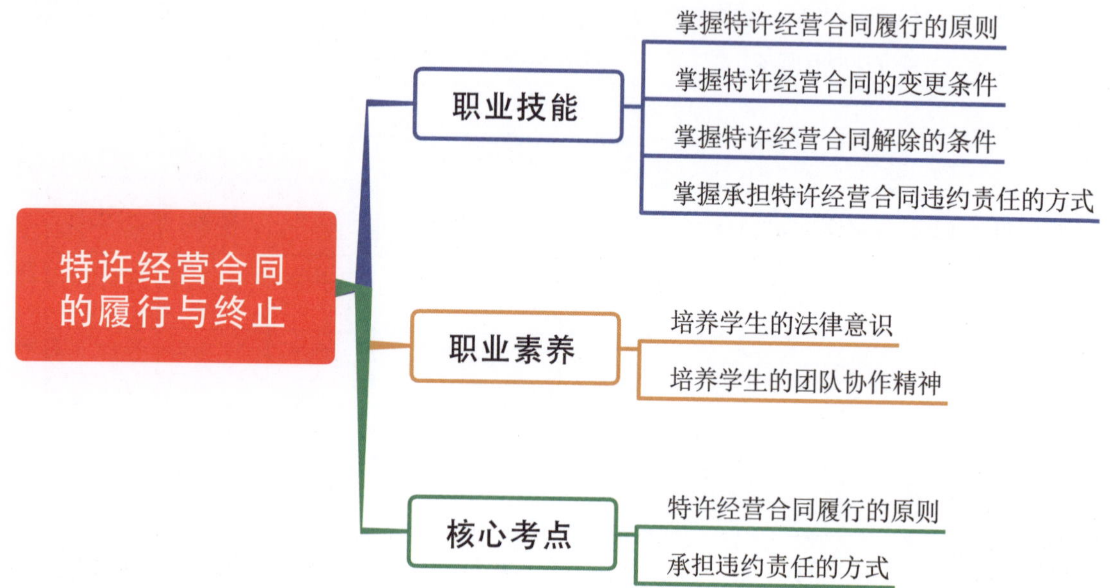

任务导入

某粥记有限公司于2006年成立，是一家专注打造广东粤菜美食的特色餐饮品牌。它以地道潮汕砂锅粥为主打，经营纯正粤菜。前期已经招募了受许人，拟定了特许经营合同，现需要对合同的履行与终止做相关说明。

任务解析

作为一个成熟公司，拥有稳定的客源，特色鲜明，招募受许人之后，拟定了特许经营合同，关于合同的履行与终止可以按图4-3-1所示的流程进行了解。

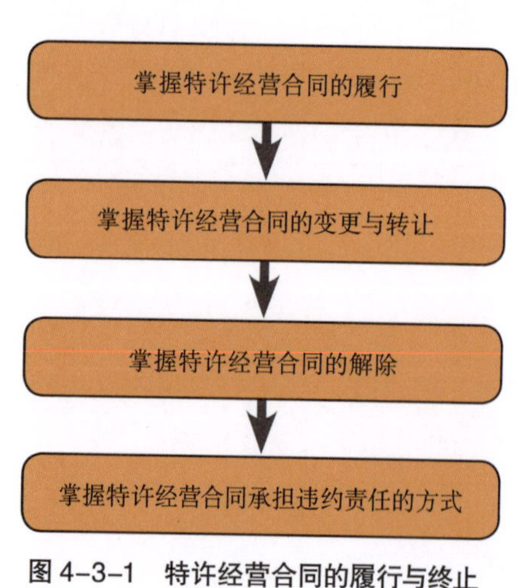

图4-3-1　特许经营合同的履行与终止

知识准备

一、特许经营合同的履行

合同是民事主体之间设立、变更、终止民事法律关系的协议。特许经营合同的履行，也称为特许经营主体之间法律关系的执行和落地，是指合同双方按照合同的条款实现各自的权利，履行各自的义务，这是合同产生效力的表现，如交付特许标的物、管理技术知识的传授、设备及物品的提供、产品配送、经营指导培训等。

（一）特许经营合同履行的原则

特许经营合同履行的原则主要有实际履行原则、适当履行原则、协作履行原则、经济合理原则。

1. 实际履行原则

实际履行原则是指当事人严格按照合约约定的标的履行自己的义务。实际履行合同的过程中首先需要注重的是诚实信用原则，诚实信用原则也是当事人规范自身行为、行使权利、履行义务的重要准则。

2. 适当履行原则

适当履行对应的是不适当履行合同，是当事人按照合同规定的标的、数量、规格、质量等在履行期限之内由适当的主体在适当的地点进行合同义务的履行。

适当履行包括履行主体适当、履行标的适当、履行期限和方式适当。

3. 协作履行原则

特许经营合同在执行的过程中需要及时通知、相互协作、为对方的义务履行提供必要的条件，同时为防止损失进一步扩大，也需要为对方保守秘密。

4. 经济合理原则

特许经营合同在履行过程中会涉及经营模式特许和产品分销特许两种不同的模式。基于两种模式下会涉及进货的各个环节，包括运输方式、运输路线、时间安排等，在执行过程中应尽量降低消耗，节省成本。

（二）特许经营合同履行中的抗辩权

抗辩权是指对抗对方的请求或否认对方的权利主张的权利，又称为异议权。《中华人共和国民法典》规定的常见抗辩权包括同时履行抗辩权、先履行抗辩权、不安抗辩权。

1. 同时履行抗辩权

当事人互负债务，没有先后履行顺序的，应当同时履行。一方在对方履行之前有权拒绝其履行请求。一方在对方履行债务不符合约定时，有权拒绝其相应的履行请求。

2. 先履行抗辩权

当事人互负债务，有先后履行顺序，应当先履行债务一方未履行的，后履行一方有权拒绝其履行请求。先履行一方履行债务不符合约定的，后履行一方有权拒绝其相应的履行请求。

3. 不安抗辩权

不安抗辩权是指当事人一方根据特许经营合同规定，应在向对方先履行之前，如果发现对方的财产或履行合同的能力明显减少，以至可能难以履行对等支付义务时，可以要求对方提供必需的担保。若对方不提供担保也未对等履行，该当事人可以拒绝履行自己的义务。这项制度可保护先履行一方。

应当先履行债务的当事人，有确切证据证明对方有下列情形之一的，可以中止履行：经营状况严重恶化；转移财产、抽逃资金，以逃避债务；丧失商业信誉；有丧失或者可能丧失履行债务能力的其他情形。当事人没有确切证据中止履行的，应当承担违约责任。

当事人依据上述规定中止履行的，应当及时通知对方。对方提供适当担保的，应当恢复履行。

2019 年度我国各地区（香港、澳门、台湾地区除外）各级法院就特许经营合同纠纷案件合计出具判决书 1349 份。其中，浙江省、广东省、江苏省、北京市、安徽省、山东省、上海市法院裁决的文书数量分别位列全国前 7 位，且裁决数量均在 100 件以上（浙江省、广东省、江苏省法院判决的案件均超过了 150 件）。

从行业分布上来看，特许经营行业已经遍及了餐饮、快递、教育培训、服装、酒店、洗衣、美容美发、家政、健身、蔬果及农副产品销售、娱乐等各个行业，其中，涉及餐饮类特许经营合同共计 637 件，占全部判决案件的 47.22%，是特许经营纠纷案件涉及最多的行业。①

二、特许经营合同的变更与转让

（一）特许经营合同的变更

当事人协商一致，可以变更合同。特许经营合同的变更是指合同内容和主体发生变化，合同成立后、履行前或履行过程中，当事人就合同的内容协商达成修改和补充协议。

合同的变更必须经特许人和受许人双方协商一致，并在原合同的基础上达成新的协议。特许经营合同内容的变更是指合同关系的局部变化，即对原有合同关系内容做某些修改和补充，而不是对合同内容的全部变更。

① 中国连锁经营协会. 2019 ~ 2020 年度中国特许经营合同纠纷裁判白皮书（2020 年更新版）：http://www.ccfa.org.cn/portal/cn/xiangxi.jsp?id=442688&ks=%E7%99%BD%E7%9A%AE%E4%B9%A6&type=33.

特许经营合同变更后会产生新的权利和义务内容，特许人和受许人应按变更后的权利义务关系来履行。原合同关系相对消灭。

当然，特许经营合同变更应具备一定的条件，主要有以下几个方面。

（1）变更前合同关系已有效存在。

（2）特许经营合同的变更原则上必须经当事人协商一致。

（3）特许经营合同变更必须遵守法定的程序和方式。

（4）特许经营合同变更必须使合同内容发生变化。

（二）特许经营合同的转让

合同转让包括合同权利的转让、合同义务的转移及合同权利和义务的概括转让三种形态。特许经营合同的转让也包括这三种形态。

1. 合同的转让须具备的条件

（1）必须具有有效的合同权利存在。

（2）转让双方之间需要达成协议。

（3）转让的合同权利须具有可让与性。

（4）合同转让应当符合法定程序。

2. 合同权利的转让

合同权利的转让又称债权转让，是指合同债权人通过协议将其债权全部或部分地转让给第三人的行为。

合同转让是一种合同行为，因而须由债权人（即转让人）与受让人之间达成协议。债权人转让权利时，应当通知债务人。未经通知，该转让对债务人不发生效力。

特许经营合同是双务合同，而且是基于特定的合同主体之间的特殊合作，单纯的债权转让几乎是不可能发生的。

3. 合同义务的移转

合同义务的移转是指基于债权人、债务人与第三人之间的协议，将合同义务全部或部分地转移给第三人，又称债务承担。“全部转移”时，债务人脱离原来的合同关系而由第三人取代债务人承担原合同债务。“部分转移”时，原债务人与第三人共同向债权人承担债务。

4. 合同权利和义务的概括转让

合同权利和义务的概括转让是指合同当事人一方将其合同权利和义务一并转让给第三人，由第三人全部、概括地继受合同权利和义务。特许经营合同的性质决定了其转让方式一般均采取概括转让。特许经营合同的概括转让应具备一定的条件，即特许人或受许人一方转让合同时，应当经对方同意。

特许经营合同的概括转让既包括债权转让，又包括债务转移。因此，应当同时符合债权转让和债务转移的规定，包括转让的范围、从权利与从债务的转让、抗辩权的转移等。

（三）特许经营合同的终止

1. 特许经营合同终止的含义

根据我国《民法典》的规定，合同解除的，该合同的权利义务关系终止。

2. 特许经营合同终止的原因

特许经营合同权利义务终止的原因大致有以下三类。

（1）基于当事人的意思而终止，如合意、抵销、免除、达成合同更新的协议、协议解除等。

（2）因合同目的的实现而终止，当事人双方合同目的已经达到，如履行、提存、混同、抵销等。

（3）基于法律的直接规定。

我国《民法典》第五百五十七条规定，有下列情形之一的，债权债务终止：

（1）债务已经履行；

（2）债务相互抵销；

（3）债务人依法将标的物提存；

（4）债权人免除债务；

（5）债权债务同归于一人；

（6）法律规定或者当事人约定终止的其他情形。

三、特许经营合同的解除

特许经营合同解除是消灭有效合同效力的法律行为。

（一）特许经营合同解除的条件

1. 有下列情形之一的，当事人可以解除合同

（1）因不可抗力致使不能实现合同目的。

（2）在履行期限届满前，当事人一方明确表示或者以自己的行为表明不履行主要债务。

（3）当事人一方迟延履行主要债务，经催告后在合理期限内仍未履行。

（4）当事人一方迟延履行债务或者有其他违约行为致使不能实现合同目的。

（5）法律规定的其他情形。

2. 合同解除的注意事项

当事人一方依法主张解除合同的，应当通知对方。合同自通知到达对方时解除；通知载明债务人在一定期限内不履行债务则合同自动解除，债务人在该期限内未履行债务的，合同自通知载明的期限届满时解除。对方对解除合同有异议的，任何一方当事人均可以请求人民法院或者仲裁机构确认解除行为的效力。

当事人一方未通知对方，直接以提起诉讼或者申请仲裁的方式依法主张解除合同，人民法院或者仲裁机构确认该主张的，合同自起诉状副本或者仲裁申请书副本送达对方时解除。

（二）特许经营合同解除的法律后果

《中华人民共和国民法典》第五百六十六条规定：合同解除后，尚未履行的，终止履行；已经履行的，根据履行情况和合同性质，当事人可以请求恢复原状或者采取其他补救措施，并有权请求赔偿损失。

四、特许经营合同的违约责任

（一）特许经营合同违约责任的特点

特许经营合同约定了双方当事人的权利和义务，但是不适当履行或者不履行，则会产生违约责任。违约责任的主要特点如下。

（1）合同在有效期内是违约责任存在的前提条件。

（2）不履行或者不适当履行合同义务是产生违约责任的条件。

（3）违约责任发生在双方当事人之间，具有相对性。合同关系具有相对性，决定了违约责任的相对性。这种相对性是指违约责任只能在特定的当事人之间（即合同关系的当事人之间）发生。合同关系以外的第三人不承担违约责任，合同当事人也不对其承担违约责任。

（4）可以在法律允许的范围内对违约责任进行约定。

（二）违约责任的一般构成要件

1. 违约行为

违约责任的构成要件是合同当事人承担违约责任必须具备的条件。在无过错责任原则下，只要有违约行为就应按法律规定或合同约定承担违约责任，因而违约行为是违约责任的一般构成要件。

违约行为是违约责任的基本构成要件，没有违约行为，也就没有违约责任。

2. 违约行为的具体形态

违约包括预期违约和实际违约，主要表现在以下几点。

（1）预期违约。预期违约包括明示毁约与默示毁约。明示毁约，是指在履行期届满之前，债务人无正当理由明确肯定地表示其将不履行合同义务的违约形态。默示毁约，是指在履行期届满之前，债权人有确切的证据证明，在合同履行期届满之时，债务人将不履行或者不能履行债务，且债务人拒绝为履行债务提供相应担保的违约形态。

（2）实际违约。债务履行期限届满之后，债务人无正当理由，未全面而适当履行合同义务的，为实际违约。一旦债务履行期限届满，债务人未履行债务或者履行债务不适当，无须经债权人催告，即构成违约。实际违约包括拒绝履行、迟延履行、不完全履行三类。

拒绝履行，又称不履行，是指履行期限到来之后，债务人无正当理由拒绝履行债务的行为。

迟延履行，包括迟延给付和迟延受领。

不完全履行，指债务人虽有履行行为，但在履行数量、质量、方式、地点等方面存在瑕疵。

《中华人民共和国民法典》第五百七十八条规定，当事人一方明确表示或者以自己的行为表明不履行合同义务的，对方可以在履行期限届满前请求其承担违约责任。

（三）承担违约责任的方式

《中华人民共和国民法典》第五百七十七条规定，当事人一方不履行合同义务或者履行合同义务不符合约定的，应当承担继续履行、采取补救措施或者赔偿损失等违约责任。

1. 继续履行

继续履行也叫强制履行、实际履行，是违约方不履行合同时，守约方请求法院或仲裁机构强制其履行合同义务的责任方式。比如，通过判决或裁决要求债务人交付货物、完成工作成果，或支付价款、报酬等。

2. 采取补救措施

采取补救措施是指在合同履行期限内，当事人需要按照合同约定条款采取适当的措施对另一方的权益进行补偿。例如，当事人一方未支付价款、报酬、租金、利息，或者不履行其他金钱债务的，对方可以请求其支付。

3. 赔偿损失

赔偿损失是指违约方不履行或不适当履行合同义务时，依法或者依约赔偿对方当事人所受损失的责任方式。赔偿损失是违约责任中最普遍选用的补救方式。

当事人一方不履行合同义务或者履行合同义务不符合约定，造成对方损失的，损失赔偿额应当相当于因违约所造成的损失，包括合同履行后可以获得的利益；但是，不得超过违约一方订立合同时预见到或者应当预见到的因违约可能造成的损失。

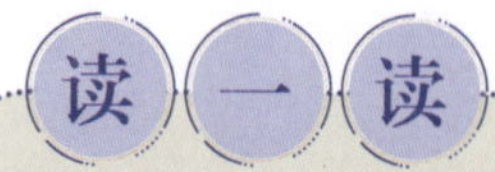

《中华人民共和国民法典》第五百八十五条　当事人可以约定一方违约时应当根据违约情况向对方支付一定数额的违约金，也可以约定因违约产生的损失赔偿额的计算方法。

约定的违约金低于造成的损失的，人民法院或者仲裁机构可以根据当事人的请求予以增加；约定的违约金过分高于造成的损失的，人民法院或者仲裁机构可以根据当事人的请求予以适当减少。

当事人就迟延履行约定违约金的，违约方支付违约金后，还应当履行债务。

第五百八十六条　当事人可以约定一方向对方给付定金作为债权的担保。定金合同自实际交付定金时成立。

定金的数额由当事人约定；但是，不得超过主合同标的额的百分之二十，超过部分不产生定金的效力。实际交付的定金数额多于或者少于约定数额的，视为变更约定的定金数额。

任务实施

实训任务：案例分析

2003 年，×× 公司与唐某订立特许加盟合同，约定：×× 公司向唐某授予特许经营权等，期限为 5 年。唐某应支付加盟费 15 万元（无论何种情况均不退还），特许保证金 10 万元（非定金性质，在唐某违约等情况下 ×× 公司有权没收），并按月支付特许经营权使用费、特许广告费等费用。还约定如一方违约另一方可解除合同，违约金为 30 万元，唐某以该特许加盟参与设立的公司对唐某的上述义务承担连带责任。合同签订后，唐某交纳了加盟费 15 万元及保证金 3 万元。唐某与他人共同出资设立了 ×× 餐饮公司，作为经营加盟店的载体。

之后，因唐某长期拖欠特许经营权使用费和特许广告费等费用，×× 公司经催讨未果于 2004 年提起诉讼，要求：解除特许加盟合同；唐某支付特许广告费、特许经营权使用费 4171.28 元，违约金 30 万元，特许保证金 3 万元；唐某设立的 ×× 餐饮公司承担连带责任。唐某反诉称因 ×× 公司未履行员工培训、广告制作等义务，要求其继续履行，并承担违约责任。同时，唐某认为特许加盟合约中的违约金过高，请求法院予以调整。×× 餐饮公司同意唐某的意见，并对承担连带责任没有异议。

实训要求：

请根据《中华人民共和国民法典》对该案例进行分析。

任务实施评价

学生自评表

序号	技能点	佐证	达标	未达标
1	案例分析	熟悉《商业特许经营管理条例》		
		能够对案例争议的焦点——特许加盟费是否应退还进行分析		
		能够对案例争议的焦点——特许保证金是否退还进行分析		

序号	素质点	佐证	达标	未达标
1	创新精神	能够根据《商业特许经营管理条例》对案例争议的焦点进行创新性分析		
2	团队合作精神	能和团队成员协商，共同完成实训任务		

教师评价表

序号	技能点	佐证	达标	未达标
1	案例分析	熟悉《商业特许经营管理条例》		
		能够对案例争议的焦点——特许加盟费是否应退还进行分析		
		能够对案例争议的焦点——特许保证金是否退还进行分析		

序号	素质点	佐证	达标	未达标
1	创新精神	能够根据《商业特许经营管理条例》对案例争议的焦点进行创新性分析		
2	团队合作精神	能和团队成员协商，共同完成实训任务		

项目 5　特许经营总部的综合运营与管理

项目导学

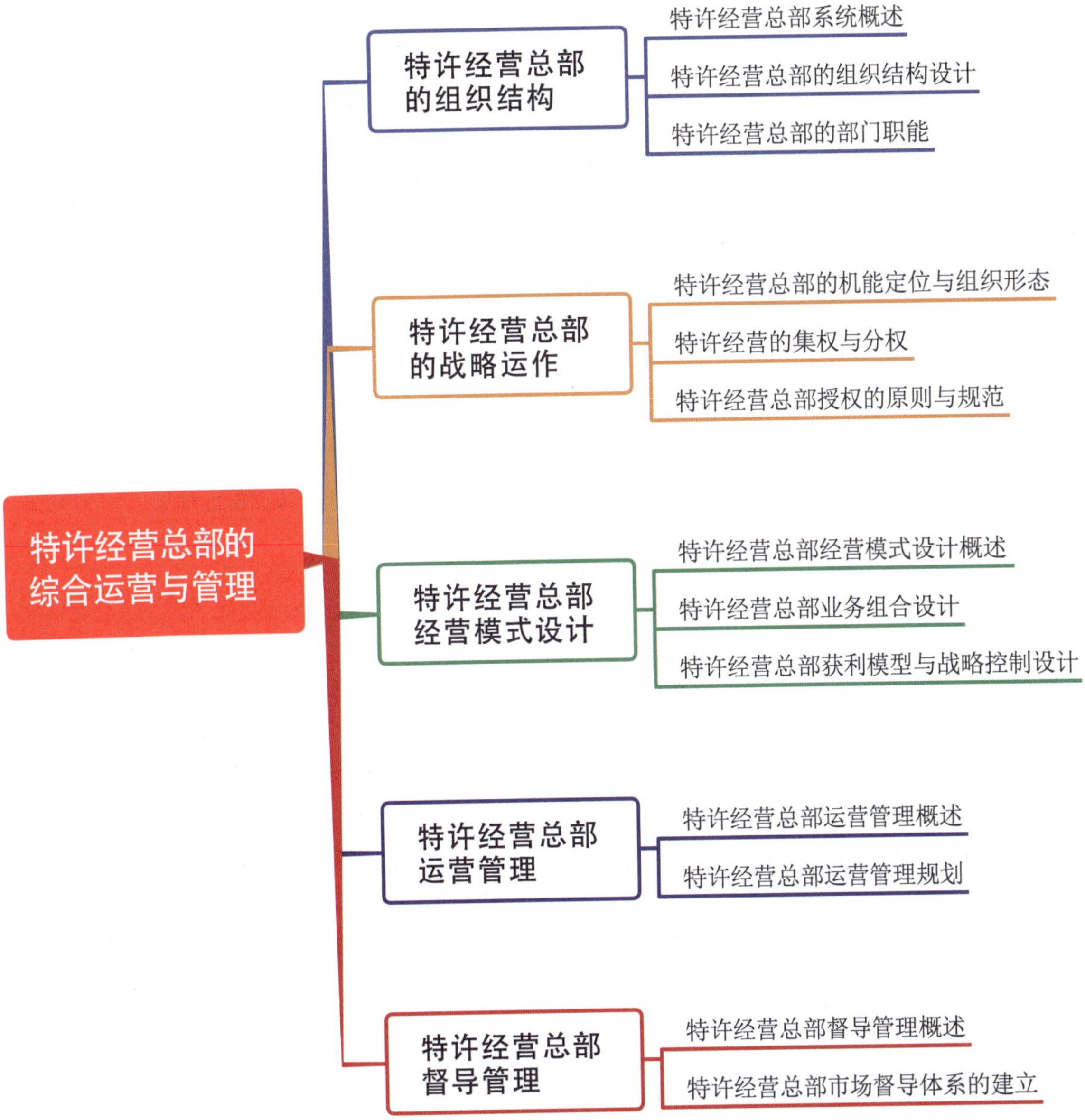

特许经营总部的综合运营与管理

- 特许经营总部的组织结构
  - 特许经营总部系统概述
  - 特许经营总部的组织结构设计
  - 特许经营总部的部门职能
- 特许经营总部的战略运作
  - 特许经营总部的机能定位与组织形态
  - 特许经营的集权与分权
  - 特许经营总部授权的原则与规范
- 特许经营总部经营模式设计
  - 特许经营总部经营模式设计概述
  - 特许经营总部业务组合设计
  - 特许经营总部获利模型与战略控制设计
- 特许经营总部运营管理
  - 特许经营总部运营管理概述
  - 特许经营总部运营管理规划
- 特许经营总部督导管理
  - 特许经营总部督导管理概述
  - 特许经营总部市场督导体系的建立

任务1　特许经营总部的组织结构

学习目标

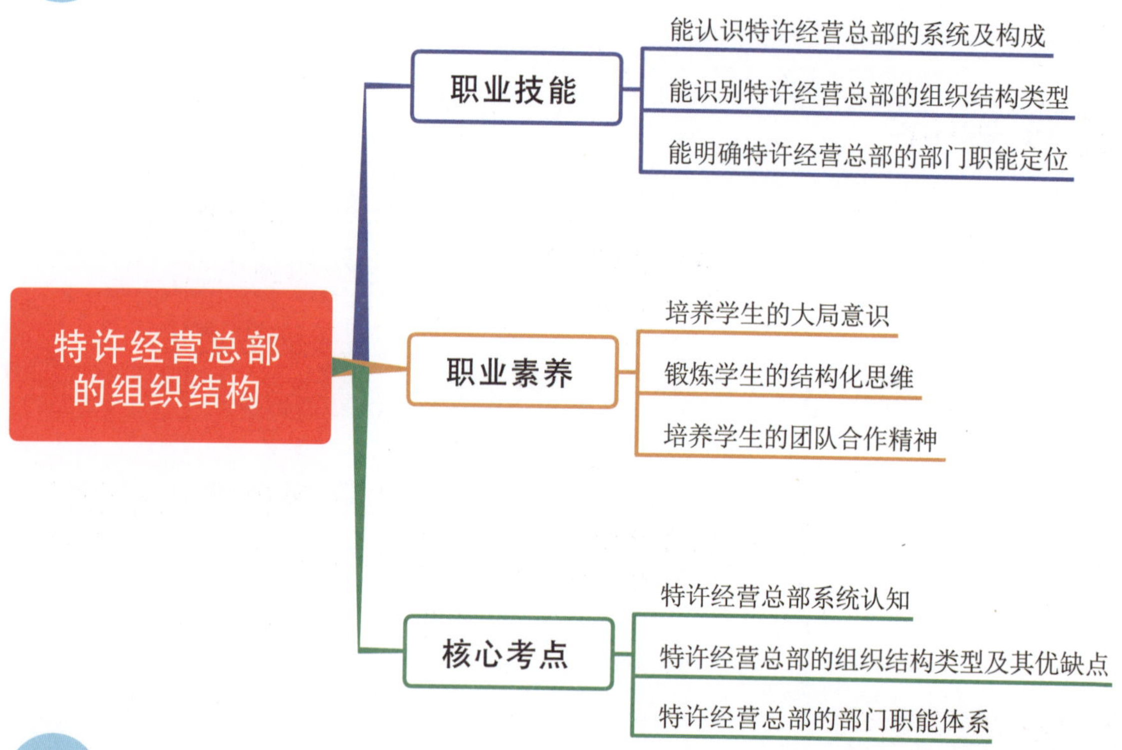

任务导入

蜀留香成立于2001年，是一家百姓火锅品牌，总部位于天津。请根据调查以及查阅的资料，绘制出企业总部的组织结构图。

任务解析

想快速、准确地了解和认识一家企业，可以从其组织结构图入手。它简洁明了地展示了企业的内部组成和职权、角色和职责、功能和关系，是呈现组织功能的重要图形。绘制组织结构图应先明确组织结构类型，确定组织规模和部门设置，最后架构部门链接。组织结构图的绘制流程如图5-1-1所示。

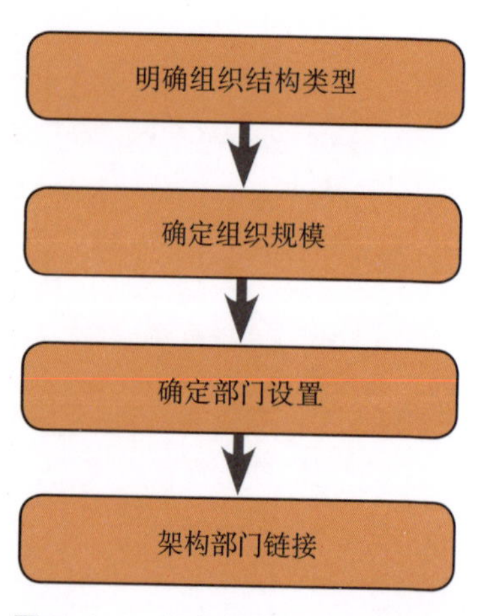

图5-1-1　组织结构图的绘制流程

一、特许经营总部系统概述

（一）总部的定义和系统的构成

总部是受特许人委托，代表特许人建立、发展、运营和管理特许经营体系的机构，是特许经营体系中不可或缺的子系统。作为一个系统，总部一般由以下三个部分组成。

（1）核心部分：总部的经营模式。

（2）基础部分：总部的运营管理系统。

（3）外在部分：总部的识别系统。

三个部分之间的关系如图5-1-2所示。在一个特许经营体系中，特许经营总部处于核心位置，其运营如何能实现稳定高效是当前特许经营实践的重要问题。

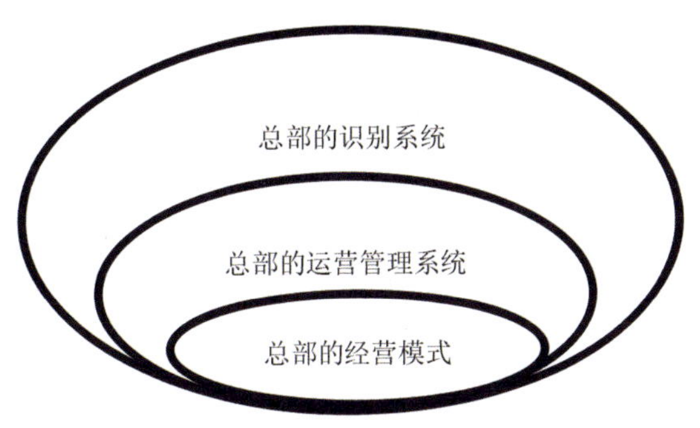

图5-1-2　总部各组成部分间的关联

（二）总部在特许经营体系中扮演的重要角色

总部与单店都是特许经营体系中的基本组织形态，相比较而言，总部在特许经营体系中扮演着与单店完全不同的重要角色，归纳起来有以下七个。

1. 领导者的角色

高度群体一致性是特许经营体系的一大特点，这种一致性为特许人和受许人都带来了巨大的利益。但是，同时也存在着较大的决策风险。因此，需要时刻关注并分析市场竞争态势，判断前进的方向，并动态调整资源配置，制定行动方案，进而带动体系的整体竞争力。因此，特许经营总部扮演着领导者和领航者的角色。

2. 授权者的角色

受特许人的委托，特许经营总部代表特许人发布特许经营招商信息，制定并落地实施加盟商招募计划，招募并遴选加盟申请者、签约授权特许人的特许经营，指导并培训加盟商开店经营。因此，总部扮演着特许经营授权者的角色。

3. 经营者的角色

特许经营总部受特许人的委托，建立、发展、运营和管理整个特许经营体系，被赋予了较高的行政管理权。因此，特许经营总部也担负着整个体系的运营结果，扮演着特许经营体系经营者的角色。

4. 创新管理者的角色

与同一资本控制下的传统经济组织相比，特许经营体系可称为新型的社会经济组织，具备高度统一化管理的显著特征。同时也给特许总部的统筹管理能力提出了巨大的挑战，即管理特许人“自身并不拥有的资产”，实现整个特许经营体系高效率运转的能力。特许经营总部不仅仅是一个经营者，更是一个聪明的创新管理者。

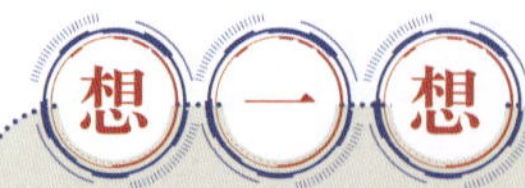

请结合你的理解，思考总部与单店在特许经营体系中所扮演的不同角色。

5. 培训者的角色

特许人与受许人签订特许经营合同，进而将特许权授予受许人使用。实质上，特许权的核心就是知识产权，若要实现知识从所有者向使用者的转移，不得不通过一个完整的培训和教育过程才能真正实现。正因如此，往往培训都会作为特许人必须履行的基本义务之一，体现在标准的特许合同之中。综上所述，总部在体系中扮演一个管理者的同时也必须扮演培训者的角色。

6. 后台支持者的角色

在价值实现的过程中，特许经营总部作为主要系统供应商，在单店有需要的时候，它源源不断地向单店提供各种有形的和无形的资源，实现价值的传递；单店则直接服务于客户，向客户提供价值，并获取价值回报。从整体来看，在一个特许经营体系中，单店就像舞台上的明星，通过一个个门店的运营最终实现经营业绩，放射出特许人品牌的光芒；特许经营总部则是其强大的幕后支持者，他们默默无闻地踏实工作，支持着不同市场中的一个个单店，使单店在激烈的市场竞争中立于不败之地。

7. 信息中心的角色

单店直接服务于客户，因此它处于市场的前沿，除了服务以外，它也能收集运营管理信息和局部市场的信息，并向总部反馈。特许经营总部则汇总、分析和处理这些信息，并将这些信息作为运营管理决策的重要依据。另外，作为一个体系的中心，特许经营总部要协调外部供应商与单店之间、单店与单店之间业务的往来，甚至要作为这些业务往来的结算中心。因此，总部在特许经营体系中就相当于一个信息枢纽中心，维系着一个个单店和外部供应商。

（三）总部系统的功能定位

基于总部在特许经营体系中的角色定位，总部在系统中的功能可以概括为如下七个方面：

（1）向单店配送商品 / 物料的功能；

（2）支持单店市场的功能；

（3）对单店提供技术支持的功能；

（4）对单店提供培训和督导的功能；

（5）收集和处理单店经营信息的功能；

（6）整合和管理其他供应商的功能；

（7）授权和管理加盟商的功能。

二、特许经营总部组织结构设计

规划或组织各个要素和部门，并把这些要素和部门有机地联结起来，使组织中各个部门和单位有机地协调运作的过程就是组织结构设计。

（一）特许经营总部组织结构设计的原则

以发展和市场为导向是特许经营总部组织结构设计的根本发展方向。在特许经营总部组织结构设计的过程中应遵循以下八项原则。

（1）责权利对等原则：各岗位的责任、权力和激励必须相对应。

（2）管理明确原则：避免多头指挥和无人负责现象。

（3）专业分工和协作原则：兼顾专业管理的效率和公司目标任务的统一性。

（4）客户导向原则：以统一形象面对客户并满足客户需求。

（5）执行和监督分设原则：保证监督机构的实际作用。

（6）灵活性原则：能对外部变化做出及时、充分的反应。

（7）有效管理幅度原则：管理人员直接管理的下属人数应在合理范围内。

（8）精干高效原则：机构精简，人员精干。

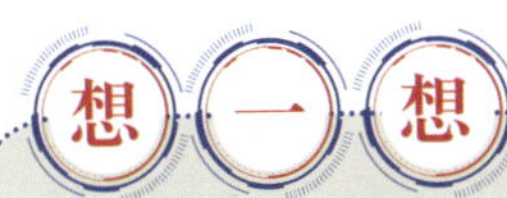

组织结构设计对特许经营总部重要吗？请思考它的作用。

（二）特许经营总部组织结构优化的维度

组织结构处于动态调整的过程中，特许经营总部要从四个维度不断优化组织结构设计，使组织具备可持续发展的能力。

1. 优化组织战略的实施

前瞻性地考虑到特许经营体系未来的发展，组织结构设计应围绕着有利于企业质量的提升，新产品的研发，营销网络、市场和客户的拓展等方向进行优化。

2. 提高组织的业务流程效率

特许经营总部组织结构的优化需要以增强企业业务流程的效率为出发点，以实现市场反应增速和人力资源及财务的有效控制为落脚点。

3. 提升企业本身的变革能力

特许经营总部组织结构的优化应该充分考虑到体系目前的状况和能力，包括人员管理水平、人员配置水平等。在此基础上进行组织优化。

4. 完善组织职能和明确责任

从特许经营体系的长远发展考虑，补充、加强和完善总部的部门职能，厘清部门的责任，为整个体系未来的发展奠定组织基础。

（三）特许经营总部的组织结构类型

1. 特许经营系统的组织架构

特许经营系统的组织架构，可以分为三个层次。

（1）总部，负责建章立制，实施统一管理，实现特许经营体系的总体规划，如经营方针、经营规划、工作计划、人事、培训、采购、配送、企划、广告宣传、促销、财务、法律事务等工作的总体设计、服务和控制等各项管理职能。

（2）分部，依照特许经营总部制定的各项管理制度、总体规划以及经营管理政策、指令，负责对本区域的特许经营系统进行整体开发和维护管理，并实施对所属门店的沟通、服务、指导、监督等职能，同时接受并服从总部各职能部门的职能管理。

（3）门店，接受并服从特许经营总部及分部的管理，依照总部制定的各项经营管理制度和规定，负责对本单店实施日常经营管理。

2. 特许经营总部的五种组织结构类型

特许经营总部的五种组织结构类型如图 5-1-3 所示。

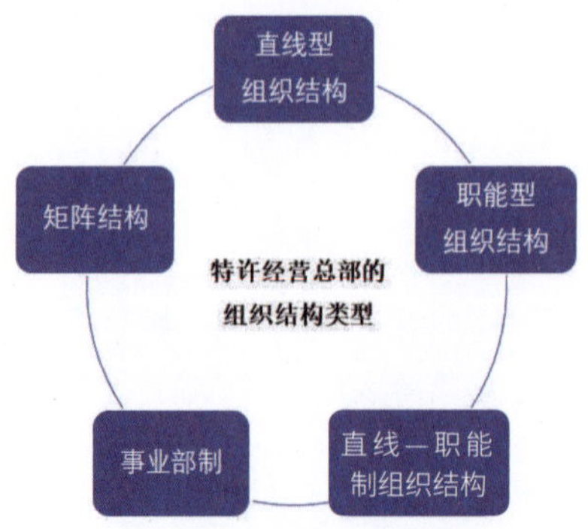

图 5-1-3　组织结构的类型

（1）直线型组织结构。

直线型是最古老、最简单的一种特许经营组织结构类型，该类型组织结构的特点是组织系统职权从组织上层“流向”组织基层，上下级关系是直线关系，即命令与服从的关系。

优点：特许经营组织结构简单，命令统一；权责明确；联系便捷，易于适应体系所处环境的变化；管理成本低。

缺点：有违专业化分工的原则；特许经营权力过分集中，易导致特许权的滥用。

适用范围：规模较小或者活动内容较为简单的企业。

（2）职能型组织结构。

不同于直线型的全能管理者，职能型组织结构采用按职能分工实行专业化的管理，特许经营总部各职能部门在分管业务范围内直接指挥下属。

优点：管理工作分工较细；由于吸收各职能部门专家参与管理，可减轻上层管理者的负担。

缺点：多头领导，不利于特许经营总部集中领导和统一指挥；各职能机构往往不能很好地配合；过分强调专业化。

适用范围：劳动密集，重复劳动的大中型企业。

（3）直线—职能制组织结构。

直线—职能制组织结构是以直线制为基础，在各级行政领导下，设置相应的职能部门。特许经营总部在直线制组织统一指挥的原则下，增加了参谋机构。

优点：既保证了特许经营总部集中统一的指挥，又能发挥各职能部门专家业务管理的作用。

缺点：各职能单位自成体系，不重视信息的横向沟通，工作易重复，效率不高；若授权职能部门权力过大，容易干扰直线指挥命令系统；职能部门缺乏弹性，对环境变化反应迟钝；可能增加管理费用。

适用范围：权力科学分配、双重职能权力与责任明确界定且考核指标多元化的规模化企业经营单位。

（4）事业部制。

事业部制也称为“联邦分权化”，它是一种分权制的特许经营组织形式，欧美、日本的大型企业所采用的典型组织形式。

优点：责、权、利划分比较明确，能较好地调动特许经营管理人员的积极性；以利润责任为核心，能够保证特许经营体系获得稳定的利润；通过事业部门独立的生产经营活动，能为总部不断培养出高级管理人才。

缺点：需要较多素质较高的专业人员来管理事业部；管理机构多，管理人员比重大，对事业部经理要求高；分权可能架空特许经营总部的领导，削弱对事业部的控制；事业部之间竞争激烈，可能发生内耗，协调也比较困难。

（5）矩阵结构。

矩阵结构也称为斯隆模式，是由专门从事某项工作的工作小组形式发展而来的一种特许经营组织形式，它具体又可分为二维矩阵、三维矩阵等。

优点：加强了横向联系，克服了特许经营总部各职能部门相互脱节、各自为政的现象；专业人员和专用设备能得到充分利用；具有较大的机动性，任务完成后组织即解体，人力、物力和财力有较高的利用率；各种专业人员同在一个特许经营总部共同工作一段时间，完成同一任务，为了一个目标互相帮助，相互激发，思路开阔，相得益彰。

缺点：成员不固定在一个位置，有临时观念，有时责任心不够强；人员受双重领导，出了问题，往往难以分清责任。

适用范围：集权、分权优化组合，员工素质较高、技术复杂的企业。

随着时代的发展与进步，特许经营总部的组织结构也逐步向着扁平化、网络化、无边界化、多元化、柔性化和虚拟化的方向发展。

三、特许经营总部的部门职能

本部分以逸马国际顾问集团凝练的成果为例，在该企业10余年专业积累和企业实践的基础上，总结了支撑特许经营连锁平台快速发展的部门设计与职能定位。

总经理下设决策委员会和总经办，统筹管理9个部门（图5-1-4），分别为品牌中心、拓展中心、运营中心、商品中心、人力资源中心、财务中心、行政部、网络运营中心以及商学院。其中，品牌中心下设企划部、品牌推广部以及工程部；拓展中心下设拓展部、加盟部以及拓展服务部；运营中心下设开店部、直营部、督导部以及客服部；商品中心下设商品设计部、商品开发部、商品监控部以及储运部；人力资源中心下设招聘部、人事管理部、企业文化部；财务中心下设财务部、审计部以及结算部；行政部下设信息管理部、行政管理部以及后勤部；网络运营中心下设产品开发部、网络营销部、网络客服部、网络仓储部以及网络财务部。

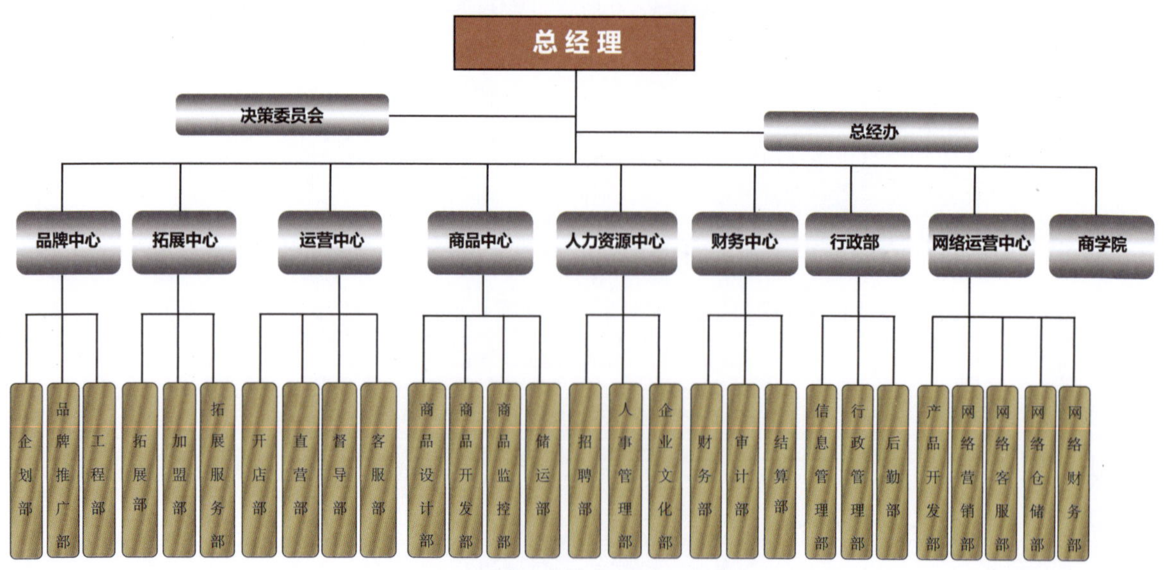

图5-1-4　特许经营企业总部组织结构范例
（逸马国际顾问集团设计）

1. 总经办职能

总经办的职位结构如图 5-1-5 所示。

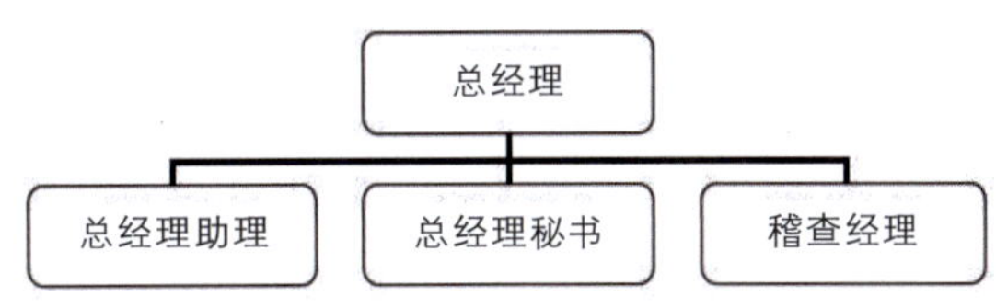

图 5-1-5　总经办职位结构

（1）直接受总经理的领导，对公司的战略发展规划、资金运作等重大事项有建议权；

（2）协调与统筹各分部、总部各部门之间的关系；

（3）协助总经理制定、贯彻、落实各项经营发展战略、计划，实现企业经营管理目标；

（4）主持公司财务战略的制定、财务管理及内部控制工作，筹集公司运营所需资金，完成企业财务计划；

（5）协助制定、组织实施公司人力资源战略，建设发展人力资源各项构成体系，最大限度地开发人力资源，为实现公司经营发展战略目标提供人力保障；

（6）策划推进公司的业务运营战略、流程与计划，组织协调公司各部门执行，实现公司的运营目标；

（7）协调与维护对外关系；

（8）建立文件档案，定期整理，归档并保管；

（9）负责公司对外关系协调与维护等工作；

（10）负责抽查与突击检查各部门、各分店营运情况；

（11）负责监督总部、各区域、各门店、各部门的运营行为与运营活动是否符合公司要求的标准与规范；

（12）公司各类文件、会议纪要等的签发、下达。

2. 品牌中心职能

品牌中心职位结构如图 5-1-6 所示。

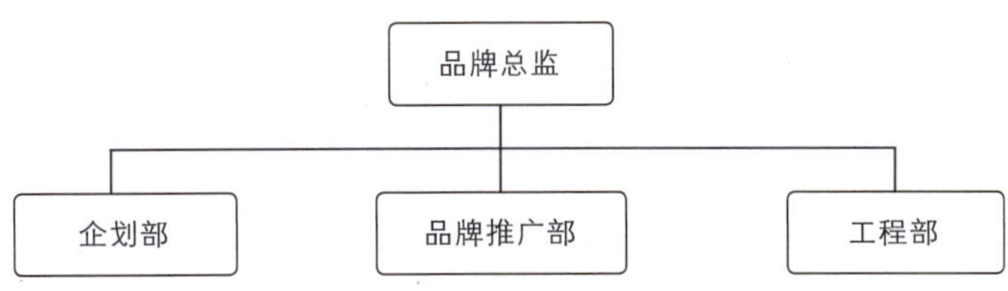

图 5-1-6　品牌中心职位结构

（1）设计和制作各种宣传物料，进行新店面形象的设计；

（2）协助创建企业品牌，传播企业文化；

（3）策划门店统一活动方案及新开店面活动方案；

（4）指导门店进行营销推广；

（5）对市场信息进行调查研究，为公司的市场运作、品牌运作和商品设计与开发提供理论支持和数据支持；

（6）建立、健全、维护公司网站、媒体等宣传途径；

（7）制定促销计划和方案，协助公司销售目标的实现；

（8）开发和维护公司与企业、媒体等有关机构、合作伙伴之间的关系；

（9）主持公司媒体公关活动，制定并组织执行媒体公关活动计划；

（10）负责新建门店的装修工程，提炼门店装修标准和流程。

3. 拓展中心职能

拓展中心职位结构如图 5-1-7 所示。

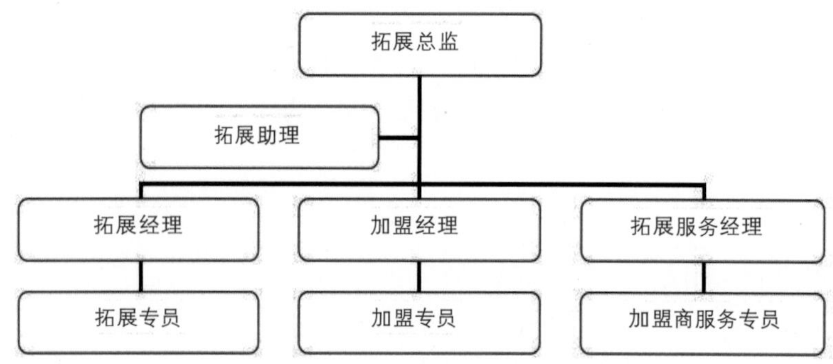

图 5-1-7　拓展中心职位结构

（1）负责对连锁扩张区域、城市进行市场调查；

（2）负责连锁新店的选址、评估等工作；

（3）负责签订场地租赁协议、物业管理协议，解决租赁、物业、消防通道等项目事宜；

（4）负责寻找理想的合作加盟者，为企业提供合作加盟者的基本信息并进行洽谈；

（5）负责门店的出让、处理等相关事宜；

（6）负责加盟商加盟事务，加盟商关系维护和处理等；

（7）对搜集到的市场信息、发展趋势等资料，要及时与相关部门沟通与反馈，对市场做出及时、有效的反应；

（8）建立房东、加盟商关系开发与维护政策，并指导、监督门店进行房东、加盟商关系开发与维护。

4. 运营中心职能

运营中心职位结构如图 5-1-8 所示。

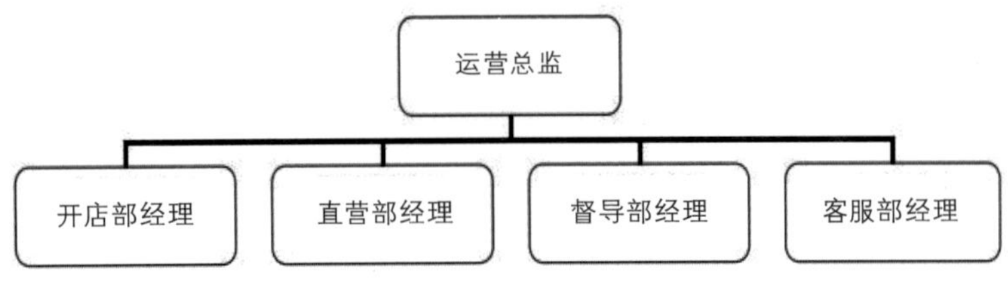

图 5-1-8　运营中心职位结构

（1）完成新店开张与培育；

（2）制定并完善门店日常营运的相关制度体系、业务流程；

（3）营销团队的建设与管理；

（4）负责门店的营销管理工作，完成下达的销售任务；

（5）随时掌握市场动向，为公司抓住发展机遇和规避未知风险提供科学依据；

（6）对市场信息进行调查研究，为公司的市场运作、品牌运作和商品设计与开发提供理论支持和数据支持；

（7）协助商品中心制定采购目标与计划，并实施监督与管控；

（8）负责监督总部及各部门对连锁门店服务的针对性、及时性和有效性；

（9）调查连锁门店的满意度，向对应部门反馈合理化建议；

（10）通过督察、指导，规范和帮助符合企业发展思路的运营行为，提升企业连锁运营、执行能力，协助战略发展目标的达成；

（11）对违规或不利行为进行纠正或处罚；

（12）监督门店会员资料的收集、完善，维护、完善会员数据库，定期进行数据分析，挖掘顾客需求；

（13）负责客户和顾客的投诉记录及跟进，并协助相关部门处理好相关事宜；

（14）建立会员关系开发与维护政策，并指导、监督门店进行会员关系开发与维护。

5. 商品中心职能

商品中心职位结构如图 5-1-9 所示。

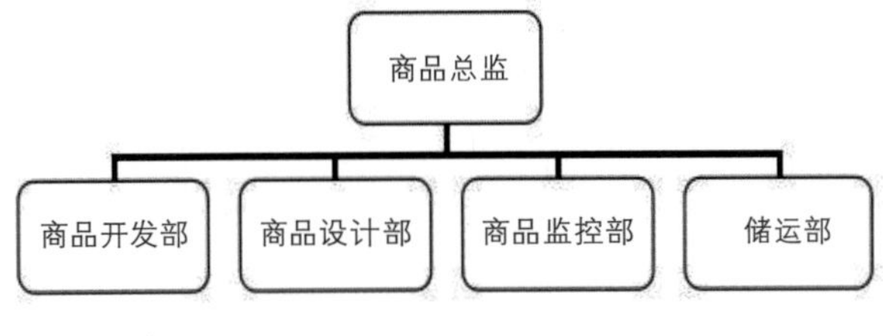

图 5-1-9　商品中心职位结构

（1）负责商品的设计开发与每季商品的结构分析与规划；

（2）负责制订商品采购目标与计划，并落实采购计划进度；

（3）负责各采购商品的价格、质量等的选择与谈判，保证商品品质，负责确认、跟踪供应商出货、交货期限，及时通知相关部门；

（4）负责制定采购商品的价格策略，确定指导价；

（5）协同运营部门制订并实施销售计划与利润计划的分解与落实，协助、参与制定全国性以及重大区域性促销活动的筹划与落实；

（6）建立并完善供应商管理，发展、选择和处理供应商关系；

（7）对公司总部及所有连锁门店的商品进行实时监控，对公司包括门店的商品结构、库存给予管控与调配；

（8）组织管理仓储与物流，实现物流顺畅的目标；

（9）监控门店商品的入库，安全储存，定期盘店；

（10）负责货品运送的督促与管理，避免货品破损与遗失；

（11）管理、监控、跟踪第三方物流，以保证货物准确、及时、安全到达；

（12）负责合作物流公司的管理、监督与评估、反馈，不断优化合作关系，加强成本控制意识，把物流成本降至最低。

6. 人力资源中心职能设置

人力资源中心职位结构如图 5-1-10 所示。

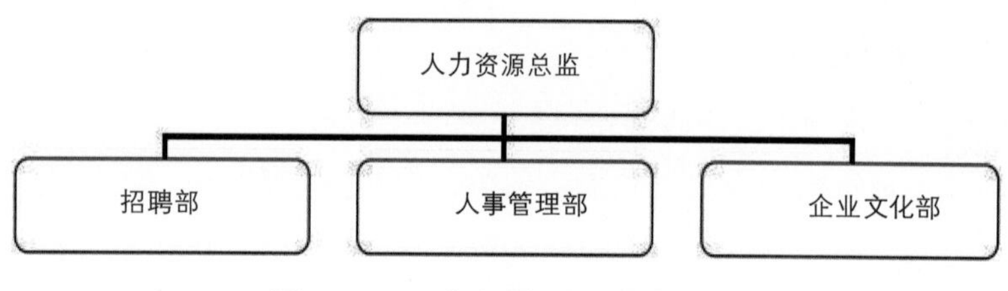

图 5-1-10　人力资源中心职位结构

（1）协助总经理制定、组织实施公司人力资源战略，建设发展人力资源各项构成体系，最大限度地开发人力资源，为实现公司经营发展战略目标提供人力保障；

（2）制订并实施公司各项招聘计划，完成招聘目标；

（3）建立并完善人力资源管理及行政体系和制度；

（4）制定并组织实施公司全员绩效考核制度；

（5）薪酬福利的各项日常工作；

（6）塑造、维护、发展和传播企业文化。

7. 财务中心职能设置

财务中心职位结构如图 5-1-11 所示。

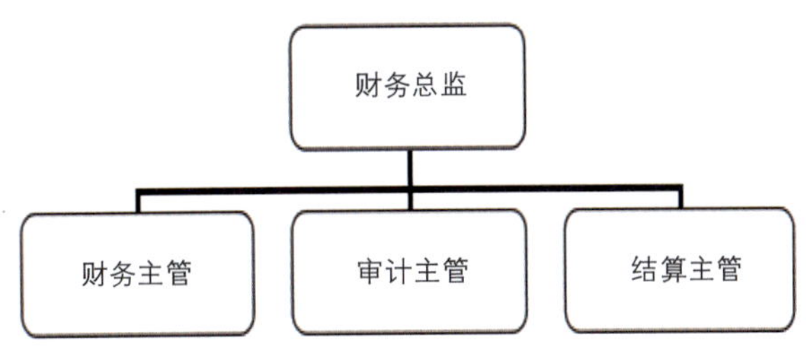

图 5-1-11　财务中心职位结构

（1）建立、健全财务管理体系，对财务的日常管理、年度预算、资金运作等进行总体控制；

（2）负责财务报表的核算和统一监管，对分店财务进行统一管理、指导，编制各项财务报表，展开财务分析；

（3）对公司税收进行整体筹划与管理，按时完成税务申报以及年度、月度审计工作；

（4）监控和预测现金流量，确定和监控公司负债与资本的合理结构，统筹管理和运作公司资金并对其进行有效的风险控制；

（5）对公司重大的投资、融资、并购等经营活动提供建议和决策支持，参与风险评估、指导、跟踪和控制；

（6）与财政、税务、银行、证券等相关政府部门及会计师事务所等相关中介机构建立并保持良好的关系；

（7）汇报公司经营状况、经营成果、财务收支及计划的具体情况，为高层提供财务分析的有益建议；

（8）负责与加盟商进行结算。

8. 行政部职能

行政部门职位结构如图 5-1-12 所示。

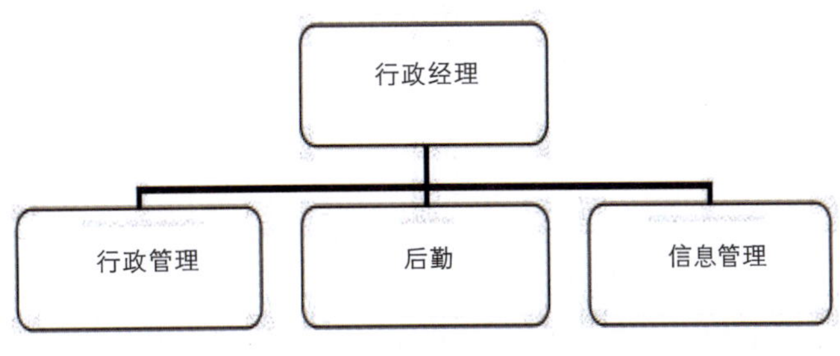

图 5-1-12　行政部门职位结构

（1）制定、完善计算机系统管理方案，拟定相应的技术方案并具体组织实施，以确保公司计算机系统正常、安全、稳定运行；

（2）完善公司各项行政管理制度及操作流程；负责对公司各部门行政管理制度的执行情况进行有效的监督和检查；

（3）对公司的各项资产进行监督和管理，确保各类资产的正常使用，保障公司后勤服务工作的顺畅运行；

（4）行政办公用品的采购与管理和后勤补给的采购与管理以及保障；

（5）做好公司客户接待、电话接听、传真收发等日常行政工作，保证公司信息、沟通顺畅，提高公司运作效率；

（6）接受公司统筹安排及车辆的调度，负责及时、安全地完成人员接送、货品配送的任务；协助上级做好车辆管理，负责公司车辆的使用、安全、清洗工作；

（7）负责公司总部办公场所及员工宿舍的环境卫生，定期、定时进行清洁与打扫，保障公司工作场所和宿舍的干净整洁；

（8）负责公司员工就餐。

9. 网络运营中心职能

网络运营中心职位结构如图 5-1-13 所示。

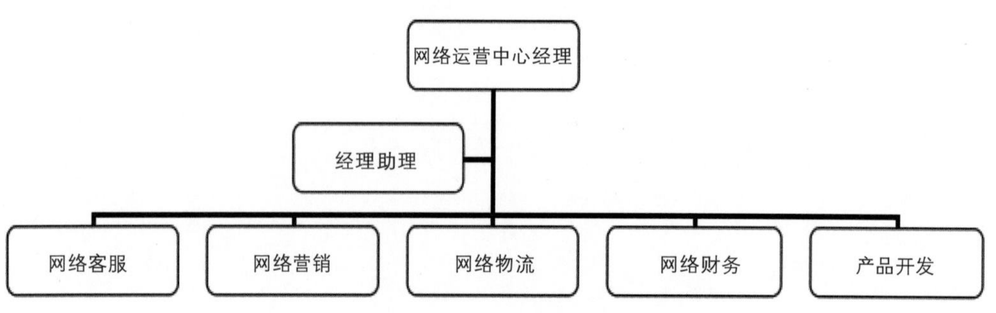

图 5-1-13　网络运营中心职位结构

（1）开发适合网络销售的商品；

（2）网上销售商品；

（3）根据销售需要不断调整产品信息和活动信息；

（4）做好顾客服务与顾客关系维护；

（5）网络品牌建设与推广；

（6）企业电子商务网站建设与维护；

（7）网上调研与网站流量统计分析；

（8）产品进销存管理以及物流配送；

（9）建立、健全本中心财务管理体系，对本中心财务的日常管理、年度预算、资金运作等进行总体控制；

（10）负责本中心财务报表的核算，并编制各项财务报表，展开财务分析；

（11）向中心汇报经营状况、经营成果、财务收支及计划的具体情况，为高层提供财务分析的有益建议；

（12）调查研究网站顾客对各种服务项目、产品、活动的满意度，为市场决策提供可靠依据。

任务实施

实训任务：思维导图设计

根据教材知识总结分析，厘清绘制组织结构图的思维导图。

请按照“明确组织结构类型→确定组织规模和部门设置→架构部门链接”的思路进行梳理。

任务实施评价

学生自评表

序号	技能点	佐证	达标	未达标
1	认识总部系统	能认识特许经营总部及各组成部分		
		能厘清特许经营总部的组成要素及其关联		
2	识别总部的组织结构类型	能辨识总部的组织结构类型		
3	明确总部的部门职能定位	能明确知道总部中各部门的职能		

序号	素质点	佐证	达标	未达标
1	大局意识	经营管理中能以总部全局的利益为重		
2	结构化思维	明确单店与总部、总部各部门之间的结构化关系		
3	团队合作精神	分析总部部门划分与职责，能体现团队合作的整体性		

教师评价表

序号	技能点	佐证	达标	未达标
1	认识总部系统	能认识特许经营总部及各组成部分		
		能厘清特许经营总部的组成要素及其相互间的关联		
2	识别总部的组织结构类型	能辨识总部的组织结构类型		
3	明确总部的部门职能定位	能明确知道总部中各部门的职能		

序号	素质点	佐证	达标	未达标
1	大局意识	经营管理中能以总部全局的利益为重		
2	结构化思维	明确单店与总部、总部各部门之间的结构化关系		
3	团队合作精神	分析总部部门划分与职责，能体现团队合作的整体性		

任务 2　特许经营总部的战略运作

学习目标

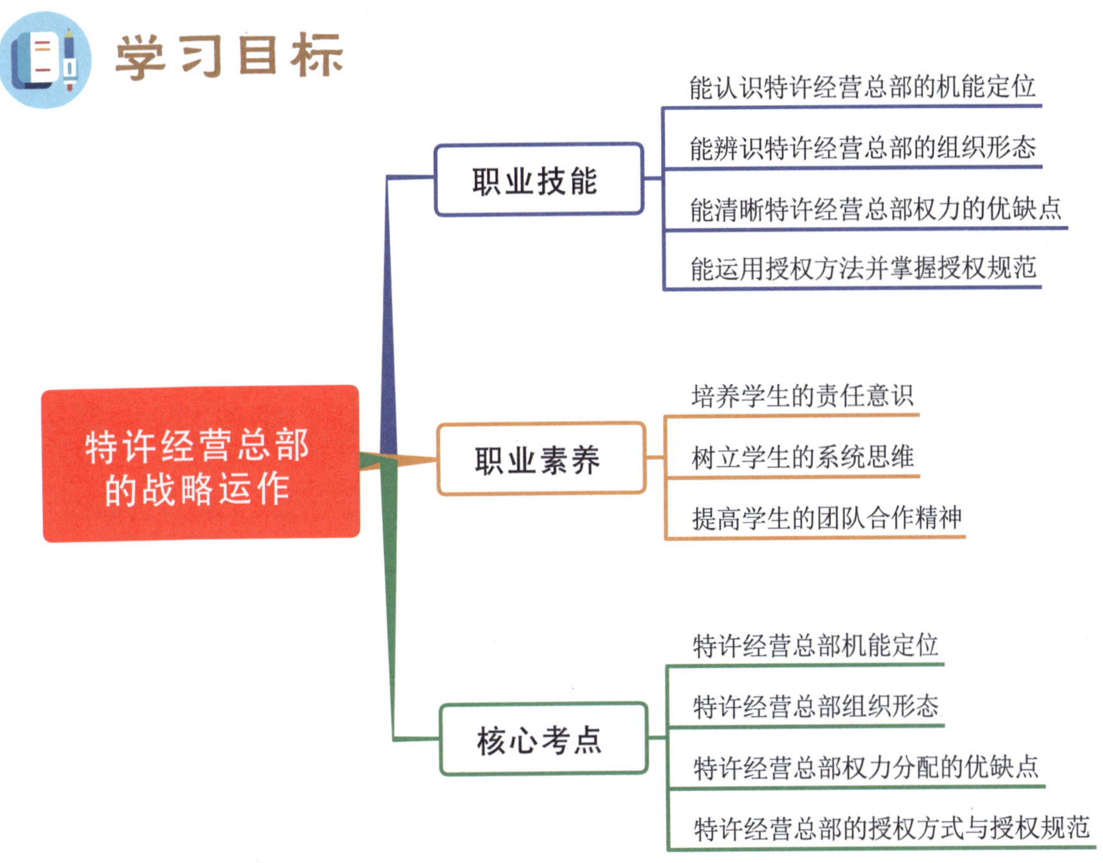

任务导入

了解蜀留香的组织结构之后，请广泛搜寻关于该企业总部的资讯，尝试分析组织当前所处的发展阶段，拟定其战略发展方向及运作方式。

任务解析

战略所包含的内容非常广泛，若想更深入地了解一家企业的战略运作模式，需要广泛收集组织发展的动态信息，并在此基础上进行分析。其逻辑思路为明确机能定位、判定发展阶段、分析权力分配、思考授权战略，如图 5-2-1 所示。

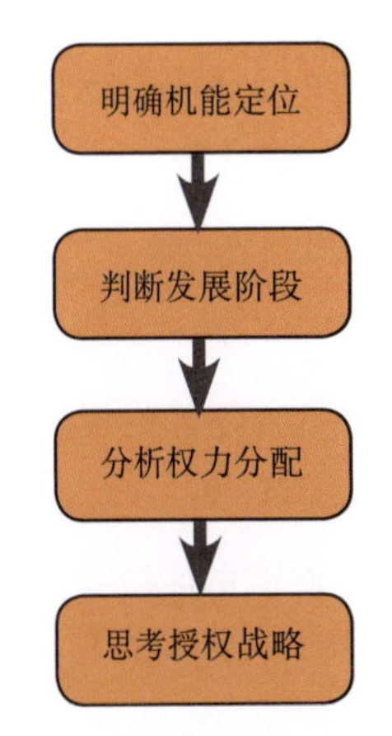

图 5-2-1　分析战略运作的流程

知识准备

一、特许经营总部的机能定位与组织形态

（一）特许经营总部的机能定位

特许经营总部的机能越完整，则连锁性越强。因此，特许经营在进入扩张之前，必须先进行总部的机能定位，经梳理，特许经营总部有以下七项机能。

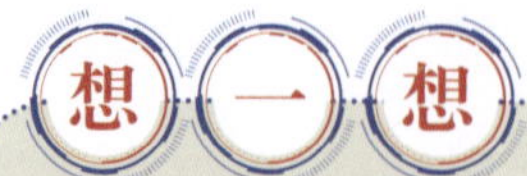

请结合所搜集到的资讯，分析蜀留香总部的机能定位。

1. 展店的机能

特许经营贩卖的其实就是连锁运作体制，特许经营总部的首要任务就是如何实现特许这套连锁运作体制的推广，与此同时又能使总部及门店双方皆有获利，只有如此，才能奠定特许经营体系蓬勃发展的基石。因此，特许经营总部必须设计出真正符合自身发展的开店策略，包括全面展店计划、市场潜力分析与计算、商圈调查与评估、开店流程制订与执行、开店投资与效益评估、卖场配置规划，等等。总而言之，要设法达到高而精准的开店成功率，这体现了特许经营总部的展店机能。

2. 研发的机能

研发机能对特许经营而言，是非常关键的机能之一。特许经营企业经历了初创关卡后，需要不断研究发展出适合顾客的商品及服务。研发机能的发挥，除了要针对差异化的商品（或服务）进行研究外，还要考虑如何在顾客可以接受的合理价格之内，使特许经营运作更加效率化，并不断升级。此外，对于特许经营运作机制的研发也是十分有必要的。

3. 营销的机能

营销机能是一种较广义的说法，涵盖了商品采购及引进门店的促销与活动、整体形象的塑造与建立、广告媒体的运用等。因此，特许经营总部营销的任务在于如何通过使用各种工具、手法以及落地种种可行且具体的事项来提高特许经营体系的营业额。

4. 教育训练的机能

在特许权转移的过程中，教育训练扮演了总部人员和门店传承的中介。特许经营成败的关键，在于如何将特许经营运作的精华转接传承给门店，也就是如何将特许运作成功的经验，系统地让

门店接受并迅速地运用。特许经营总部的教育训练不仅让毫无经验的“门外汉”，得以在最短的时间内进入特许运作领域，也可以帮助运作熟练的执行者，提高经营管理的能力，而且教育训练还可以在战略上指引管理者，为其描绘未来特许发展的蓝图。

5. 指导的机能

门店开始运作后，许多问题将会接踵而至，此时，总部的指导机能必不可少。总部派指导人员辅导门店的运作，一是可以作为总部与门店之间的桥梁，避免出现断层；二是指导人员还可以快速地提供最好的经营技术，使门店运作更有绩效。

6. 财务的机能

财务的机能包含了正确的账务及会计系统、税务处理、防弊与稽核、善用并调度资金，等等。通常情况下，财务扮演着较为被动而守势的角色，特许经营若能充分发挥财务在资金运作上的主动权，不仅可以避免发生营运危机，甚至还会因其灵活调度而增加非营业方面的收入。

7. 信息搜集的机能

信息搜集主要集中在经营相关资讯的整合、国际发展脉络与趋势、新观念新技术及内部营运资讯的整合等方面。因为繁杂的运作问题及行政作业，已经使得从业人员焦头烂额，信息搜集机能常会被特许经营总部遗忘或疏忽，如果再缺乏较宏观长远的视野，信息搜集机能往往会被视为无意义且浪费成本的工作。但是，从长远来看，善用信息搜索机能方能建立更科学、宏观、长远的经营观，特别是在经营环境变化的时候。

（二）特许经营总部的组织形态

特许经营的组织形态会随着阶段性任务的不同而有所调整。特许经营总部在进行扩张时，大致可以分为以下四个阶段。

1. 第一阶段：直线型组织

此阶段，特许经营总部的内部尚且不需要过于细化分工，当前最重要的任务在于能直接掌握且解决门店正常运作所产生的问题，如采购问题、订货与进货问题等。如果在这个阶段过于注重权责利划分的问题，必将拖延特许门店的效率，也会使门店运作更加混乱。

因此，在门店初创阶段，总部最重要的工作应该聚焦于制定适合企业发展的各项基本运作制度，以便使企业能快速进入特许经营的正轨。因而，特许经营者们往往本身就已集采购、训练、开店、设计等职能于一体，再下设数名区辅导员，直接指挥管理特许经营门店。

2. 第二阶段：机能组织

随着特许经营门店数量的逐渐增多，特许经营者们将无法独立全揽所有的大小事物，势必要增设部门、招揽人员，使得特许经营总部能够承担起组织发展的各项机能，第二阶段就开始步入机能组织建设，专业机能逐渐清晰并补齐，组织战略在这个阶段才正式开始成形。

3. 第三阶段：机能组织＋幕僚企划组织

当门店数量扩张到一定程度后，除了加强特许经营门店管理之外，还需要将组织引导向更加标准化、制度化和效率化的运作轨道。这时，幕僚企划机能也将随之凸显，与此同时，各项机能也逐渐转由特许经营企业来运作。

特许经营企业经营到第三阶段时，组织形态的发展将会面临两个趋势：一是，企业经营不能只停滞在管理层面，此刻，在真正能够带动企业向前推进的拉力中，需要导入未来发展经营的概念，这在特许经营中显得尤为重要；二是，随着门店不断扩张，为了保障特许经营企业的可持续发展，需引进更好、更新、更合适的新观念与新技术，这是幕僚企划需要担负的未来发展计划。此阶段的组织形态势必需要赋予企业更多的责任。在企业政策运作的同时，也需逐渐导入制度管理，扩充原有的个人机能，由组织的机能取代个人的机能，落实以制度管理众多门店的特许经营模式。因此，第三阶段是处于机能组织加上幕僚企划的组织形态。

4. 第四阶段：事业部制

当特许门店数量进一步增加（如有 1000 家左右的便利店时），总部很难对特许经营中的运作全盘操控，此时可引入事业部制，即每一个事业部皆拥有完整的运作组织机能。这样，一方面，可避免因组织过于庞大而产生僵化弊病，使各事业部都能更灵活自主地运作所属事业；另一方面，特许经营总部仍能有效掌握各事业部所产生的效益，以此持续发展更庞大的特许经营企业王国。因此，在第四阶段，特许经营企业适宜采用事业部制。

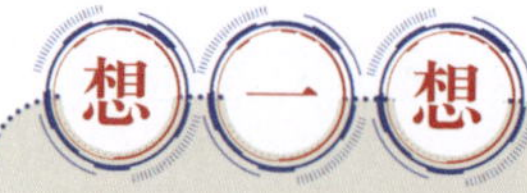

根据蜀留香的发展，分析它所处的发展阶段，并进一步明确其组织形态。

二、特许经营的集权与分权

特许经营运作包含事项众多，因此，需要把握好权力的分配。按照权力的集中程度，有完全集权管理与完全分权管理这两种较为极端的模式。

（一）完全集权管理模式

1. 总部集权管理的优点

（1）总部主控力较强。

企业运作的主要决定权统一由特许经营总部主控决定，总部指挥力强。

（2）整体统一规划执行，降低促销成本。

特许经营企业所有的营销造势与促销运作，如广告宣传、促销活动、会员活动等事项均由特许经营总部统一规划、推进实施，将会产生整体的广告宣传效益，门店则分摊较低的成本。

（3）降低商品采购成本。

特许经营企业的集中采购商品，统一由总部议价、采购，大量采购将会吸引较多的供应商，因此，总部谈判力较强，与供应商的议价空间增大，使得商品的进货成本降低。

（4）资源整合可衍生营业外收益。

特许经营总部统筹运作，有利于门店发展和数量扩张，使特许经营体系的品牌力、管理力和销售推展力提高，进而吸引供应厂商或与本企业客户层相同的厂商在此进行新品上市测试、广告、传单的发放等，由此可增加本特许经营门店的广告收入或其他营业外收入。

（5）作业系统与服务品质较为一致。

特许经营总部输出标准化的服务与运作系统，并要求单店落实执行，高度统一化的管理将促使各单店的服务流程一致，作业系统一致，达成整体一致的服务品质。

（6）总部征聘容易，人事募集与薪资费用较低。

因特许经营企业的经营是标准化和系统化的，这将大大简化业务作业与系统流程，所以单店运作流程也将更加明确。企业新进人员只要经过职前训练与短时间在职训练合格后，即可上手。对于难度较高的作业事项与发展战略规划，皆由特许经营总部全部担任，因此，即使任用较无经验者，依然可以维系门店的正常运作与整体管理。

2. 总部集权管理的缺点

（1）经营管理事项繁多。

当各单店不论正常或特别事项都需要汇报时，这些运作管理事项繁多，若均需特许经营总部各分层管理单位做出决策，有可能会延迟时效，影响进程。

（2）决策时效较长，运作较缺乏弹性。

由特许经营总部统一决策时，往往由于事项繁多，且由较多层级的人员分层负责，若未能进行提前规划与整体掌控，并及时充分汇报或者及时理出应变之道，若此刻遇到强大对手，可能会使特许经营整个体系处于挨打的局面，单店也会受到牵连。

（3）总部规划管理人力成本较高。

特许经营企业的整体运作与分项作业，均经由总部规划后，交由单店实施，因此，总部需要配置较多的企划与执行人力，承担较高的人力成本。

（4）单店人员企划能力较弱。

由于所有运作规划事项均由总部统筹，特许经营单店只负责执行即可，导致单店人员的规划能力较弱。

（5）不易兼顾有差异的单店。

由总部整体规划，会以大部分的特许经营门店为考量的出发点，不易兼顾少数商圈特性不同或消费形态有所差异的门店，因此，不利于个性化门店的发展。

（6）易形成组织僵化。

因特许经营总部经营事项繁多，核定时间较长，因此，单店汇报事项容易层层节制而阻碍难行，这使得组织易僵化。

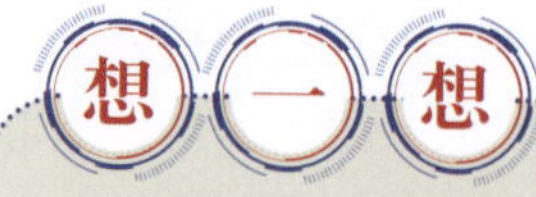

请分析蜀留香总部集权的程度及其优缺点。

（二）完全分权管理模式

1. 总部分权管理的优点

（1）总部管理事项较少，授权权限较大。

有关事项大多由门店自行规划和处理，自主空间较大，特许经营总部管理事项较少。

（2）总部人力成本较低。

因管理事项较少，组织相对简化，因此，人力配置也少，薪资成本较低。

（3）单店主管能力较强。

有关单店运作事项，如促销、人员招募、营运管理等，皆由各店主管或区主管来规划运作，要求各店主管必须具备单店营运规划与执行能力，因此，单店主管能力会增强。

（4）各单店自主运作弹性高、应变力强。

由于各店自行运作商品开发组合、商品管理、促销活动管理等，因此，与集权管理者相比，各店运作弹性与应变力较强。

2. 总部分权管理的缺点

（1）总部主控力较弱。

由各店自行掌握经营运作，特许经营总部的主控力相对减弱。

（2）整体统一规划力较弱。

特许经营门店自行规划运作，由于其站位和视角较低，可能对特许经营体系的整体发展不利。

（3）服务运作不易一致，易造成客户混淆。

各店根据管理者的经验或商圈特性不同，采用不同的店务运作系统，如有的门店有入店招呼，有的则没有，商品或服务的不一致，往往造成客户在同一个特许经营系统中，感受不到标准化、统一化的商品或服务而产生抱怨。

（4）统合性差，易形成各自为政。

特许经营门店自行规划执行，导致整体一致性不易掌握，易形成各自为政，不受总部掌握的局面。

（5）单店主管培养时间较长，单店人力与培训成本较高。

由于门店管理者负责事项繁杂，需要强而有力的门店主管与较多的单店人力配置，因此，出错概率较高，需要培训的时间较长，故而会产生较高的人力费用。

（6）商品采购成本及进货价格较高。

各店自行采购进货，故进货量未经整合，议价空间缩小，易造成进货价格较高的情况。

（7）促销费用高，整体造势减弱。

特许经营单店自行规划促销，效果可能难以掌控，而且整体造势力不集中，使得促销费用占的营业额比例较高。

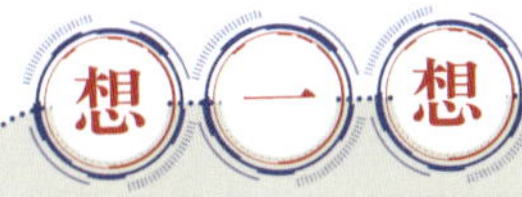

请分析蜀留香总部分权的程度及其优缺点。

三、特许经营总部授权的原则与规范

（一）特许经营总部的授权考量与运作原则

特许经营总部在进行授权时，应充分考量：第一，考虑成本效益性，总部授权给单店时，必须衡量二者运作之间，能够达成成本最低而效益最高的可能方式；第二，考虑时效性，若授权给单店，能否减少处理时间与管理成本；第三，考虑政策性，当特许经营企业未实现规模化经营或运作系统未成熟时，政策性授权给单店，是否能够满足低成本和高效益的需求；第四，考虑接受力，授权单店时必须考虑其反弹因素及可能产生的结果；第五，考虑执行力，若未进行授权，单店运作执行必然打折扣，这时可能造成风险和损失；第六，考虑成本率，授权单店后，需要探索达成运作成本最低、效益最高这一管理目标的实施路径；第七，考虑整体一致性，虽授权给单店，且考虑到低成本高效益的需求，但仍需确定此举不会影响企业定位与服务品质；第八，考虑未来性，未来可能转授权给单店，需准备先期导入运作。

在此基础上，特许经营总部可依据如下运作原则进行授权。

（1）因商圈不同而服务差异扩大时，授权度也必须越大。

（2）商品供应区域成本差异较低时，授权度越大。

（3）店数或经营规模愈大时，授权度越强。

（4）在企业内已建立系统化运作者，授权度宜越高。

（5）集中处理比分散处理还要费时且费用较高时，宜增加授权。

（6）对企业体系不致产生不良影响的决策事项者，可以加以授权。

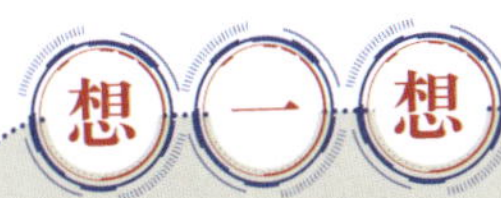

查阅相关资料，思考从集权到分权的状态转变，除了授权以外，还有其他方式吗？

（二）特许经营总部的授权规范

特许经营总部的授权可以从企业定位、人员管理、商品管理、财务管理、服务管理、展店布点运作、广告公关运作、营销活动运作、资讯运作管理以及内部行政管理等不同方面进行功能面、成本面与整体效益面的授权规范。

1. 企业定位

（1）功能面。

企业定位关乎企业经营理念与整体形象的打造，不易授权。

（2）成本面与整体效益面。

特许经营总部更适合对成本和整体效益进行可能性评估。

2. 人员管理

（1）功能面。

对于人员招聘、任用、考核、轮调等可适当授权，而对于人员培训、晋升等，应由总部订立明确一致的运作办法，使人力资源达到充分调度与一致管理，并建立整体向心力。

（2）成本面与整体效益面。

分模块授权不仅有利于人员管理，还能使训练培育成本降低，提高经营效益。

3. 商品管理

（1）功能面。

关于新商品开发与定价决定权等，可由总部统筹，而销售商品项数、续订、库存量、陈列量等，则可由单店自行决定，较能确保特许经营的整体性与运作弹性。

（2）成本面与整体效益面。

分模块进行商品管理，可使进货成本降低，但又能满足各店商圈与特性的差异性需求。

4. 财务管理

（1）功能面。

有关备用金、找零金管理与费用控制管理等，由总部统筹执行，其余各项钱财管理事项由总部传授其运作方法后，由单店自行运作管理。

（2）成本面与整体效益面。

从资金调度与运用效益而言，所有单店若能将每日营业收入汇回总部，由总部统筹运用调度，产生的资金运用效益最高。

5. 服务管理

（1）功能面。

特许经营门店对客户的服务事项，可由总部统一建立标准作业手册，单店落实执行，以确立一致的企业形象与客户服务，切不可各行其道。

（2）成本面与整体效益面。

由总部统一建立标准，各店运作实施，可使企业建立一致的服务品质，并能使企业的整体性受到客户认同，获得良好的口碑与回应，使特许经营体系整体获益。

6. 展店布点运作

（1）功能面。

特许经营企业展店布点以及装潢规划，应由总部统筹调查、统一标准、施工发包以及运作评核，以维持一致的门店形象与品质。

（2）成本面与整体效益面。

展店布点由总部整体规划，而店面取得方式则由单店管理者自行寻点，然后再经总部评核较好，较易实现店与店之间的商圈共鸣效应，使特许经营系统的相关单店业绩与知名度获得整体提高。

7. 广告公关运作

（1）功能面。

企业整体的广告公关规划，应由总部统筹运作，而单店公关则由单店店主配合执行，较能达到整体性公关效果。

（2）成本面与整体效益面。

广告宣传由总部统一规划执行，各单店平均成本较低，且整体效益最高。

8. 营销活动运作

（1）功能面。

特许经营门店的促销活动由总部统一规划执行，也应鼓励单店申请特别的单店促销的机会，在保持整体性的同时张弛有度。

（2）成本面与整体效益面。

若单店全权自行规划营销活动则可能因人力重复耗费，以致成本较高，无法发挥整体效益。

9. 资讯运作管理

（1）功能面。

特许经营系统的资讯管理由总部统一设计，特别是商品编号与代码仍应保持一致。

（2）成本面与整体效益面。

若各单店自行设计则可能会使系统规划与测试成本重复叠加，在时间与成本上均有所耗费。

10. 内部行政管理

（1）功能面。

行政系统应以总部运作的表单与流程为准，以免单店各自为政，使得特许经营系统混乱。

（2）成本面与整体效益面。

特许经营总部的授权程度应考虑企业经营规模与运作效益而定，若进行集权管理，需注意保留各店的决策弹性；若进行分权管理，则也必须兼顾整体的一致性，达成事业共同体。

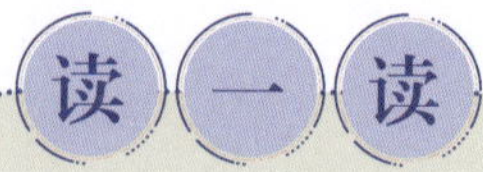

授权的必要性

管理的最终目标在于提高经营绩效，许多管理思想的发展，均是针对效率的提高而来。近一百多年的管理研究与实践，可归纳出管理的两大原则：专门化与人性化。现今管理绩效的追求必须同时兼顾此两种原则。企业除了应奉行专门化的原则外，还要设法注入人性化的技巧，才可使经营效率达到令人满意状态。管理者在做决策、运用资源及协调工作上，最重要的是要有授权与目标管理的观念。有授权的观念才可达到专门化与人性化两大原则的协调统一。

任务实施

实训任务：思维导图设计

根据教材知识总结分析，画出战略运作分析的思维导图。

请按照“明确机能定位→判定发展阶段→分析权力分配→思考授权战略”的思路进行梳理。

任务实施评价

学生自评表

序号	技能点	佐证	达标	未达标
1	认识总部机能	能认识特许经营总部多元化的机能定位		
2	辨识总部组织形态	能辨识总部所处的发展阶段及对应的组织结构类型		
3	清晰权力分配产生的影响	能知道权力分配的必要性及其产生的影响		
4	规范运用授权方式	能运用授权方式并掌握授权规范		

序号	素质点	佐证	达标	未达标
1	责任意识	明晰权力分配下每一个权力主体的责任担当		
2	系统思维	明确上下级之间的权力分配关系及其必要性		
3	团队合作精神	分析机能定位与权力分配，能体现团队合作的整体性		

教师评价表

序号	技能点	佐证	达标	未达标
1	认识总部机能	能认识特许经营总部多元化的机能定位		
2	辨识总部组织形态	能辨识总部所处的发展阶段及对应的组织结构类型		
3	清晰权力分配产生的影响	能知道权力分配的必要性及其产生的影响		
4	规范运用授权方式	能运用授权方式并掌握授权规范		

序号	素质点	佐证	达标	未达标
1	责任意识	明晰权力分配下每一个权力主体的责任担当		
2	系统思维	明确上下级之间的权力分配关系及其必要性		
3	团队合作精神	分析机能定位与权力分配，能体现团队合作的整体性		

任务 3 特许经营总部经营模式设计

学习目标

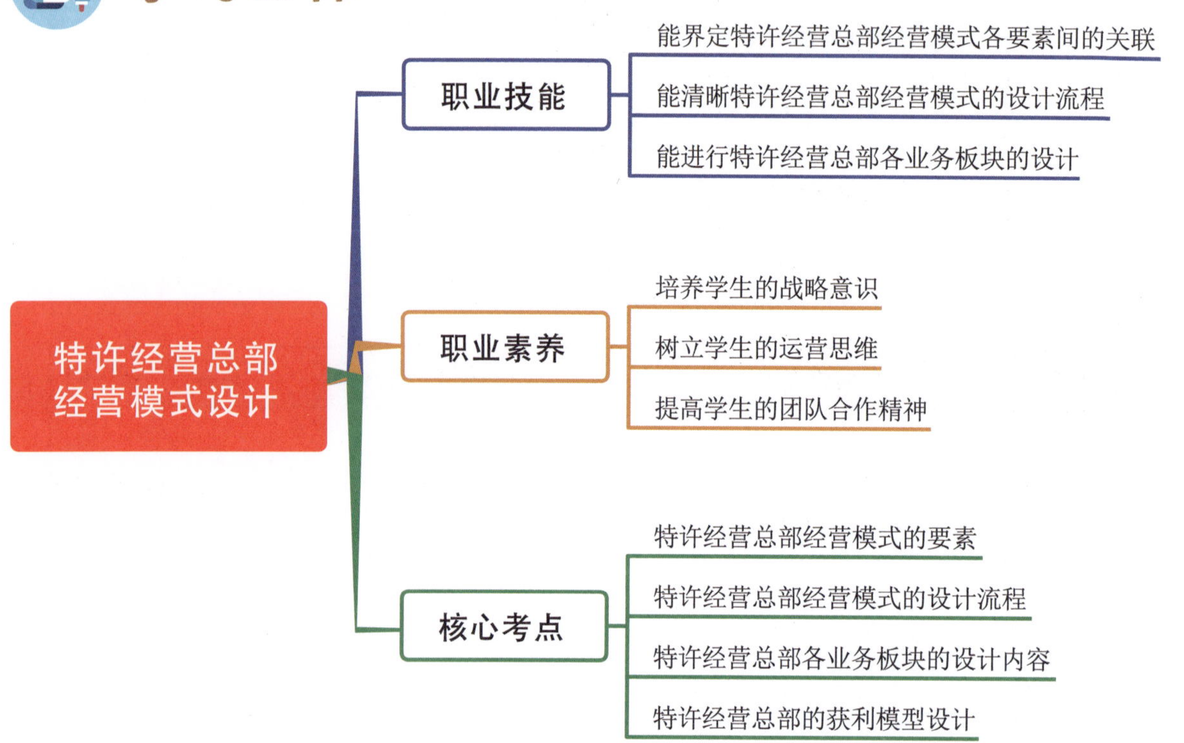

任务导入

尝试设计蜀留香总部的获利模型，根据其业务范围分析不同板块的业务组合设计；根据所掌握的资讯分析当前的获利点，并尝试对其获利模型进行再设计。

任务解析

获利模型的设计是通过业务碎片化以及重新组合进行的，开创新的获利点是企业创新发展的必然要求。这个过程是有思路可循的，具体流程如图 5-3-1 所示。

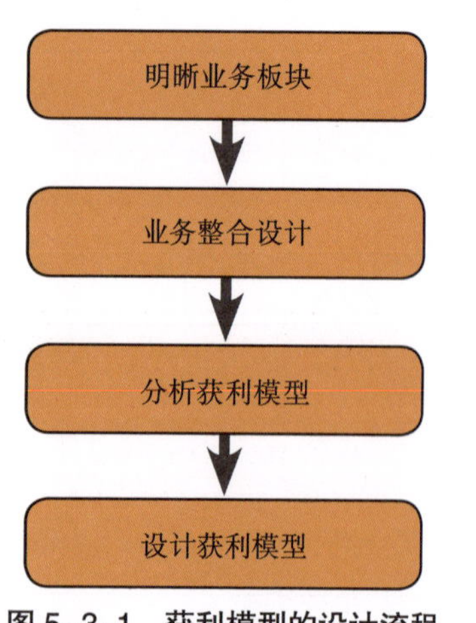

图 5-3-1 获利模型的设计流程

知识准备

一、特许经营总部经营模式设计概述

（一）特许经营总部经营模式的界定

总部客户定位、总部业务组合、总部获利模型以及特许人对整个特许经营体系的战略控制四个要素组合在一起就构成了特许经营总部的经营模式。

从系统的角度来看，总部服务于受许人和单店。总部对受许人有明确的选择条件，单店系统本身就有标准化的设计，这些就是总部的客户定位。与此同时，特许经营总部作为一个经营机构，必然有其业务组合和获利模型；特许人委托总部来建立、发展、运营、管理整个特许经营体系，当然也要对整个体系有战略控制的手段。

（二）特许经营总部经营模式各要素间的关联

特许经营总部经营模式中的四个要素之间具有很强的逻辑关联性（图5-3-2）。总部的客户定位，取决于这些受许人和单店能否带来利润；总部的获利模型在一定程度上取决于总部的业务组合；特许人的战略控制往往取决于客户定位以及业务组合；业务组合则一定要满足目标客户的需求，并能够产生利润，便于特许人对整个体系进行战略控制。

因此，特许经营总部的经营模式可以看作总部系统中的一个子系统，并且和单店经营模式是同构的。

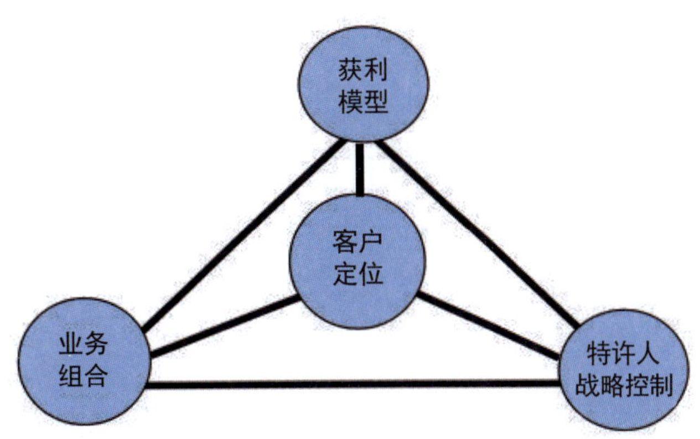

图5-3-2　特许经营总部经营模式各要素间的关联

（三）特许经营总部经营模式的设计流程

总部经营模式的设计就是根据构成总部经营模式的四个要素以及它们之间的关系进行的。按照业务的进展流程，总部客户定位设计是前提，而后进行总部业务组合设计，接着进行总部获利模型设计，最后进行特许人战略控制设计。

总部经营模式的设计流程如图 5-3-3 所示。

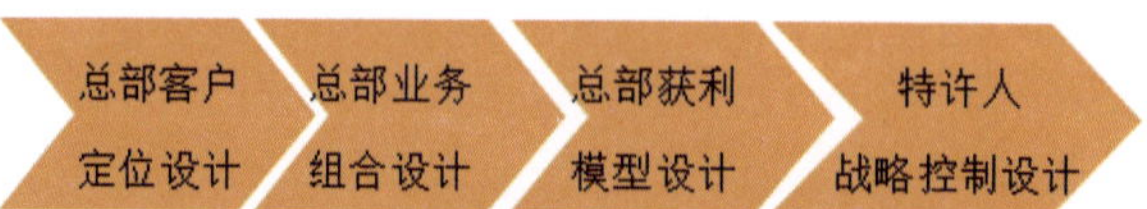

图 5-3-3 特许经营总部经营模式设计步骤

（四）受许人的定位

受许人的定位就是确定与本特许经营体系匹配度最高的受许人的条件。

可以将受许人的定位建立在该假设的基础上：具有不同的投资动机、文化认同度、商业诚信度、心理素质、身体素质、家庭关系、社会关系、管理能力、资金实力、教育背景和行业经验的申请人与本特许经营体系具有不同的匹配度（表 5-3-1）。

表 5-3-1 目标受许人模型

选择参数	投资动机	文化认同度	商业诚信度	心理素质	身体素质	家庭关系	社会关系	管理能力	资金实力	教育背景	行业经验
等级标准	维持生存 1	很低 1	很低 1	很差 1	很差 1	不稳定 1	极少 1	很弱 1	无开店资金且无融资渠道 1	小学 1	无经验 1
	资金安全或打发时间 2	低 2	低 2	差 2	差 2	稳定 2	少 2	弱 2	可以自筹开店资金 2	初中 2	有间接经验 2
	财富增值 3	中 3	中 3	一般 3	一般 3	和睦 3	一般 3	中 3	有足够的开店资金 3	高中 3	有经验 3
	发展自己的事业 4	高 4	高 4	好 4	健康 4	支持 4	多但实力一般 4	强 4	有充足的开店资金和融资渠道 4	大学 4	有丰富经验 4
		很高 5	很高 5	很好 5	健壮 5	全力支持 5	丰富且有实力 5	很强 5		研究生及以上 5	
选择决策	2	3	4	3	5	3	3	4	3	3	2

对于受许人的定位，则可以通过制作目标受许人模型（雷达图）来实现（图 5-3-4）。具体方法如下：

第一步，根据一定的假设，分别对投资动机、文化认同度、商业诚信度、心理素质、身体素质、家庭关系、社会关系、管理能力、资金实力、教育背景、行业经验等各项，设定出若干个等级，并对每一个等级给定一个分值。

第二步，确定目标受许人每一项的分值。

第三步，根据以上分值制作雷达图，即目标受许人模型。

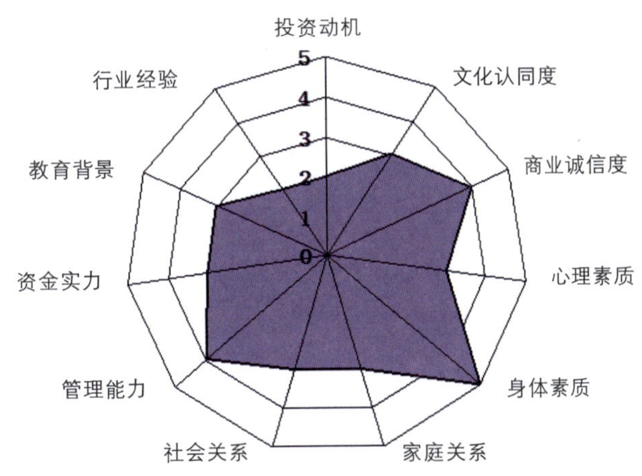

图 5-3-4　目标受许人模型（雷达图）

二、特许经营总部业务组合设计

从特许经营总部的基本功能来看，总部的业务组合分为三大板块，一是市场拓展，包括特许权授权以及对单店的开店支持；二是对现有单店的运营管理，包括市场支持系统、物流配送系统、培训督导系统、管理信息系统和技术支持系统等；三是对企业外部资源的整合，包括横向整合和后向整合（图 5-3-5）。

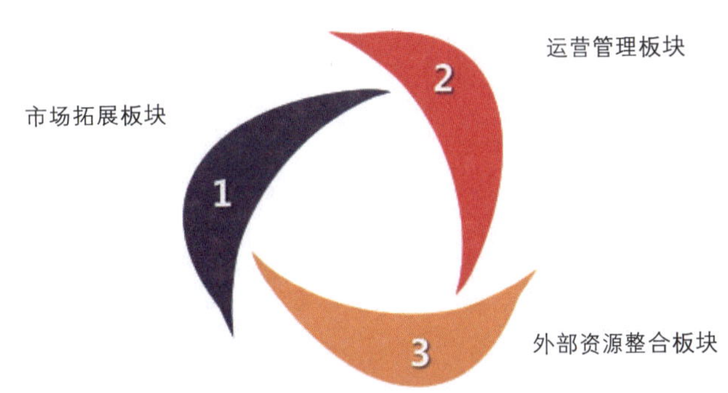

图 5-3-5　特许经营总部业务组合的板块

因此，特许经营总部业务组合的设计就是设计满足总部客户需求的三大业务板块并制定总部对每个业务板块付出成本的补偿模式。

（一）市场拓展业务板块的设计

特许经营总部市场拓展业务板块的设计包括以下三个方面的内容。

（1）设计招募的基本方式。

常见的方式有以下五种：网上招商、招商会、广告招商、直销式招商、招商热线。在特许经营实践中，招募方式通常是混合在一起使用的。

（2）设计并撰写招募工作所需的基础文件。

开展业务工作需要用到的招募工作基础文件有加盟商指南、特许经营合同、特许经营操作手册、特许人信息披露文件、特许人备案文件等。

（3）设计开业支持的所有工作内容。

对于单店开业的所有板块提供支持，包括店铺选址支持、店铺租赁支持、店铺装修支持、开业前人员培训支持、设备和货品支持，甚至是对开业典礼的支持等。

（二）运营管理业务板块的设计

总部运营管理业务板块的设计包括以下五个方面的内容。

1. 管理信息系统的设计

建立总部、单店和供应商三者共享信息平台，把单店客户、产品和服务销售、供应商提供的商品或者物料等信息汇集到总部，总部以此做出相应的经营决策，即为管理信息系统的设计。因此，做好信息系统服务是总部应该履行的基本职责，信息系统软件的开发也是特许人必须要做的投资，该系统的建设对特许经营体系来说至关重要。

2. 物流配送系统的设计

建立总部、单店和供应商三者共享的物流平台，在总部统一调度下把单店所需的商品或者物料从供应商发送到单店。

物流配送系统的建设对那些商品分销型特许经营体系以及快餐特许体系来说至关重要。提供完善的物流配送系统是总部应该履行的基本职责，因此，物流配送系统的建设也是总部必须做的投资。

3. 培训督导业务的设计

总部将特许人的经营理念以及知识、技术、标准、规范与单店和合作者进行分享，提供完善的培训督导服务，这是特许人应该履行的基本义务。因此，培训督导系统的建设是总部必须做的投资。相对成熟的特许体系通常会自建培训中心甚至大学，并且设有完善的分区域的培训督导组织。

4. 市场支持业务的设计

市场支持业务就是总部对单店的运营在品牌推广、新产品研发以及商品或服务促销方面的整体策划、组织和执行。为单店提供市场支持是特许人必须履行的基本义务，因此，市场支持系统对任何特许经营体系来说都是基础性的建设。

5. 技术支持业务的设计

总部对单店的运营在管理技术、生产操作技术、服务技术等方面提供现场岗位人员的支持，该项业务并非所有的特许经营体系都存在。在很多特许经营体系中，技术支持可以通过培训督导业务来实现。

培训督导、市场支持以及技术支持这三项业务的运作往往是紧密结合在一起的，合称为营运支持系统。它是总部为单店提供的一种免费服务，总部在这些业务上所付出的成本，以向单店收取特许经营权使用费的方式得到补偿。

（三）外部资源整合业务板块的设计

总部外部资源整合业务板块的设计包括以下两个方面内容。

1. 对供应链上游资源的后向整合业务

对供应链上游资源的后向整合业务可以通过直接采购、OEM 和产品销售代理等三种模式进行。

2. 对相关产业资源的横向整合业务

对相关产业资源的横向整合业务可以通过直接采购、OEM 和产业战略联盟三种模式实现。

企业外部资源整合业务是总部除了特许经营权使用费之外的主要利润来源，因此，也补偿了总部对运作这个业务板块所付出的成本。

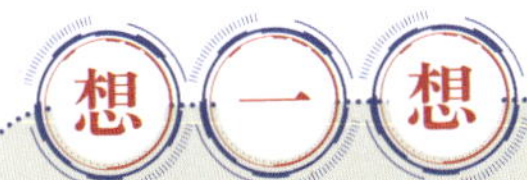

根据“新零售”下的特许经营发展，思考特许经营总部需要开拓的业务板块。

（四）总部业务组合的系统集成

依据简单化、标准化和专业化（Simplification、Standardization、Specialization，3S）的设计原则，剔除重复的工作，强化总部业务三大板块之间的互动与整合关系。总部业务组合的系统集成如图 5-3-6 所示。

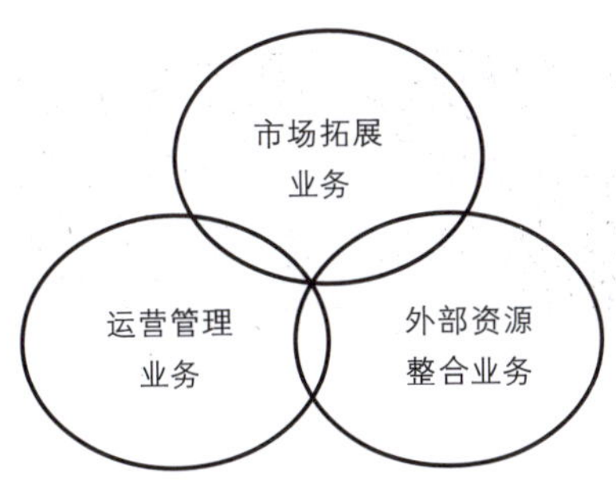

图 5-3-6　总部业务组合的系统集成

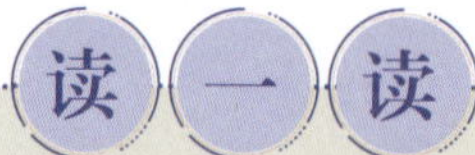

“新零售”下的特许经营

随着大数据与智能革命对商业的巨大推动，特许经营作为最具增长潜力的连锁经营形式，是否能够探索出顺应新的消费需求的业务板块或组合，顺势而上，至关重要。请结合所学知识，思考当前蜀留香总部的业务组合设计还有哪些可能性。

三、特许经营总部获利模型与战略控制设计

（一）特许经营总部获利模型设计

特许经营总部在为其所选择的客户创造价值时获取回报的方式就是特许经营总部的获利模型，通俗地说，即总部各种赢利方式的组合以及总体赢利的水平。

与单店相比较，总部的赢利方式会更多，某些特许经营体系总部利润的主要来源甚至已经与其主营业务毫无关联，典型的例子就是麦当劳总部利润主要来自房地产。

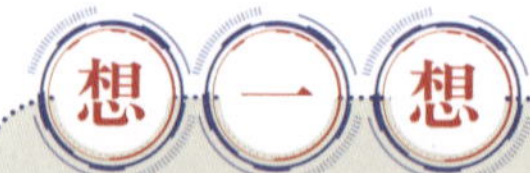

请思考蜀留香总部的获利方式有哪些。

总部获利模型归纳起来有以下几种，分别为统一配送货品或物料的利润、设备租赁利润、培训利润、店铺租赁利润、财务利润、产品销售代理利润、加盟费、特许经营权使用费、直营店上缴利润等（图 5-3-7）。

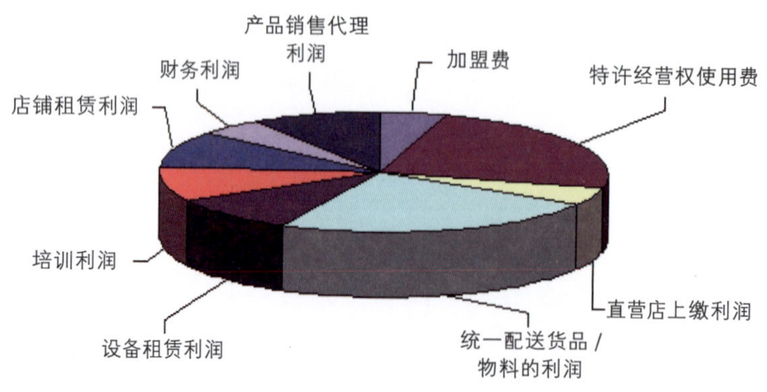

图 5-3-7　特许经营总部获利模型

（二）特许人对整个体系的战略控制设计

运作一个覆盖大范围的特许经营体系，是对企业和特许人实力的考验。特许人需要对整个体系进行战略控制，即特许人直接控制整个体系发展的战略性资源。

不同行业的战略性资源以及特许人采用的战略控制手段可能不同，如服装行业的战略性资源是面料，采用的控制手段是控股面料供应商或与面料供应商形成战略联盟；餐饮行业的战略性资源是食材，采用的控制手段是控股食材生产基地或与食材供应商形成战略联盟。具体到每一家企业，其战略控制之道也是不同的，如肯德基从品质、服务、创新、人性等方面进行战略控制；联想则采用“四个一致”和“六个统一”的“1+1”诠释特许经营。

特许人对整个体系的控制手段不仅仅是对体系关键性战略资源的控制，也包括对受许人关系、品牌、组织文化等的控制。

任务实施

实训任务：思维导图设计

根据教材知识总结分析，画出总部获利模式设计的思维导图。

请按照“明晰业务板块→业务整合设计→获利模型分析→获利模型设计”的思路进行梳理。

任务实施评价

学生自评表

序号	技能点	佐证	达标	未达标
1	界定经营模式	能界定特许经营总部的经营模式及要素间的关联		
2	清晰经营模式设计流程	能清晰特许经营总部经营模式的设计流程		
3	设计业务板块	能进行特许经营总部各业务板块的设计		

序号	素质点	佐证	达标	未达标
1	战略意识	明确特许经营总部的经营需要并进行战略设计		
2	运营思维	明确特许经营总部通过设计业务板块进行战略经营的思路		
3	团队合作精神	分析业务设计与获利模型，能体现团队合作的整体性		

教师评价表

序号	技能点	佐证	达标	未达标
1	界定经营模式	能界定特许经营总部的经营模式及要素间的关联		
2	清晰经营模式设计流程	能清晰特许经营总部经营模式的设计流程		
3	设计业务板块	能进行特许经营总部各业务板块的设计		

序号	素质点	佐证	达标	未达标
1	战略意识	明确特许经营总部的经营需要并进行战略设计		
2	运营思维	明确特许经营总部通过设计业务板块进行战略经营的思路		
3	团队合作精神	分析业务设计与获利模型，能体现团队合作的整体性		

任务 4　特许经营总部运营管理

学习目标

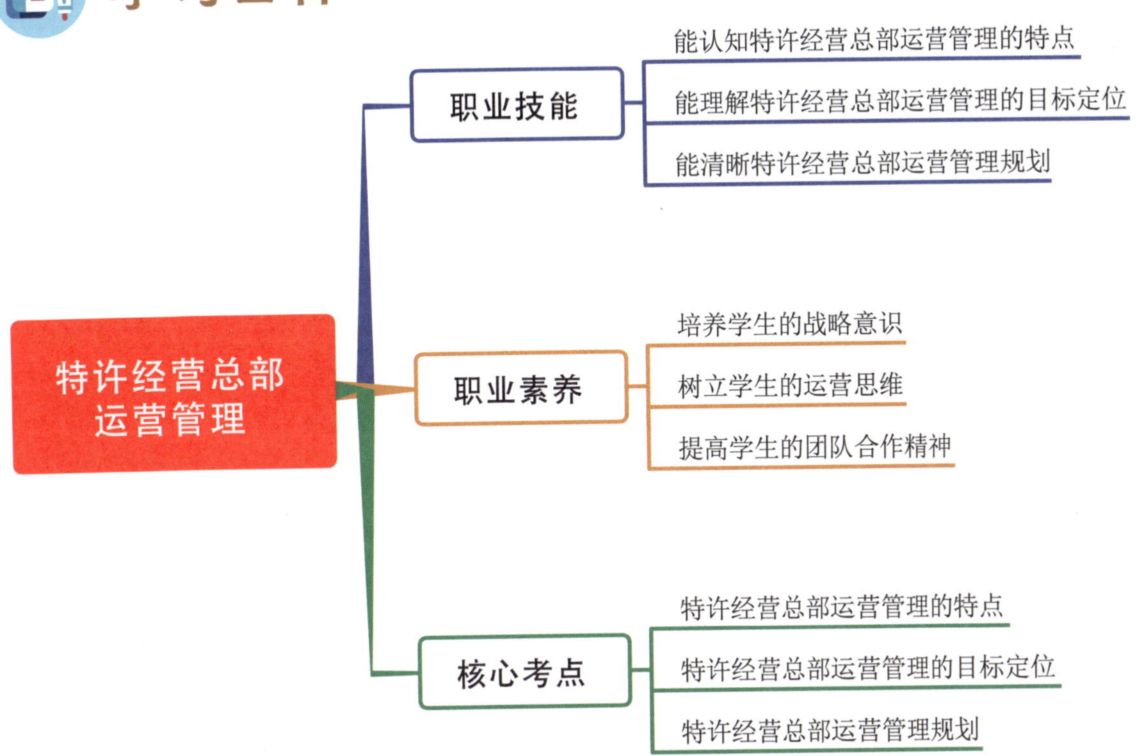

任务导入

请以小组为单位，以流程图的形式规划和设计出蜀留香某业务模块的运营管理模式，就本业务模块的特点和受益群体的期望，思考如何改进运营模式才能实现该业务模块的目标。

任务解析

完成该项目可以运用运营管理的“投入—转化—产出”原理。首先，分析投入的软资源和硬资源；其次，监督资源整合利用的转化过程；最后，按照目标，调控产品 / 服务以保证产出效益。项目运营管理的规划与设计流程如图 5-4-1 所示。

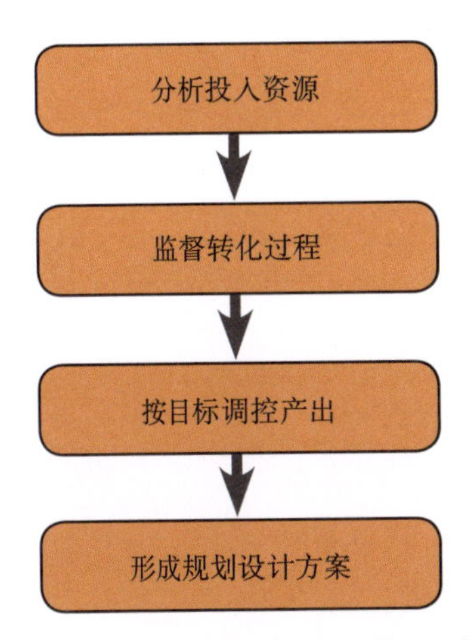

图 5-4-1　项目运营管理的规划与设计流程

知识准备

一、特许经营总部运营管理概述

（一）特许经营总部运营管理的含义

特许经营模式下，总部决策者对整个运营系统，包括设计、生产、运输、销售和系统维护等各个环节，进行有效规划、利用和控制的过程称之为特许经营总部运营管理。

因此，特许经营总部运营管理的本质是在特许经营的模式下，经营主体参照预期目标，结合实际情况，对整个生产及经营系统进行有效规划、利用和控制，以满足目标市场和顾客需求，追求整体效益最大化的经营策划与管理活动。特许经营总部运营管理的价值体现在对特许经营总部运营管理系统的设计、运营和改进上。

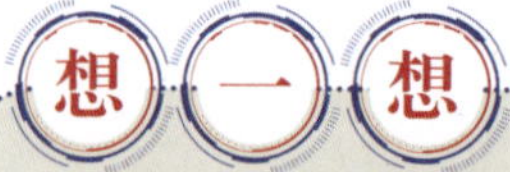

思考特许经营总部的运营管理与其他连锁经营的异同点。

（二）特许经营总部运营管理的特点

遵循运营管理的原理，运营主体通过软资源和硬资源的投入，按计划监督，设法将输入的各种资源进行规划、整合和利用；按目标调控，确保输出满意的产品或服务，并获取理想的经济效益和社会效益。因此，特许经营总部运营管理的特点体现在以下几点：

（1）有明确的市场目标和服务对象；

（2）必须先期输入有形或无形资源；

（3）需要对输入的资源进行转换和控制；

（4）按计划输出有形或无形的“产品”；

（5）对“输入→转换→输出”的价值传导，即为客户提供产品或服务的全过程，进行监督与控制，以期最大限度地实现客户价值，最终实现整个特许经营体系预期的经济效益和社会效益；

（6）行使运营管理权力的人，应具有较高的综合素质。

（三）特许经营总部运营管理的目标定位

特许经营总部运营管理的目标是通过对特许经营从投入到产出的整个运营系统进行有效的规划、利用和控制，以期实现体系经济效益和社会效益的最大化。特别强调总部效益、终端效益乃至中间企业效益的最大化；实现总部效益最大化的前提是终端效益及中间企业效益的最大化。

特许经营总部的运营管理目标定位是集系统、规划、利用和控制于一体的首脑机构，它的每一项决策都将直接影响特许经营系统的每一处“神经末梢”（图5-4-2）。

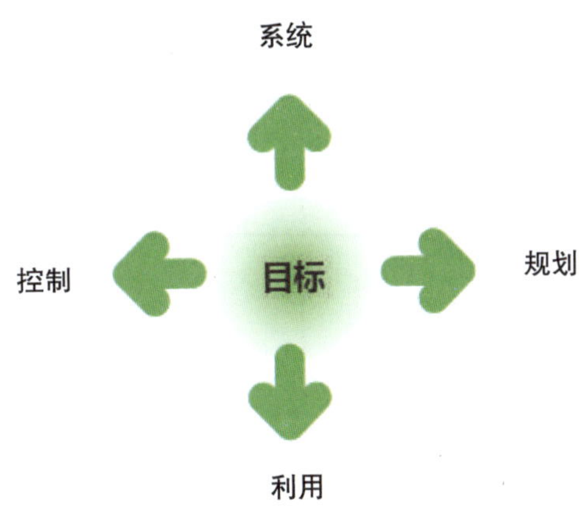

图5-4-2 特许经营总部运营管理的目标定位

（1）系统定位：总部位于整个特许运营管理系统的中心，俯瞰整体、纵观全局。

（2）规划定位：在特许经营模式下，总部在一定的时间和范围内，通过整体规划实现战略目标的过程。

（3）利用定位：在特许经营模式下，通过对自有或是外在的各种资源进行筛选、整合和利用，以期形成目标市场所需的产品或服务项目。

（4）控制定位：在特许经营模式下，对利用自有或是外在的各种资源形成目标市场所需的产品或服务的过程进行适时监督和调控，以驱使整个特许经营系统朝着规划的方向和目标发展。

因此，“系统、规划、利用和控制”对特许经营总部运营管理至关重要。

二、特许经营总部运营管理规划

特许经营总部运营管理需要进行系统的规划，按照确立运营系统的经营理念、创造运营系统的竞争优势、设计运营系统的商业模式以及制定运营系统的发展战略逐步推进。

（一）确立运营系统的经营理念

特许运营系统的经营理念就是特许经营总部的核心思想，它是运营管理者追求组织绩效的根据，是全体人员价值观与行为准则的标杆。事实证明，任何一个组织都需要一套能够支撑其长远发展的经营理念。一套定位明确的、一贯的、精确的经营理念，能够驱使组织发挥极大的效能。

特许经营总部运营体系的经营理念包括三部分内容（图5-4-3）。

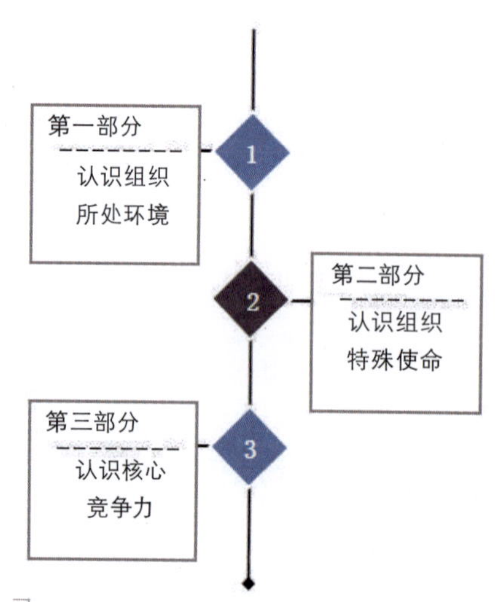

图 5-4-3　特许经营总部运营体系的经营理念

第一部分，是对特许经营企业环境的基本认识，包括对社会及其结构的分析、市场、顾客及科技情况的预见。

第二部分，是对特许经营企业特殊使命的基本认识及认可程度，可理解为企业如何在新的经济与社会环境中脱颖而出，创造出相对的竞争优势。

第三部分，是对完成本组织使命的核心竞争力的基本认识，以及对核心技术的掌握程度和信心。

特许经营总部运营系统经营理念的形成不可能一蹴而就，必须经过环境的熏陶和日积月累的实践、思考与总结才逐渐定型。因此，特许经营总部运营系统的经营理念一定融入了对自身条件和周围环境的反思。

综上所述，特许经营总部运营系统的经营理念一定是千差万别的，但其基本要求是统一的：

（1）特许经营总部要清晰且正确地认识大环境、企业使命与核心竞争力，绝不能过高或过低评估实际情况。脱离实际的经营理念是没有生命力的。

（2）要让特许经营系统的全体员工理解经营理念。经营理念创建初期，特许经营总部的员工们会比较关注。等到事业发展了，员工们就会把经营理念视为理所当然，而逐渐淡化。虽然，经营理念的本质就是训练，但要切记经营理念不可取代训练。

（3）经营理念必须时刻在实践中接受检验、修改和完善。经营理念虽然不能轻易变动，但也不能永不改变。因为内外部环境总是处于发展变化的过程中，企业经营理念一定要随之做出相应的调整。

特许经营总部运营系统的经营理念是企业长期经营与发展的主旨思想，在迭代更新的过程中，作为特许经营总部运营系统新的经营理念，其内容确立也是有思路可循的（图 5-4-4）：

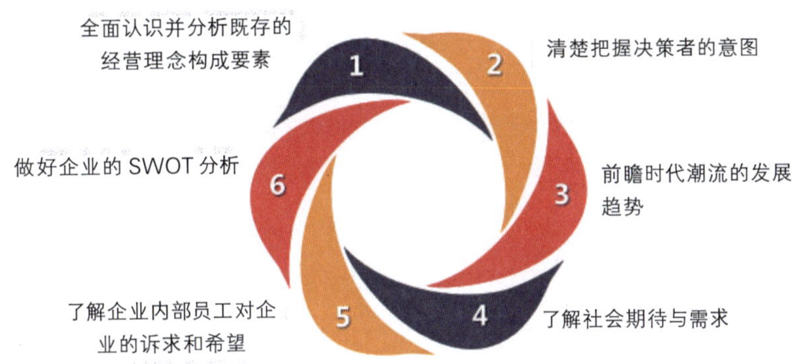

图 5-4-4　运营系统经营理念的内容与确立步骤

第一步，全面认识并分析既存的经营理念构成要素，如企业使命、经营方针、行为准则、企业文化、视觉系统等的内容。

第二步，清楚把握特许经营系统顶层决策者的意图，即厘清企业的发展定位与方向。

第三步，分析上述两个步骤的内容是否符合时代潮流的发展趋势，并分别加以讨论，决定取舍。

第四步，了解社会、顾客、传播界、厂商等外部利益相关者对于企业的认识、评估和期待。

第五步，了解企业内部单位和员工对企业的诉求和希望。

第六步，彻底分析本企业的长处、短处、机会和威胁，填补短板、发挥优势。

以上是确立特许经营总部运营系统经营理念的内容与确立步骤。至于推行的进程和具体方法等，则需要视实际情形斟酌进行。

（二）创造运营系统的竞争优势

在特许经营总部运营管理规划中，创造竞争优势是主要内容，它关系到整个特许经营系统能否成功启动并可持续发展。对于特许经营总部运营系统的竞争优势，可以从以下两个角度来界定。

1. 从企业层次的角度进行界定

从企业层次的角度来看，当特许经营总部能够实施某种有价值的创造战略，并且当前任何现有的或潜在的竞争对手，都不能实施同样的战略时，则称该特许经营企业具有竞争优势。

2. 从产业层次的角度进行界定

从产业层次的角度来看，竞争优势就是总部具有获得超出产业平均利润水平的能力，也叫“超额收益”优势。当前理论界主要是从这个视角来界定竞争优势的。例如，贝赞可、德雷诺夫和尚利（1996）认为“当公司的表现超出了该行业平均水平，我们就说它获得了竞争优势”；波特（1985）也提出“竞争优势归根结底来源于企业为客户创造的超过其成本的价值”，这种解读就是建立在产业组织理论的基础之上的。

综上所述，特许经营总部运营系统的竞争优势可以概括为总部在特定的市场、特定的阶段、特定的地域，在为消费者提供有价值的产品或服务的过程中所具有的超越主要竞争对手、获得超过行业平均利润的能力。或者说，特许经营企业实施一种同类企业无法复制或难以模仿的、独特的、富有创造性价值战略所形成的优势。

特许经营企业要在激烈的市场竞争中形成比较优势，至少需要三个前提条件（图 5-4-5）和六个必不可少的辅助条件。

前提条件一：独特的特许经营权，即要设法形成经实践证明是行之有效的、独立的知识产权，诸如，专利、商标、企业标志、专有技术、经营诀窍等经营资源的权益。这是特许经营企业进行特许权有偿转让的基础。

前提条件二：物美价廉，即在保证品质、美观、实用的情况下，千方百计降低单位成本，形成价格优势，让最偏远的终端也能享受到总部所提供的物美廉价的产品或服务。

前提条件三：产品或服务所指向的目标市场具有一定规模。特许经营企业的服务范围会随着企业的发展而逐渐扩大，跨区域甚至跨国界。因此，选择的产品或服务应当具有一定的市场容量。

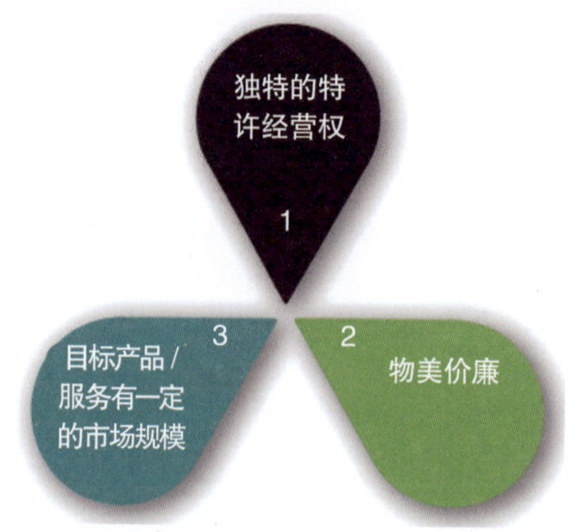

图 5-4-5　特许经营企业获取竞争优势的前提条件

特许经营企业形成竞争优势还应具备的辅助条件如下。

（1）产品或服务开发与提升系统。

（2）快捷有效的物流及维护系统。

（3）披露充分的信息服务系统。

（4）落实到位的合同管理系统。

（5）能够胜任现在和未来发展的各种人力资源。

（6）可以充分抵御经营风险的应急能力等。

上述的前提条件和辅助条件就是竞争优势形成的先决条件，也是特许经营体系建立与运营可行性分析中最有价值的核心要素。因此，前提条件不成立，整个特许经营体系的建立以及总部的运营管理就无从谈起。

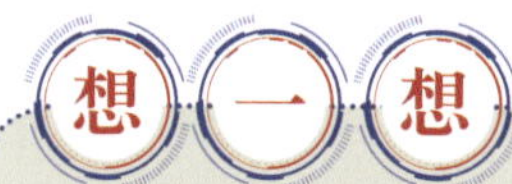

想一想

运营系统的竞争优势重要吗？请思考它的作用。

（三）设计运营系统的商业模式

特许经营是扩张速度快且成效显著的一种商业模式。因此，当企业决定采用特许经营的模式运营和发展时，一个高效率的运营模式就显得十分重要。特许经营总部运营系统的商业模式就是针对企业制定的战略目标，使整个特许经营系统的内外部因素得以充分协调、紧密合作，达到高效运转，取得理想业绩的方法。

在总部实际的运营管理工作中，一定要考量特许经营总部运营系统商业模式设计的特征，使得整个运营模式达到有机整合、完整高效、拥有独特的核心竞争力，并持续赢利。在此基础上，设计总部运营系统的商业模式，步骤如下。

第一步，采用适当的机制和方法，有机整合系统内外部相关因素，从组织架构和形式上促使这些因素相互协调、紧密合作。

第二步，设法使企业的产品或服务在一定的时空范围内具有比较优势，以形成自己的核心竞争力。

第三步，不断提升和更新企业的产品或服务，保持比较优势以提高扩张经营和持续赢利的能力。

第四步，建立总部系统运营的实时评估和调控机制，并从“人—财—物”和“责—权—利”两条路径保障该机制的正常运行，从而实现战略目标。

综上所述，建立特许经营总部系统运营模式只是一种手段，最终的目的是通过这个模式的建立与正常运行，确保企业战略目标的实现，甚至超越。

（四）制定运营系统的发展战略

特许经营企业运营系统的发展战略关乎未来战略目标的实现，而制定的相关谋略，应该遵循如下原则：

（1）运营系统的规模、资源配置及推进进程，必须与特许经营企业制定的发展战略同步；

（2）以最小的规模和最少的资源配置，按照预设进程实现企业发展的战略目标；

（3）为保证企业发展战略目标的如期实现，应设法保障运营系统中的人才链、资金链、管理链不断裂；同时，须制定应急措施予以辅助保障。

任务实施

实训任务：思维导图设计

根据教材知识总结分析，画出项目运营管理流程规划与设计的思维导图。

请按照“投入资源分析→转化过程监督→按目标调控产出→形成规划设计方案”的思路进行梳理。

任务实施评价

学生自评表

序号	技能点	佐证	达标	未达标
1	认识运营管理特点	能认识特许经营总部运营管理的特点		
2	明确目标定位	能明确特许经营总部运营管理的目标定位		
3	清晰运营管理规划	能清晰特许经营总部运营管理规划		

序号	素质点	佐证	达标	未达标
1	战略意识	围绕运营管理的理念与目标，创造运营管理的竞争优势		
2	运营思维	针对总部运营管理的特点，树立系统规划与分步实施的运营管理理念		
3	团队合作精神	分析总部运营管理，能体现团队合作的整体性		

教师评价表

序号	技能点	佐证	达标	未达标
1	认识运营管理特点	能认识特许经营总部运营管理的特点		
2	明确目标定位	能明确特许经营总部运营管理的目标定位		
3	清晰运营管理规划	能清晰特许经营总部运营管理规划		

序号	素质点	佐证	达标	未达标
1	战略意识	围绕运营管理的理念与目标，创造运营管理的竞争优势		
2	运营思维	针对总部运营管理的特点，树立系统规划与分步实施的运营管理理念		
3	团队合作精神	分析总部运营管理，能体现团队合作的整体性		

任务5　特许经营总部督导管理

学习目标

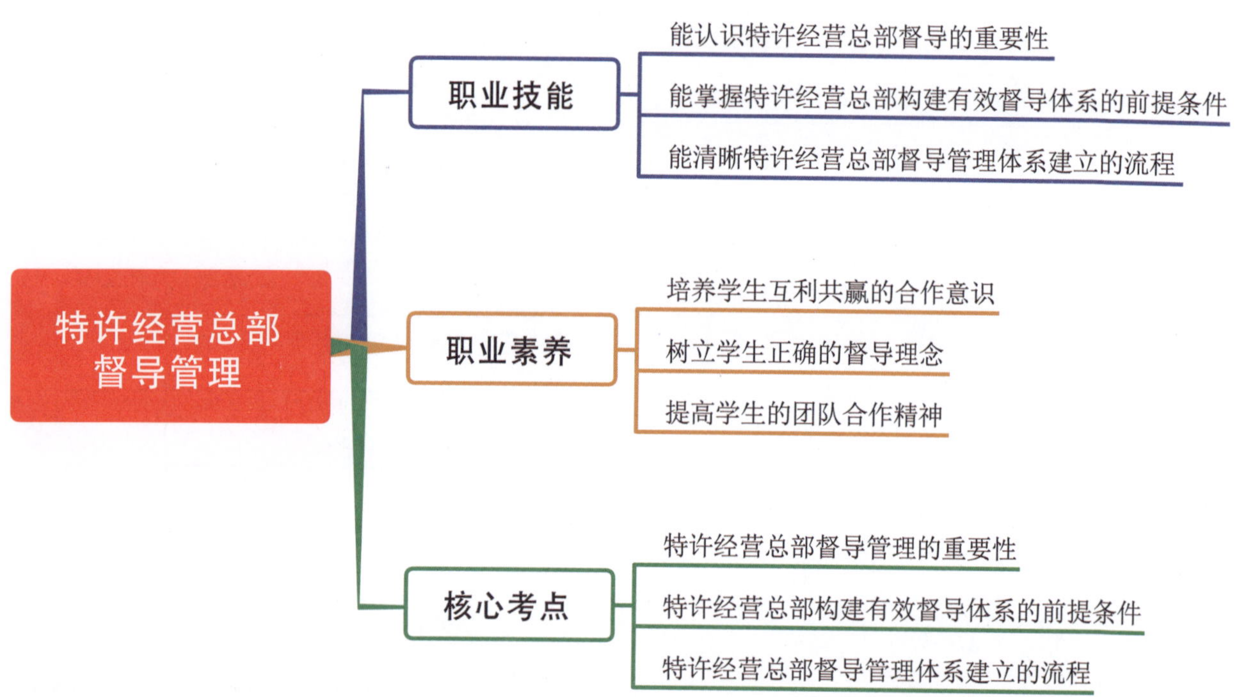

任务导入

请按照“输入—过程—输出”的过程模型，针对蜀留香的日常督导管理业务，以流程图的形式制定督导管理流程框架。

任务解析

运用“输入—过程—输出”模型，首先，分析输入的材料、指导书、信息指令规范等资源；其次，设计一组或一系列监控过程；最后，输出产品、服务、信息或数据等资源以保障督导的有效性。督导流程框架如图 5-5-1 所示。

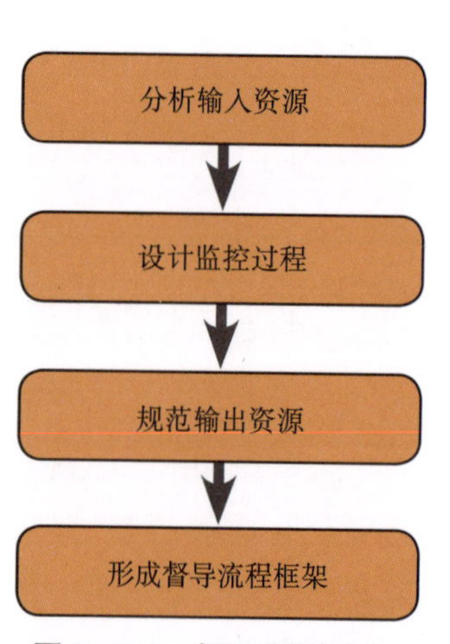

图 5-5-1　督导流程框架

知识准备

一、特许经营总部督导管理概述

（一）特许经营总部督导的定义和重要性

督导的含义有两层：一是监督，二是指导。广义上的特许经营总部督导，是指在运营特许经营体系中，特许人对受许人的各种监督，以及提供的各种指导。

特许人除了通过体系和合同的限定，还能够通过督导管理来维系稳定的合作关系。督导是连接总部与加盟店的桥梁，发挥着沟通、监督与指导等多重管理职能，是特许经营门店标准化的执行者（图 5-5-2）。

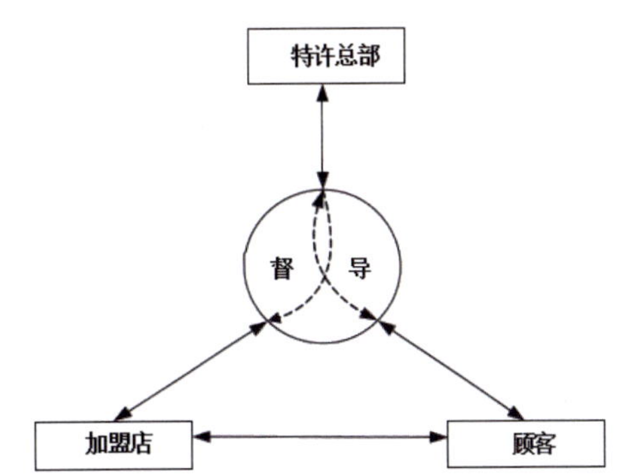

图 5-5-2　督导在特许经营体系中的桥梁作用

特许经营总部实施督导管理的重要性体现在以下六个方面。

（1）加强特许经营总部与门店之间的沟通，督查政策贯彻以及计划执行情况，保障门店的正常运营。

（2）通过督导管理，能够有效地传播企业文化、精神和理念、营销思路及管理要素等。

（3）督导管理能保障标准化的有力执行，维护品牌形象的统一，监控加盟店的财务管理，实现成本控制。

（4）进行门店绩效考评，引导门店规范化、科学化管理，改善运营质量。

（5）帮助门店解决具体且实际的问题，与此同时，收集、整理、分析市场信息，为企业制定政策提供依据。

（6）督查各加盟管理人员具体工作的落实情况。

（二）特许经营总部督导的方法

特许经营总部督导可以通过安排日常工作内容进行，如制订督导员的工作计划；协调门店完成工作计划；通过目标管理对目标进行细化；时间管理；培训与发展人员；实施绩效考核；等等。也可以采用现场指导、神秘顾客、体系内受许人监督、分析工具、顾客调查等方法予以实施。

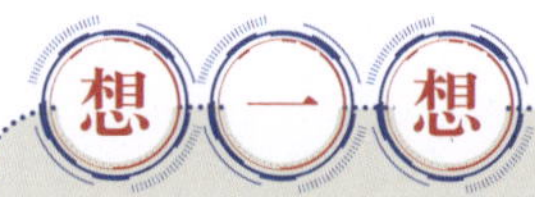

在信息化时代，特许经营总部督导还有哪些方法?

（三）构建有效督导体系的前提条件

1. 树立正确的督导理念

督导既是服务人员，又是实施监督者，是总部与门店之间的桥梁，发挥着承上启下、传递与协调的职能。

2. 建设良好的督导系统构架

按照构建督导组织架构及队伍、制定完备的督导体系与标准、设计高效的督导方法体系的思路架构督导系统，从而实现输入与输出的转化过程。

3. 制定完备的督导体系与标准

制定完备的督导体系与标准主要是指明确督导目标和依据，完善总部管理制度，确定门店经营管理及产品、服务实现的规范及标准，编制督导工作标准手册（包括工作职责、管理、工作流程、报表等）。

4. 设计高效的督导方法体系

针对各种督导方法，做到计划性、重点性、独立客观性和有效性，方能实现高效的督导。

5. 签订必要的法务文件

聘请法律顾问或设置相关部门处理法律事宜，所有合同、法律文件等均严格按照法律要求签署和执行。

二、特许经营总部市场督导体系的建立

在一个完善的特许经营体系中，对受许人的有效管理是整个体系中至关重要的环节，也是科学地对整个特许经营体系实施有效控制与支持的基础。

（一）督导组织机构的设立

督导组织一般归市场部门管理，通过在市场部下设督导主管，由督导主管来管理不同区域的督导人员。区域督导员则是特许经营体系聘任的专职人员。

（二）特许经营总部的培训督导流程

为了使受许人迅速并全面地掌握和运用特许人的成功经营管理技能，特许经营总部有针对性地开展一系列培训督导工作，这是一个循环反复的动态过程，也是持续发展的前进过程。

（三）督导人员

1. 督导人员的作用

督导人员是现场指导人员，是连接总部与门店的桥梁，其基本任务是贯彻特许经营总部的政策和规范制度，指导和监督各加盟店的业务运作。

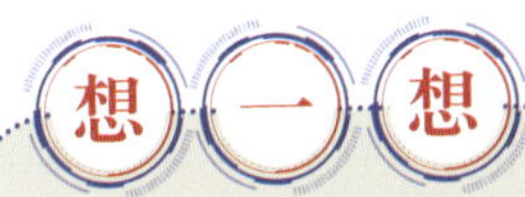

你或者你的朋友是否有意向成为一名督导？为此要提前做哪些准备？

2. 督导人员的资格条件

督导人员的资格条件包括以下内容。

（1）有基层工作经验。督导人员大多从基层做起，充分了解门店的运作环节。

（2）有丰富的专业知识。督导人员还需要具备丰富的专业知识和良好的沟通能力。

（3）有强烈的责任感。督导人员工作效果的好坏不仅取决于工作能力，还与其工作责任心紧密相关。

3. 督导人员的具体任务

（1）服务指导：对门店开业初期的选址和店面装修，门店运营过程中对店员的指导和店面标准化管理，以及运营绩效的考评等进行全过程跟踪服务及指导。

（2）传达信息：将门店或市场的情报及时且准确地传回特许经营总部，同时将特许经营总部的情报正确地传达到门店。

（3）业务查核：根据特许经营总部所制定的标准运作规范，查核门店的运作以及合同履约情况。

（4）促进销售：督导人员应及时发现销售过程中存在的问题，并根据外部环境的变化，辅导这些门店采取有效措施，正确应对。

（5）经营分析：督导人员要根据门店的各阶段报告，对资料进行汇总分析，并计算出营业指标及异常点，以便及时采取应对措施。

（6）售后服务：督导人员要根据企业发展规划不断给门店提供优质的后续服务。

任务实施

实训一：完成总部督导记录表

运用所学知识完善蜀留香总部督导记录表。

项目类别	督导内容	评估	标准来源	改进措施	改进时间	执行人	适用岗位	督导方法
团队项								
卫生项								
商品陈列项								
广告宣传项								
服务项								

实训二：思维导图设计

根据教材知识总结分析，画出督导流程设计的思维导图。

请按照“输入资源分析→监控过程设计→输出资源规范→形成督导流程框架”的思路进行梳理。

任务实施评价

学生自评表

序号	技能点	佐证	达标	未达标
1	认识督导管理	能认识特许经营总部督导管理的重要性		
2	掌握督导体系的前提条件	能掌握特许经营总部构建有效督导体系的前提条件		
3	明晰督导体系建立的流程	能明晰特许经营总部督导体系建立的流程		

序号	素质点	佐证	达标	未达标
1	合作意识	培养互利共赢的合作意识		
2	督导理念	树立正确的督导理念		
3	团队合作精神	提高团队合作精神		

教师评价表

序号	技能点	佐证	达标	未达标
1	认识督导管理	能认识特许经营总部督导管理的内容及其重要性		
2	掌握督导体系的前提条件	能掌握特许经营总部构建有效督导体系的前提条件		
3	明晰督导体系建立的流程	能明晰特许经营总部督导体系建立的流程		

序号	素质点	佐证	达标	未达标
1	合作意识	培养互利共赢的合作意识		
2	督导理念	树立正确的督导理念		
3	团队合作精神	提高团队合作精神		

项目 6　特许经营单店的综合运营与管理

项目导学

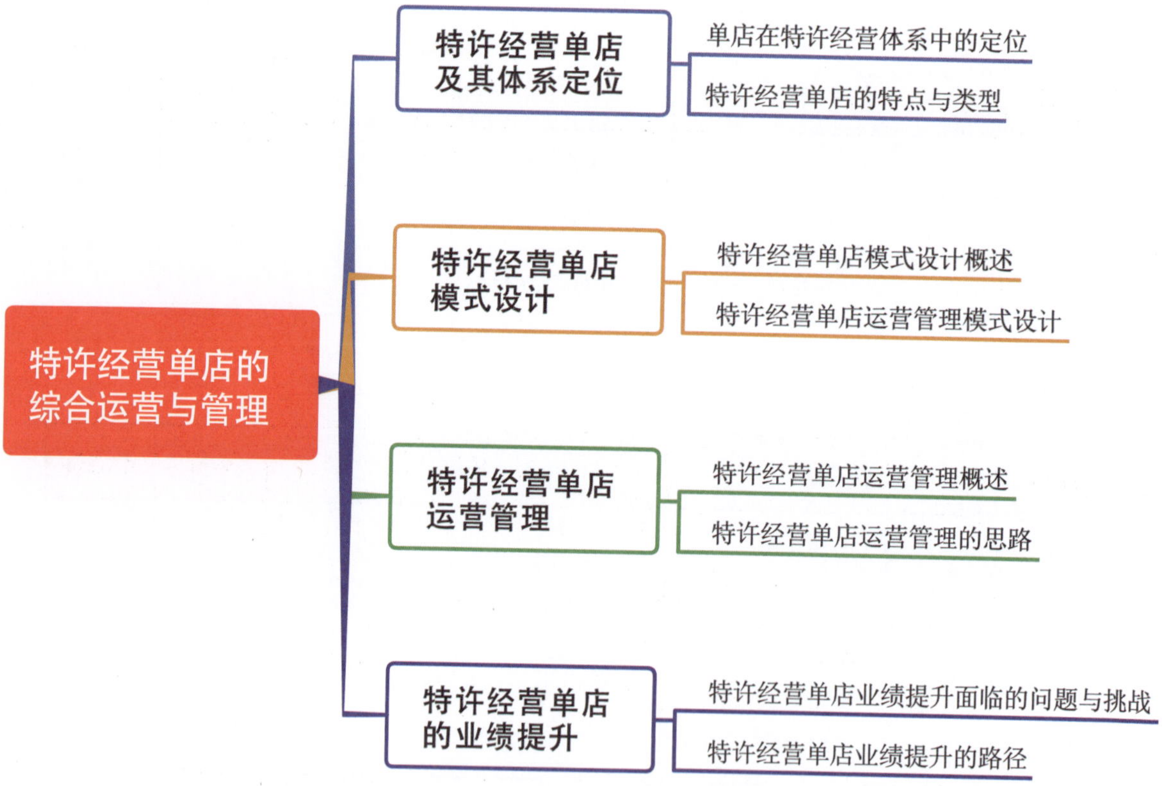

- 特许经营单店的综合运营与管理
  - 特许经营单店及其体系定位
    - 单店在特许经营体系中的定位
    - 特许经营单店的特点与类型
  - 特许经营单店模式设计
    - 特许经营单店模式设计概述
    - 特许经营单店运营管理模式设计
  - 特许经营单店运营管理
    - 特许经营单店运营管理概述
    - 特许经营单店运营管理的思路
  - 特许经营单店的业绩提升
    - 特许经营单店业绩提升面临的问题与挑战
    - 特许经营单店业绩提升的路径

任务 1　特许经营单店及其体系定位

学习目标

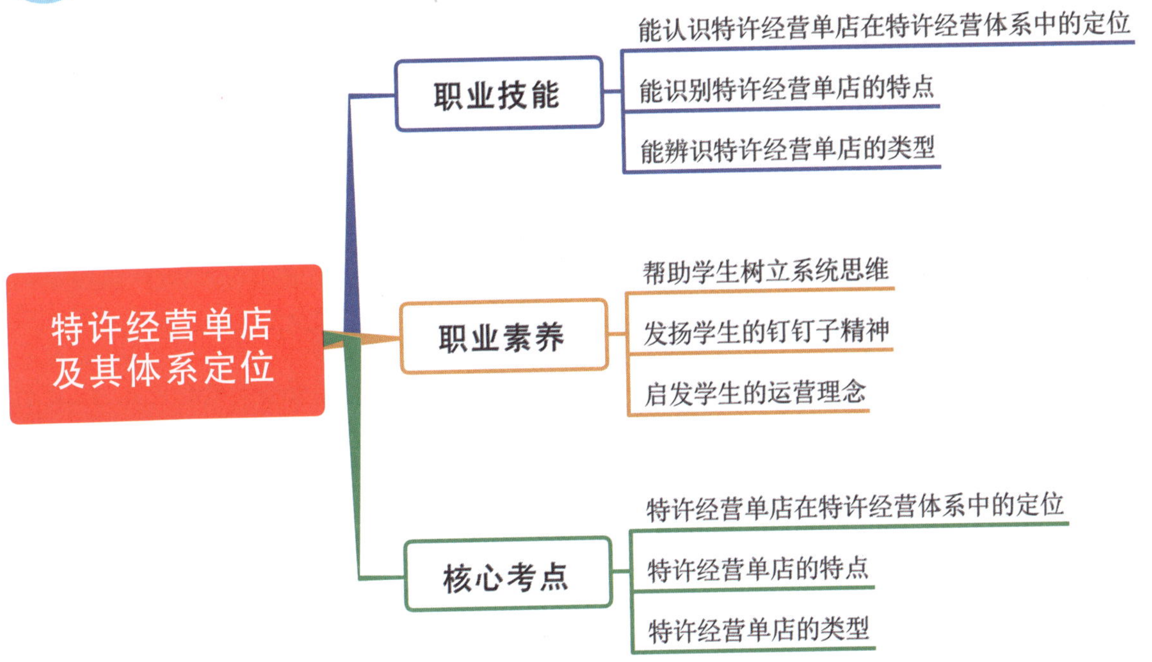

任务导入

请以酒仙网为例，搜寻一家你感兴趣的样本店及其资料（最好能参观单店的前台和后台），同时参考本任务的知识准备部分，形成一份特许经营单店分析报告。

任务解析

根据流程完成任务，注意特许经营单店分析报告的重点是分析该特许经营单店的特点及其类型，具体流程如图 6-1-1 所示。

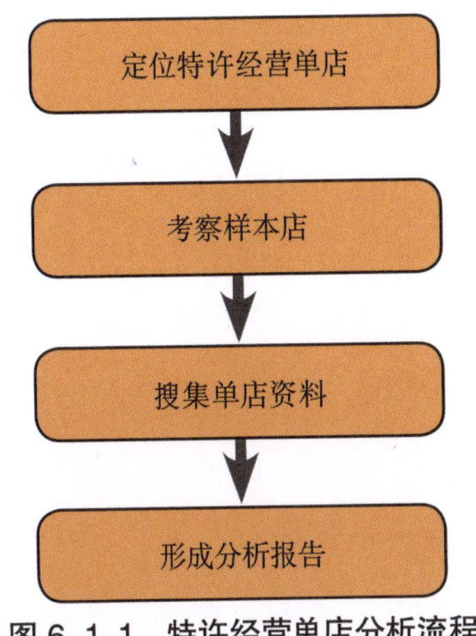

图 6-1-1　特许经营单店分析流程

知识准备

一、特许经营单店在特许经营体系中的定位

（一）特许经营单店的实质

根据《商业特许经营管理条例》对特许经营的解释，特许权的核心是注册商标、企业标志、专利、专业技术等经营资源。作为特许经营的载体，单店存在的形态也是多样的，可以是传统零售流通意义上的实体店铺，也可以是生产领域中的一间大工厂，或者服务领域中的商品批发商，等等。因此，特许经营单店并非按其存在的具体形态，而是按照其是否是特许权使用的最终载体来确认的，单店是特许经营体系构建中一个非常重要的概念。

（二）单店在特许经营体系中的地位

单店是特许经营体系中不可再分割的特许权的基本授权业务单位，是将特许权转化为实际经济效益的组织机构，是特许经营体系中不可或缺的子系统。在特许经营体系中，单店是整个信息系统的终端，是特许权的载体，单店的数量是衡量特许经营体系发展规模和速度的基本指标（图6-1-2）。

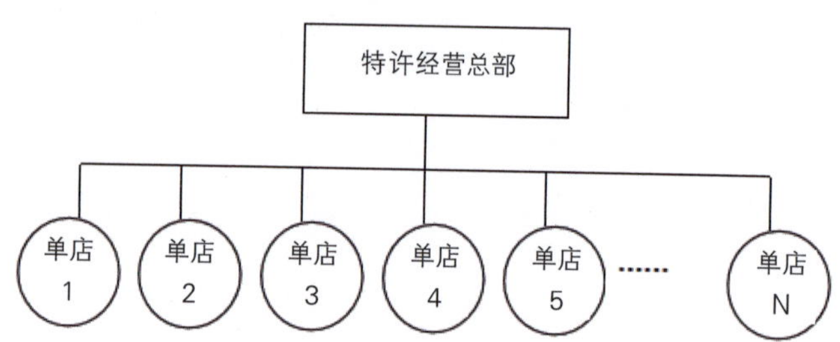

图 6-1-2　单店与总部之间的关联

（三）单店在特许经营体系中扮演的角色

单店在总部的统一指导和监督管理下，直接面向消费者，服务于客户，促成商品或服务的交易，并承担售后服务和客户信息反馈等职能。

因此，单店在特许经营体系中扮演着三个重要的角色（图 6-1-3）。

（1）利润中心：从投入向产出的转化与增值最终在单店得以实现，是直接产生经济效益的基本授权业务单位。

（2）前台：单店直接面向市场，为终端提供服务，充当着总部与终端的沟通媒介。

（3）特许权载体：单店是特许权转移的终点，也是特许人实现特许权转化的成果。

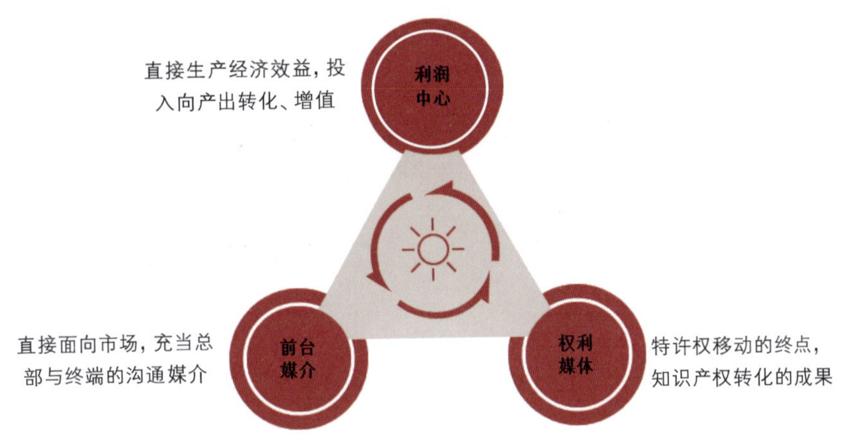

图 6-1-3　单店在特许经营体系中的角色

二、特许经营单店的特点与类型

（一）特许经营单店的特点

特许经营单店不同于一般的店铺，呈现出以下特点。

（1）特许经营单店有别于一般零售店铺的概念。

单店是特许经营领域中的独有概念。特许经营单店是一个抽象的经营实体，一般情况下，特许经营单店以店铺（实体形态）、非店铺，甚至是无店铺等多种形式呈现，而店铺则是商业领域中的组织形态之一。

（2）特许经营单店的店长主要扮演管理者的角色。

按照特许经营单店手册中的规定，单店店长的职责是通过标准化的管理保证单店高效、平稳、流畅地运行，使投资者的利益得到实现。

（3）特许经营单店本位的概念。

现有的单店数量以及在预期的一定时间内计划开设的单店数量是反映一个特许经营体系规模和发展速度的基本指标和依据，也就是说，单店是规划和评估一个特许经营体系发展状况的基本计量单位。每一个单店都是特许经营体系的利润中心。单店能否健康运营，持续赢利，直接关系到特许经营体系能否在激烈的市场竞争中站稳脚跟或持续发展。

（二）特许经营单店的基本类型

特许经营单店系统可以分为商品分销型和服务型两大类。其中，以向客户提供商品零售或批发服务为主的单店称之为商品分销型的单店，根据单店业务性质的不同，又可以进一步分为商品批发型和商品零售型两种。以向客户提供消费服务或劳务为主的单店称之为服务型的单店，按照经营方式不同，可以进一步分为坐店服务型和流动服务型两种类型（图 6-1-4）。

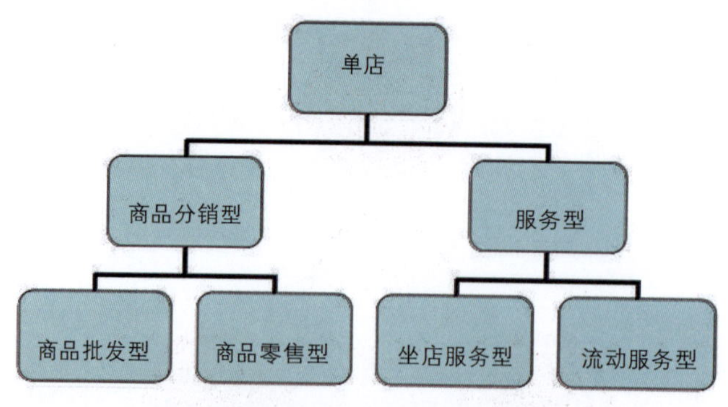

图 6-1-4 特许经营单店的基本类型

1. 商品批发型单店

以向零售店批发和配送商品为主要业务，不与最终消费者或直接用户进行交易的单店称之为商品批发型单店，如商务通的特许经销商等。

此类单店的特点有以下几点：①单店利润来源于生产利润或商品的批发利润；②单店运营管理的重点在于资金流、库存、物流和客户访问等方面；③在门店的硬件设施建设上，不关注店铺形象，但强调储存空间；④单店选址诉求的重点在于货品运输出入的便利性。

2. 商品零售型单店

以向最终消费者或产品的直接用户提供商品零售服务为主的单店称之为商品零售型单店，如7-ELEVEn 便利店、华联超市、百安居等。

此类单店的特点有以下几点：①单店利润主要来源于商品的零售利润和部分财务利润；②单店运营管理的重点在于商品管理、客户服务和客户管理等方面；③在门店的硬件设施建设上，强调店铺形象和卖场环境设计；④单店选址诉求的重点在于以目标顾客为中心，进行商圈选择和店铺立地条件的评判。

3. 坐店服务型单店

有固定地址，以坐店的方式向消费者和产品的最终用户提供服务或劳务的实体店铺称之为坐店服务型单店，该类型单店在餐饮、酒店、修理、洗衣、汽车租赁、汽车养护、个人护理及美容、教育培训、医疗保健等多种行业中被广泛采用，如仙踪林、假日酒店等。

此类单店的特点有以下几点：①单店利润主要来源于服务利润和部分商品的零售利润，甚至还有财务利润；②单店运营管理的重点在于顾客服务和客户管理等方面；③在门店硬件设施的建设上，强调店铺形象和服务环境设计；④单店选址诉求的重点在于商圈选择和店铺立地条件的评判。

4. 流动服务型单店

没有固定的店址，以流动或上门的方式向消费者和客户提供服务或劳动的单店称之为流动服务型单店，如商务清洗、家庭服务、房屋设备安装等。随着消费者对服务满足要求的提高，在汽车养护和美容、个人护理及美容、教育培训、医疗保健等行业的发展中，逐渐出现了流动服务的影子。流动服务型单店在满足个性化需求上发挥了很大的作用。

此类单店的特点有以下几点：①单店利润主要来源于服务利润和部分商品零售利润；②单店运营管理的重点在于客户服务、客户管理和广告宣传等方面；③无店铺或店铺只是作为广告宣传、接单和提供咨询服务的场所；④流动服务型单店无选址诉求。

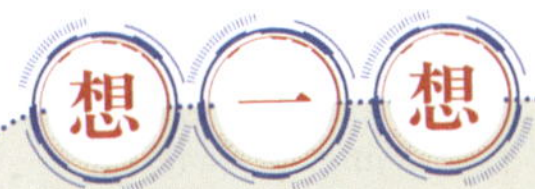

请思考你所选择的单店属于哪一种类型，具有什么特点。

任务实施

实训任务：思维导图设计

根据教材知识总结分析，厘清特许经营单店的思维导图。

请按照“单店定位→单店类型→单店各类型特点”的思路进行梳理。

实训任务评价

学生自评表

序号	技能点	佐证	达标	未达标
1	认识单店定位	能认识单店在特许经营体系中的定位		
2	识别单店特点	能识别特许经营单店的特点		
3	辨识单店类型	能辨识特许经营单店的类型		

序号	素质点	佐证	达标	未达标
1	系统思维	明确单店、总部以及体系共同组成一个有机整体		
2	钉钉子精神	精准单店定位，明确单店特点，充分发挥单店的价值		
3	运营理念	明确单店的良性运转才能保障整体的有序发展		

教师评价表

序号	技能点	佐证	达标	未达标
1	认识单店定位	能认识单店在特许经营体系中的定位		
2	识别单店特点	能识别特许经营单店的特点		
3	辨识单店类型	能辨识特许经营单店的类型		

序号	素质点	佐证	达标	未达标
1	系统思维	明确单店、总部以及体系共同组成一个有机整体		
2	钉钉子精神	精准单店定位，明确单店特点，充分发挥单店的价值		
3	运营理念	明确单店的良性运转才能保障整体的有序发展		

任务 2　特许经营单店模式设计

学习目标

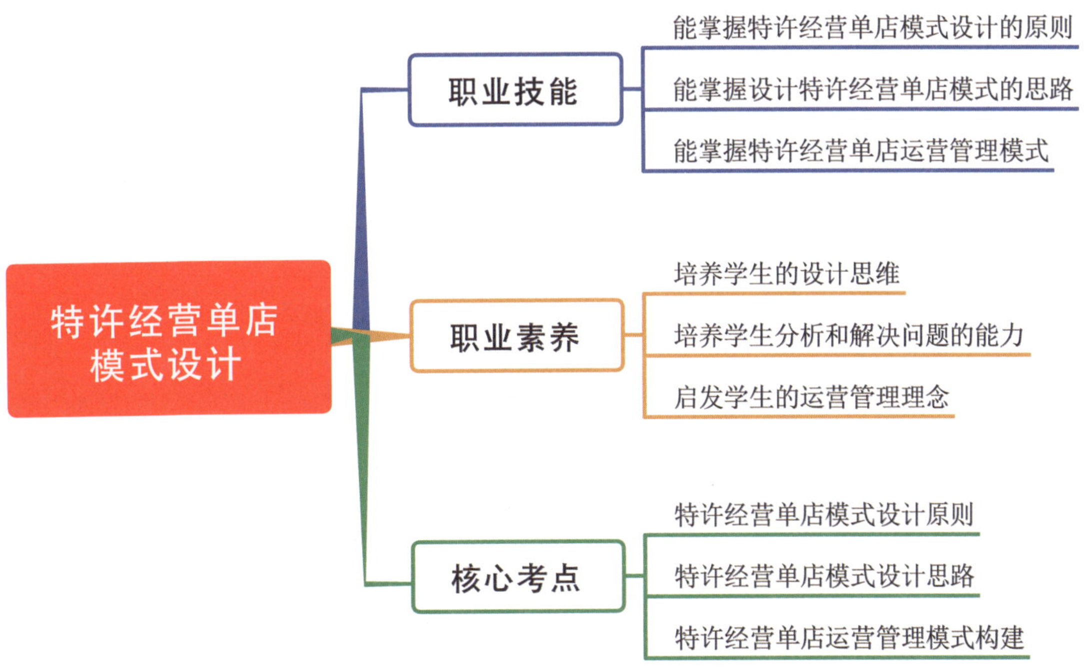

任务导入

延续任务 1 你所选择的特许经营单店，假设接下来你也计划并有条件开一家这样的小店，请尽量用图示法完成该店的核心运营管理模式设计。

任务解析

没有调查就没有发言权，你可以通过实地考察和网络搜索等多种方法对该企业进行充分调研。在此基础上，设计单店运营管理模式，可参照如图 6-2-1 所示的流程。

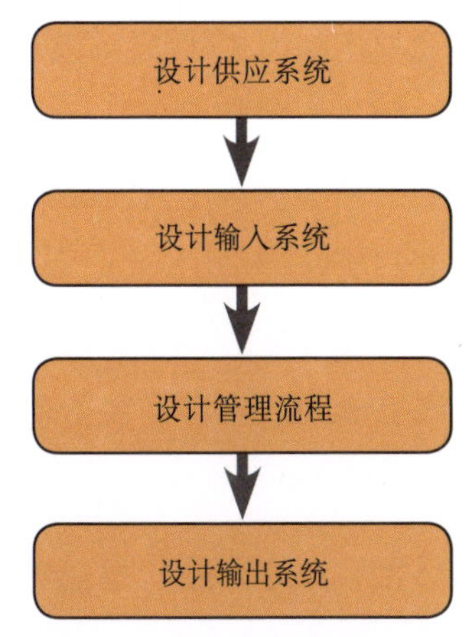

图 6-2-1　单店运营管理模式设计

知识准备

一、特许经营单店模式设计概述

特许经营单店的客户定位、单店的商品 / 服务组合、单店的获利模型，以及总部对单店的战略控制和支持，这四个要素组合在一起就构成了单店经营模式要素。

单店模式中四个要素之间具有很强的逻辑关联性（图 6-2-2）。客户定位的设计，取决于这些客户能否带来利润；获利模型的设计，经常取决于单店的商品 / 服务的组合设计；总部对单店战略控制和支持的设计往往取决于客户定位以及商品或服务组合；商品 / 服务的组合设计则要满足目标客户的需求，并且存在丰厚的利润空间，此外，组合设计也要便于总部对单店的战略控制。

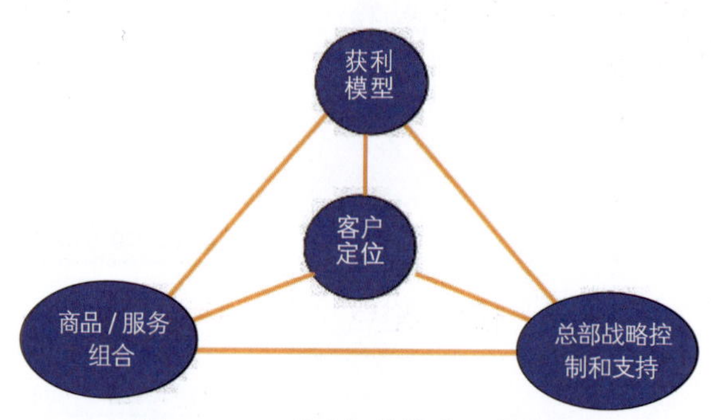

图 6-2-2　单店经营模式要素关联图

（一）特许经营单店模式设计的必要性

单店模式是构成特许经营单店系统的核心，可以说特许经营就是复制成功的单店模式，也就是说单店的模式就是特许经营成功的遗传基因密码——DNA。

由于单店的模式是由客户、商品或服务、获利模型以及总部控制和支持这四个关键性战略要素组合而成的，不同的组合设计也就为不同行业创造出众多不同类型的单店系统提供了广阔的空间和可能性。

此外，单店的模式又是特许权诸多要素中最基本的要素，事实上，无论哪种类型的特许经营，其特许权组合中都包含了单店的模式要素。因此，单店模式的设计对于特许经营体系的成功起到决定性的作用。

（二）特许经营单店模式设计的原则

设计特许经营单店模式应该遵循以下三个原则，如图 6-2-3 所示。

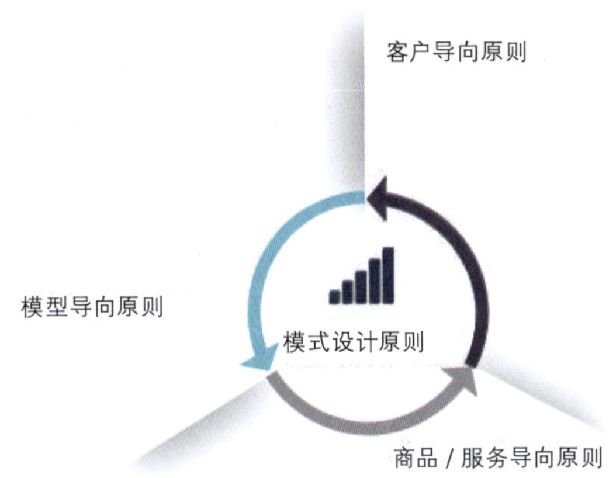

图 6-2-3　特许经营单店模式设计的原则

1. 客户导向原则

面对复杂的客户需求和市场环境，一个单店不可能为所有的细分市场提供最佳的服务，只能根据自己的目标和资源，集中力量服务于选定的目标客户群。

当前，特许经营单店将客户导向作为模式设计的首要考虑因素，选择单店的目标客户群，并锁定该目标客户群的心理偏好，是用以指导单店模式设计的首要原则。

2. 商品 / 服务导向原则

特许经营单店是经营商品或服务的重要载体。根据不同种类商品或服务对单店赢利的不同影响，将单店的全部商品或服务分为主力商品或服务、辅助商品或服务、关联性商品或服务三大类。主力商品或服务也称为主打商品或服务，就是通俗所说的“卖点”，指那些周转率高、销售量大，在经营中，无论是数量还是销售额均占主要部分的商品或服务。辅助商品或服务是指那些在价格、品牌等方面对主力商品或服务起辅助作用的商品或服务，或以增加商品或服务宽度为目的的选品。关联性商品或服务是指那些与主力和辅助商品或服务共同购买、共同消费的商品或服务。不管是拓宽商品或服务的范围，还是为客户提供便利和增值服务，其目的都是通过商品或服务的组合设计实现吸引客户、保留客户和提高客户忠诚度的目的。

因此，成功的单店模式在很大程度上取决于特许经营依托的商品或服务组合。

3. 模型导向原则

特许经营单店的运行依托于获利模型，通过为目标顾客群体创造价值而获取回报来设计获利路径，获利模型的构建体现为各种赢利方式的组合，根据各单项商品或服务的边际利润进行选择。在特许经营单店获利模型的导向下，客户和商品 / 服务之间实现了价值的转移与增值。

（三）特许经营单店模式设计的思路

按照特许经营企业实际运作的步骤，特许经营单店的模式设计要经历单店经营模式设计、单店运营管理系统设计、单店识别系统设计、单店投资回报模型设计以及建立样板店五项程序（图 6-2-4）。

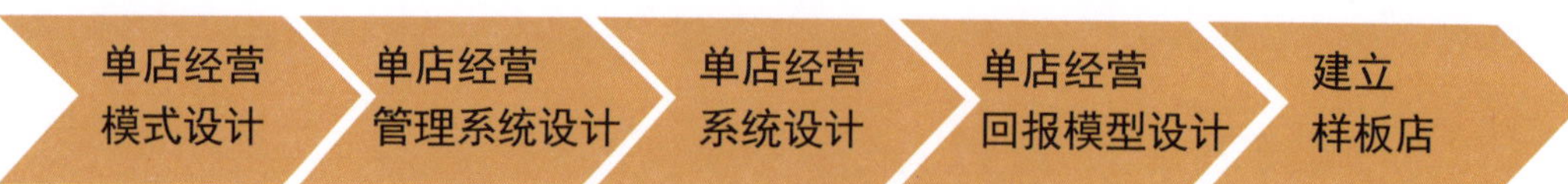

图 6-2-4　特许经营单店模式设计的思路

1. 单店经营模式设计

单店经营模式设计是特许权组合设计的主体。单店既是特许经营体系的产品，又是特许经营体系的窗口。单店从开始建设，到维持正常运转的整个过程的设计就是单店经营模式设计。由此，可以建立起一个形象既定的单店和营销终端。

2. 单店运营管理系统设计

单店的运营管理系统往往通过单店的组织结构、部门职能和岗位职责说明书、单店运营的流程化和标准化设计等予以实现。针对所处发展阶段的特点，单店需设计适应不同时期发展的组织结构，并对应不同部门的职能和不同岗位的职责说明书，规范组织建设，并做好流程管理。

3. 单店识别系统设计

统一设计企业文化与企业理念，利用整体表达系统传达给企业内部与社会公众，使其对企业产生一致的认同感，以形成良好的企业形象，最终促进产品和服务的销售。

4. 单店投资回报模型设计

以客户定位为中心进行单店投资回报模型的设计，位于四个核心要素之首。通过为目标客户创造价值而获取回报，是特许经营单店投资回报模型设计的内部逻辑；设计各种赢利方式的组合，以及明确单项商品或服务的边际利润是特许经营单店投资回报模型设计的主要内容。

5. 建立样板店

在样板店的建立上，特许经营企业应遵照设计单店的模式进行样板店的建设，并在建设的实际过程中随时发现问题，随时更改和记录关于单店的设计内容。如果特许经营总部有足够的人力、物力，最佳的方式是成立一个单店工作小组，专门、全程、全面地跟踪样板店的建设过程和单店营运的方方面面。

二、特许经营单店运营管理模式设计

特许经营单店运营管理模式设计主要是在特许经营总部和受许人的统一领导下，按照运营管理流程，连接输入和输出系统，并将前端的供应商和终端的客户进行整合，从而构建一个包含供应系统、输入系统、运营管理流程、输出系统和客户端等在内的完整系统，并在此基础上实现单店的经营目标。

（一）单店供应系统的构建

特许经营总部、受许人和其他供应商三方共同组成了单店的供应系统。该系统构建过程中需要明确的关键问题有：一，受许人是否直接参与单店的日常管理；二，区域物流配送中心是否由

特许经营总部统一设立；三，其他供应商是否将货品送到特许经营总部进行价格制定、质量检验并确定服务标准等。这些关键点的确定通常是根据单店的类型、系统设计的模式对特许经营总部、受许人和其他供应商提出的具体要求进行设计。

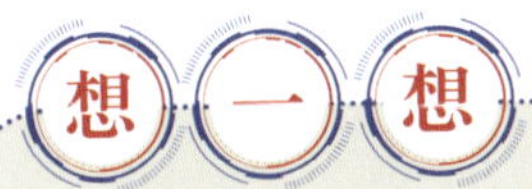

请思考特许经营单店各阶段运营管理模式之间的关联性。

（二）单店输入系统的构建

特许经营总部、受许人和其他供应商提供的各种资源要素的集合即为单店输入系统，包括资源要素的种类、型号和数量，资源要素的提供方式、价格条件以及物流配送等。

首先，要确定应提供的各种资源因素，一般包括资金、经营管理模式、管理方法、特许权组合要素、货品配送、客户资源、人力资源、信息管理平台、促销方案、企业文化、标准与规范及其他资源等。其次，在明确资源要素后，接下来就要确定各种资源提供的方式和使用价格等问题。最终，通过特许经营单店输入系统的设计，可以确定单店全部商品或服务的原材料成本。

（三）单店运营管理流程的构建

为单店输出系统提供一系列有逻辑关系和有价值的工作流程即单店运营管理流程，有主流程和辅流程两个部分。单店运营管理流程设计的基本任务是对主流程和辅流程进行科学的设计，并且为主流程和辅流程能够高效地运作提供组织保障。

1. 商品分销型单店的运营管理流程设计

在商品分销型单店中，运营管理的核心是向消费者和顾客直接销售商品，提供的最直接的价值就是商品，因此，商品管理流程就是主流程，包括商品计划、采购、进货、库存、陈列、销售、售后服务等具体项目。而卖场管理、客户服务、人员培训、财务管理等均为辅流程，为主流程的顺利运作提供依托，其流程朝向主流程。

2. 服务型单店的运营管理流程设计

在服务型单店中，运营管理的核心是向消费者直接提供各种服务，因此，服务计划、服务管理是主流程，具体包括服务设计、服务定价、服务营销、跟踪服务等项目。而人员培训、财务管理以及同行跟踪调查等就是辅流程，辅佐主流程的运行，其流程朝向主流程。

3. 特许经营单店的组织结构设计

根据单店主辅流程的设计情况来确定各个工作岗位及岗位工作的职责就是单店的组织结构设计，这个过程涉及组织结构、人员岗位及编制、岗位职责、员工工资等内容的设计。

特许经营体系中的单店不仅要关注运营管理主辅流程的设计，更应该对组织结构进行科学的建构，以便能够更好地划定各个部门的职责，确定人员数量编制以及岗位的责任和薪金标准，据此就可确定单店的全部人工成本。

（四）单店输出系统与客户端的构建

客户端的设计主要是结合单店的客户定位对单店的客流量进行预估，一般会采用对单店观察和样板店分析两种方法来构建单店的客户端。

单店输出系统是单店向客户提供的全部价值所在，其核心是单店的商品与服务组合。通常会根据预估的客单价来设计单店输出系统，单店输出系统的设计对于计算营业收入具有重要的作用。一般情况下，单店提供给顾客的商品与服务组合越丰富，选择性越多，客户平均为一次消费所支付的费用就可能较高，因而提高客单价，则单店的日营业收入也就越高。

任务实施

实训任务：思维导图设计

根据教材知识总结分析，画出单店运营管理模式设计的思维导图。

请按照“设计供应系统→设计输入系统→设计管理流程→设计输出系统”的思路进行梳理。

任务实施评价

学生自评表

序号	技能点	佐证	达标	未达标
1	掌握设计原则	能掌握特许经营单店模式设计的原则		
2	掌握设计思路	能掌握设计特许经营单店模式的思路		
3	掌握运营管理模式	能掌握特许经营单店的运营管理模式		

序号	素质点	佐证	达标	未达标
1	设计思维	通过模式设计提出运营单店的解决方案		
2	分析解决问题	明确模式中各板块设计的要点及难点，并有针对性地进行设计		
3	运营管理理念	明确模式设计是运营管理理念落地的第一步		

教师评价表

序号	技能点	佐证	达标	未达标
1	掌握设计原则	能掌握特许经营单店模式设计的原则		
2	掌握设计思路	能掌握设计特许经营单店模式的思路		
3	掌握运营管理模式	能掌握特许经营单店的运营管理模式		

序号	素质点	佐证	达标	未达标
1	设计思维	通过模式设计提出运营单店的解决方案		
2	分析解决问题	明确模式中各板块设计的要点及难点，并有针对性地进行设计		
3	运营管理理念	明确模式设计是运营管理理念落地的第一步		

任务 3　特许经营单店运营管理

学习目标

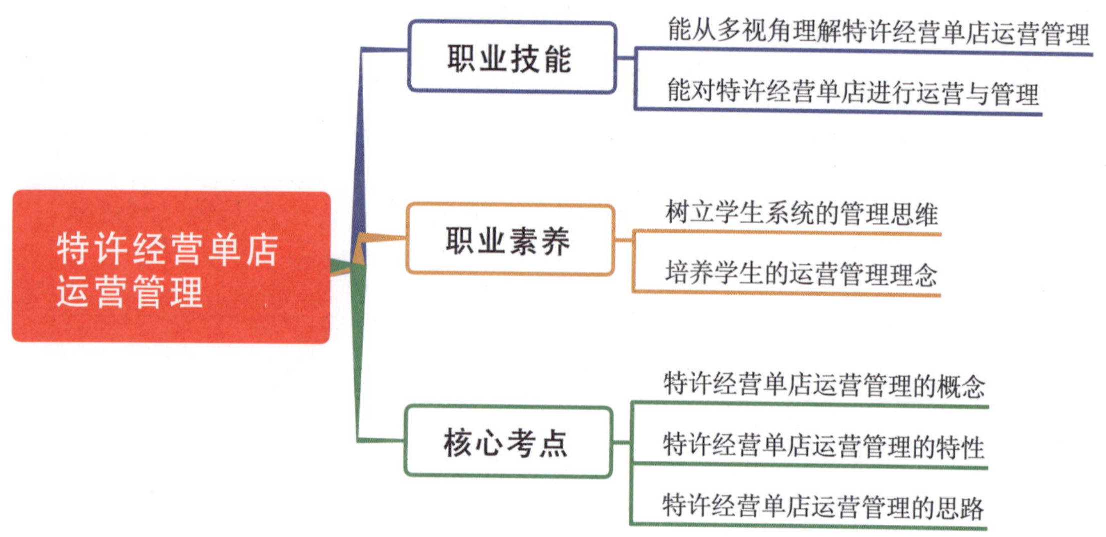

任务导入

延续任务 2，从单店经营目标的确定与管理、单店客户定位与分级管理、单店商品 / 服务组合管理、单店服务营销整合、单店服务设计与开发、单店服务传递等模块进一步完善特许经营单店运营管理模式设计。

任务解析

进一步迭代和细化，完善你的小店的运营管理模式。首先，进行单店经营目标的确定与管理；其次，进行单店客户定位与商品 / 服务组合管理；最后，进行服务营销、服务设计以及服务传递。具体的流程如图 6-3-1 所示。

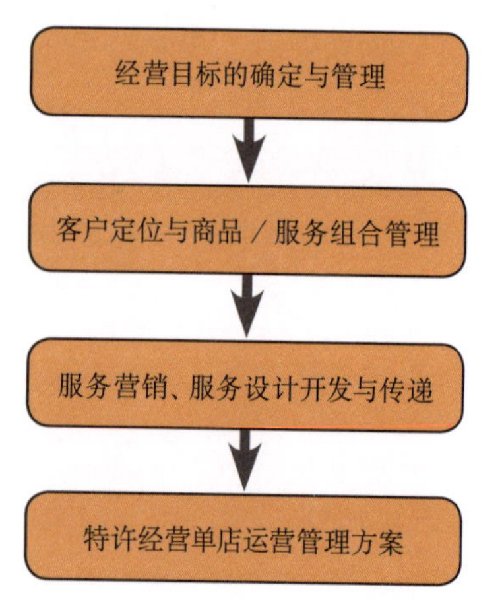

图 6-3-1　细化单店运营管理方案的思路

知识准备

一、特许经营单店运营管理概述

（一）特许经营单店运营管理的多视角界定

1. 系统过程视角

站在系统过程的视角，对单店为客户提供商品或服务的全过程进行系统的管理，或者说对构成单店运营系统的各构成要素的管理即为特许经营单店的运营管理。在 SIPOC 模型的基础上，特许经营单店运营管理具体包括以下五项内容（图 6-3-2）。

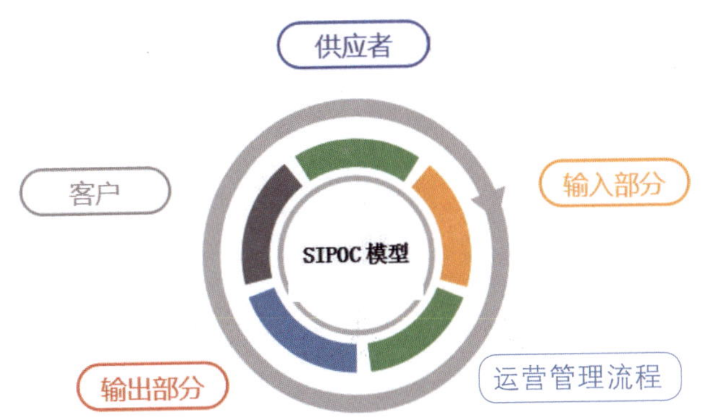

图 6-3-2　特许经营单店运营管理的系统过程视角

（1）供应者（Supplier）。

特许经营总部、受许人和其他供应商共同承担着特许经营单店供应者的角色，根据特许经营合同的规定和单店业务开展的需要，三者分别扮演不同性质的资源投入者。

（2）输入部分（Input）。

特许经营单店的供应者向单店注入的各种资源，包括商品、物料、能源、技术、劳动、设备和信息等，构成系统的输入部分。

（3）运营管理流程（Process）。

特许经营单店运营管理流程是各种逻辑关系紧密的工作任务组合。通过各环节的协调运作，共同完成输入资源向输出价值的转化，并实现单店的经营目标。

（4）输出部分（Output）。

单店提供给最终消费者和客户的全部价值即为系统的输出部分，在单店的具体产出中表现为商品或服务的组合。

（5）客户（Customer）。

特许经营单店所服务的具体消费群体就是客户，也称消费终端，包括市场上的最终消费者和单店的直接客户。

特许经营单店运营活动的终极诉求就是实现经营目标，它指导着单店运营的全过程，促使单店运营管理系统各构成要素更好地集结在一起，共同协调运作。

2. 质量管理视角

站在质量管理的视角，特许经营单店运营管理是以单店的管理者为主体，以单店的盈利为目标，在总部的统一指导下开展的标准化的日常管理活动。这项日常管理活动围绕经营目标，以工作计划的制订为起点，在实践的基础上发现问题，按照总部的统一标准严格执行管理，并对实施效果进行研究评判和经验教训的总结提高为一个完整的循环周期，进而促使单店的运营管理水平在不断地管理改进循环过程中得到持续地提高。

因此，从质量管理的视角，特许经营单店的运营管理是包含计划、执行、检查、行动等环节在内的循环反复的过程（图 6-3-3），具体内容如下。

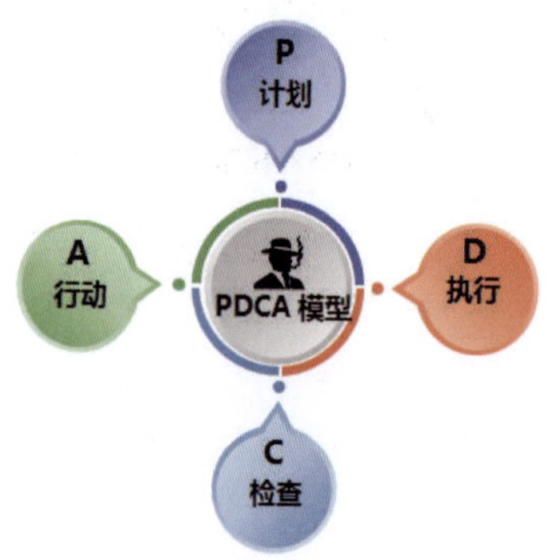

图 6-3-3　特许经营单店运营管理的质量管理视角

（1）计划（Plan）。

计划就是分析现状，找出存在的问题及产生的原因，同时针对问题制订相应的解决方案，提出切实可行的执行计划和预期改进方案，并将责任分解到人，保证改进计划能够保质保量地完成。

（2）执行（Do）。

执行，即实施既定的行动计划，并在计划的执行过程中监督任务的完成情况。

（3）检查（Check）。

将行动结果和目标效果进行对比，评判任务的实际完成情况，进行实际效果的评估，在此基础上进一步总结经验和教训。

（4）行动（Act）。

把成功的经验作为标准，以便日后出现同样情况时能够有章可循；对失败的教训也要进一步研究，以避免类似情况再度发生。完成上述工作后，将待解决的问题转入下一个 PDCA 循环中，重新制订新的 PDCA 循环计划。

（二）特许经营单店运营管理的特性

特许经营单店运营管理的特性体现在以下三个方面（图 6-3-4）。

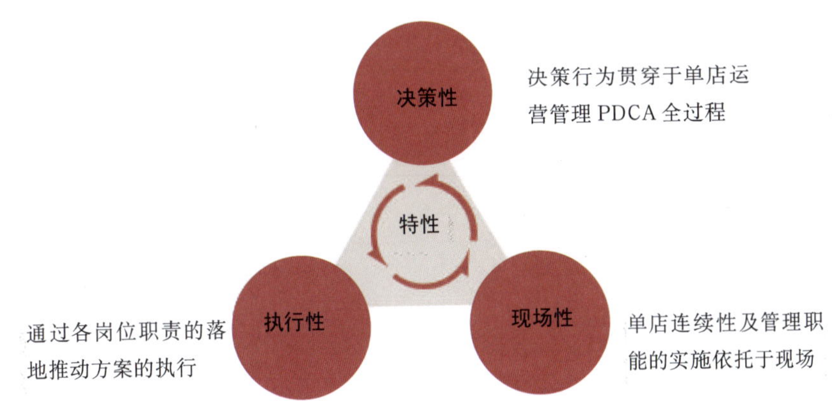

图 6-3-4 特许经营单店运营管理的特性

1. 决策性

管理即决策，决策行为贯穿于特许经营单店运营管理 PDCA 的全过程。

2. 执行性

特许经营模式对单店管理者的角色及职责提出明确的要求，单店运营管理则是通过各岗位职责的落地推动一系列执行方案的执行。

3. 现场性

特许经营单店的连续性运营，均依托于管理者的角色与职责，通过在门店现场对人、货、场、信等元素进行综合运营与管理来实现。

（三）特许经营单店运营管理者的职责

特许经营单店的运营管理者根据总部下达的经营指标制订运营管理计划和行动计划；组织单店的全体人员实施行动计划，并对实施过程进行检查和监督；对实施结果进行分析和评估，找出差距并提出改进方案；负责有关单店稳定、持续、健康运营的其他事项。

特许经营单店的运营管理者能够根据总店的统一安排，开创性地管理门店，因此要具备学习与分析能力、执行与应变能力、组织与协调能力以及创新能力等。

二、特许经营单店运营管理的过程

根据运营管理的逻辑脉络，特许经营单店运营管理的思路为：单店经营目标的确定与管理、单店客户定位与分级管理、单店商品 / 服务组合管理、单店服务营销整合、单店服务设计与开发、单店服务传递。

（一）单店经营目标的管理

实现单店利润并使之最大化就是单店的经营目标，也可以理解为一定时期内单店经营的结果，以及其创造的社会价值。

单店经营目标的管理可以通过把握要点和防范风险两条路径同时进行。

1. 把握要点

单店经营目标要点如图 6-3-5 所示。

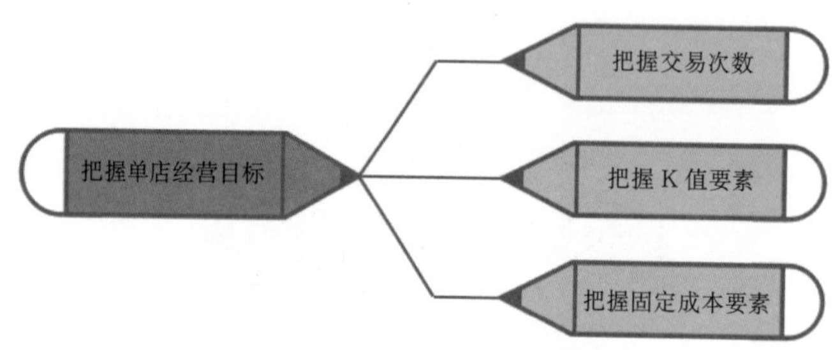

图 6-3-5　单店经营目标要点

单店经营目标管理聚焦于管理直接影响单店利润的曲线函数（利润＝交易次数 × 客单价－交易次数 × 单位交易变动成本－固定成本）中的三大要素，即交易次数、K 值要素（客单价－单位交易变动成本）和固定成本，根据单店利润形成过程中的性质及要素本身的特点，采取适当的管理方法实现单店利润最大化。

（1）把握交易次数。

在单店运营管理中，影响利润变化最关键的要素就是交易次数，可以通过直接观察进行实际的管理控制。对交易次数的管理是带动单店后续运营管理的重要起点，可采用 PDCA 循环法进行控制，通过预估交易量、制订交易量计划、实施、研究和问题处理等步骤，实现对交易次数管理的动态、循环监控。

（2）把握 K 值要素。

单店利润曲线函数中，客单价与单位交易变动成本之间的差额就是 K 值要素，反映每次交易实现的边际利润。在特许经营模式下，K 值要素的管理并非单店经营目标管理的重点。

（3）把握固定成本要素。

一般情况下，固定成本在单店的总成本中占据相当大的比例，因此，控制固定成本是管理者必须注意的重大运营问题。过程中，必须着重控制固定成本的失控风险，以提高利用效率。

2. 防范风险

（1）防范外部市场风险。

固定成本各构成要素的外部交易市场变动给单店带来的风险称之为外部市场风险，外部市场的交易行情决定了固定成本构成要素的价格波动，单店管理者对此无完全控制能力。因此，外部市场风险属于不可控程度很高的风险，需要通过对固定成本各构成要素的资源供给者进行通盘摸

查，以便寻找价格优势，与此同时，在固定成本方面要做足资金预算。

（2）防范单店内部管理风险。

由于单店内部运营管理不当，制度执行不严，导致成本上涨超出限额的风险称之为单店内部管理风险。这种因人为因素导致的风险对于单店管理者来说，是一种可控程度很高的风险，可以通过较严谨的程序管控和督导管理降低单店内部管理风险（图 6-3-6）。

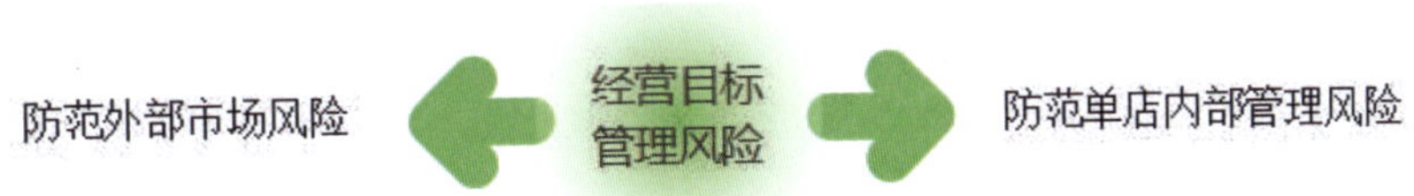

图 6-3-6　单店经营目标风险防范

（二）单店客户定位与分级管理

对于特许经营单店来说，客户的范围除了包括已经发生购买行为的客户群体外，还应包括潜在的、尚未发生实际购买行为的客户群体。特许经营单店的客户可以是团体客户，也可以是零散客户；可以是消费客户，也可以是商务客户；可以是有价值的客户，也可以是有潜在价值的客户。

有必要将特许经营单店的客户按照贡献价值量的大小划分为不同的战略级别，根据战略级别赋予其相应的战略地位，并由此协调单店资源分配和开展差异化营销，即实施客户分级管理。

由此，特许经营单店客户可以划分为四个等级。

（1）I 级客户（铅质客户）。

已获利润和预期未来利润都很低的客户即铅质客户，也称 I 级客户。对于特许经营单店来说，他们是最无吸引力的客户群体，对单店来说是一种负担，需要鼓励其转向竞争对手。

（2）II 级客户（铁质客户）。

预期有很高的未来利润，但已获利润较低的客户是铁质客户，也称 II 级客户。该群体有很大的增值潜力，特许经营单店尚未从他们身上获取大部分的回报，应适当投入资源再造双方的关系，促进客户关系由低向高发展。

（3）III 级客户（黄金客户）。

有很高的已获利润，但预期未来利润的增长潜力较小的客户是黄金客户，也称 III 级客户。他们已经贡献了大量的价值，并一直真诚、积极地为单店推荐新客户，未来增量购买、交叉购买和新客户推荐等方面已经没有多少潜力可以进一步挖掘，应将重点放在对其现有价值的挖掘上。

（4）IV 级客户（白金客户）。

既有很高的已获利润，又有很大的预期未来利润的客户是白金客户，也称 IV 级客户。他们是特许经营单店最有价值的一类客户，既对企业做出了巨大贡献，又有很大的发展潜力，是企业未来的利润基石。应将主要资源投资到保持和发展与这类客户的关系上，对每个客户设计和实施一对一的客户保持策略，不遗余力地做出努力保留住他们。

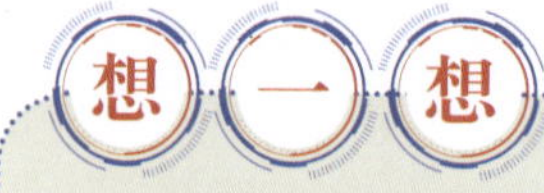

请思考特许经营单店客户关系管理的重要性。

（三）单店商品 / 服务组合管理

在特许经营单店系统中，商品或服务组合是单店运营管理系统输出的成果，也是单店提供给客户的全部价值所在。为了能够低成本、高效率地为客户传输价值，有必要开展商品和服务产出流程和相关单店资源的全面规划、组织实施、检查评估和问题处理等四个环节的控制工作。

对于商品分销型单店而言，商品是单店运营管理系统的主要产出，服务仅是增加商品附加价值的手段。通过把握单品需求预测、制订订货计划、商讨与供应商合作、组织商品进货、做好商品陈列与销售、管理商品库存等关键环节，方能实现商品分销型单店商品和服务的组合管理。

对于服务型单店而言，服务或劳务是特许经营单店系统输出价值的主要形态。服务型单店商品和服务组合管理的方法是管理好服务项目、售卖流程、服务流程、服务跟踪、信息反馈与评估等关键环节。

（四）单店服务营销整合

企业、一线员工以及顾客关系是服务营销的关键组合要素，为了建立特许经营单店与顾客之间的合作关系，提升顾客忠诚度，特许经营单店服务营销需要整合三条关系链。

（1）外部市场营销——建立关系。

特许经营单店根据顾客期望向顾客做出承诺的过程就是建立关系的过程，可以通过传统的营销活动，如广告、推销、有形展示等，也可以通过服务营销特有的要素组合，如服务人员和服务过程等实现外部市场营销。此外，需要注意的是，单店必须做出一致的、现实的且能够兑现的承诺。

（2）互动市场营销——维持关系。

特许经营单店的员工都是市场营销人员，在他们与顾客接触的过程中，将顾客、员工和设备等都视为市场营销的资源，将所有资源都整合到营销活动中来，以便达到交换和实现承诺的市场营销手段，称之为互动市场营销。

（3）内部市场营销——支持关系。

特许经营单店要兑现顾客承诺，必须利用一切资源与沟通方式，使员工能够利用企业资源和信息来建立、维持与顾客之间的关系。可以通过为服务人员提供培训、建立内部激励制度和定期开展企业文化沟通等方式实现内部市场营销。

（五）单店服务设计与开发

特许经营单店是基于方案或者概念提供服务的，因此，构思的概念越多，成功开发服务项目的可能性就越大。特许经营单店服务设计与开发，可以采用服务蓝图这一准确描述服务体系的工具。

它借助于流程图，通过持续地描述服务提供过程、服务遭遇、员工和顾客的角色以及服务的有形证据来直观地展示服务。把握服务蓝图的核心要素能够更准确地进行特许经营单店服务设计与开发。单店服务蓝图的构成要素包括以下几个。

（1）服务单据。

服务单据是特许经营单店在为顾客提供服务体验的过程中，让顾客观察或接收到的、表征服务的有形证据。

（2）顾客行为。

紧扣顾客在采购、消费和评价服务过程中所采取的一系列步骤、选择、行为以及他们之间的相互作用来评估顾客行为。

（3）前后台服务员工行为。

在特许经营单店服务顾客的过程中，顾客看得见的部分，即前台服务；顾客看不到的部分，即后台员工行为。对于前后台服务员工行为均需进行系统且规范的设计。

（4）服务支持保障行为。

特许经营单店在服务顾客的过程中，持续为员工提供着各种显性和隐性的支持，涵盖了在传递服务过程中为一线员工提供的各种有利于服务开展的一切内部服务，即对服务支持保障行为的设计。

（5）互动分界线。

互动分界线代表顾客和特许经营单店之间的直接相互作用，一旦有一条垂直线穿过互动分界线，即表明顾客与组织间直接发生接触或产生了服务接触。特许经营单店要提前规划并设计好互动分界线发生的前提、场景以及作用路径。

（6）可见性服务线。

将所有顾客看得见的和看不见的服务活动分隔开，通过分析可见性服务线以上部分和以下部分，就可明了为顾客提供服务的情况以及对员工行为的界定。

（7）内部协调线。

内部协调线将接触员工的活动同其服务支持活动分隔开，是内部顾客和内部服务员工之间的相互作用线，如有垂直线和它交叉，则意味着发生了内部服务遭遇。因此，内部协调线是特许经营单店深挖顾客价值的着力点。

（六）单店服务传递

服务传递系统与特许经营单店服务产品传递给顾客的地点、时间和方式有关。对于高接触度的服务而言，为使顾客感受到个性化服务，在设施选址上要接近顾客，设施布局要考虑顾客生理和心理需求以及期望，把顾客纳入生产进度表中，并适当设计顾客体验与参与。

对于特许经营单店服务需求的管理可以参照以下流程进行。

（1）改变需求以适应服务能力。

特许经营单店试图尽量避免顾客的需求超过他们提供服务的能力，使这部分顾客在需求较低的时候接受服务。通常可以采用改变服务供给、与顾客沟通、改变服务交付的时间和地点、价格差异等方式改变顾客的需求。

（2）改变服务能力以适应顾客需求。

特许经营单店可以通过扩大现有能力、延长服务时间、增加劳动力、增加设施或设备等方式提升服务能力，以更好地适应顾客的需求。

（3）能力与需求保持一致。

为使能力与需求保持一致，特许经营单店可以通过临时用工、资源外取、租赁或共享设施设备、提高企业服务生产的调节能力、跨职能员工培训、改造或移动设施设备等方式做出改变，使得二者处于相当的水平。

任务实施

实训任务：思维导图设计

根据教材知识总结分析，画出运营管理方案细化的思维导图。

请按照“经营目标的确定与管理→客户定位与商品/服务组合管理→服务营销、服务设计开发与传递”的思路进行梳理。

任务实施评价

学生自评表

序号	技能点	佐证	达标	未达标
1	理解运营管理	能从多视角理解特许经营单店运营管理		
2	运营与管理	能对特许经营单店树立运营管理思维		

序号	素质点	佐证	达标	未达标
1	系统思维	明确单店运营管理是各板块有序运转的系统运行结果		
2	运营管理理念	明确单店运营管理的思路与流程操作理念		

教师评价表

序号	技能点	佐证	达标	未达标
1	理解运营管理	能从多视角理解特许经营单店运营管理		
2	运营与管理	能对特许经营单店进行运营与管理		

序号	素质点	佐证	达标	未达标
1	系统思维	明确单店运营管理是各板块有序运转的系统运行结果		
2	运营管理理念	明确单店运营管理的思路与流程操作理念		

任务 4　特许经营单店的业绩提升

学习目标

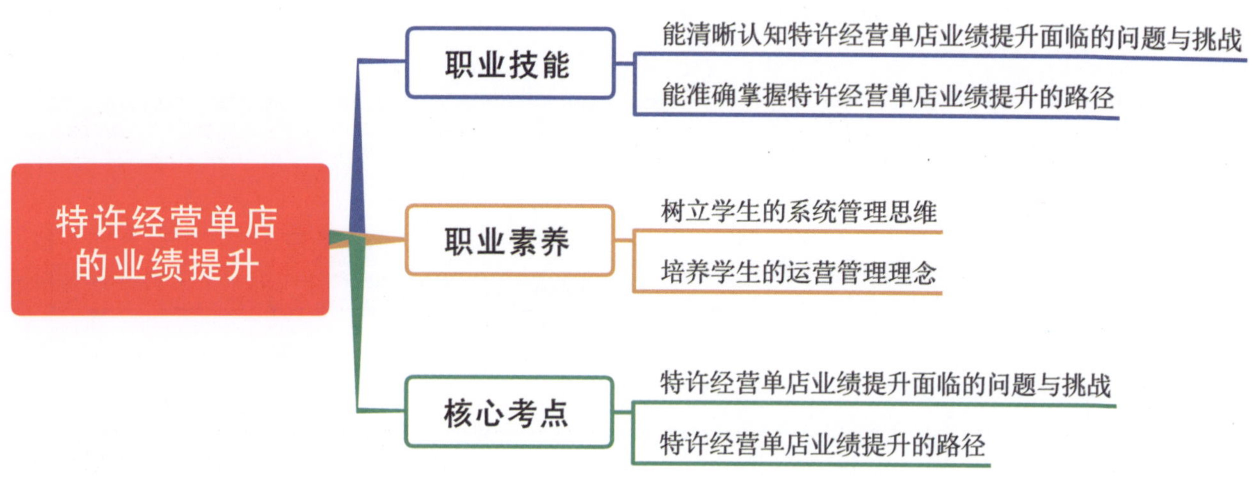

任务导入

在任务 3 的基础上，请结合教材知识以及当前的内外部环境，分析你的特许经营单店面临的机会与挑战，并设计小店的业绩提升方案。

任务解析

特许经营单店业绩提升方案的设计思路是从分析内外部环境入手的，分析其面临的问题与挑战，在机会中发挥优势力量、规避劣势弊端，利用优势应对挑战，依次设计门店业绩提升的路径。特许经营单店业绩分析与提升的思路如图 6-4-1 所示。

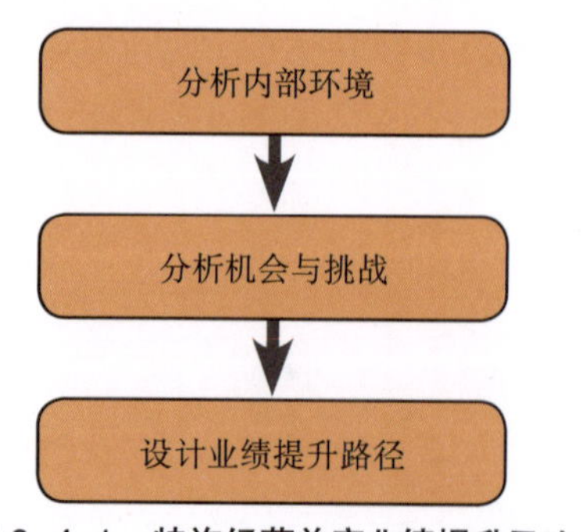

图 6-4-1　特许经营单店业绩提升思路

知识准备

一、特许经营单店业绩提升面临的问题与挑战

经过几十年的发展，特许经营已经呈现快速增长的趋势，并成为 21 世纪的主导商业模式。特别是近年来，“新零售”的概念被提出之后，特许经营企业以互联网为依托，通过运用大数据、人工智能等先进技术手段，对商品的生产、流通与销售过程进行升级改造，进而重塑特许经营的业态结构与生态圈，并对线上服务、线下体验以及现代物流进行深度融合，探索有利于业绩提升的新模式。

（一）特许经营单店业绩提升面临的问题

当前，大数据与人工智能技术带动整个社会的变革，新技术＋原有产业＝新产业，那些接受这个规律的特许经营企业，常常会站在新时代的浪潮之巅。在这样的时代背景下，特许经营单店面临着众多的问题，有待解决。

1. 顾客定位不精准

随着移动终端的普及和广泛使用，很多特许经营企业仅把目光锁定在喜欢借助移动互联网消费的顾客群体，未对顾客进行进一步细分，并有针对性地潜心研究产品和服务，而是试图通过提高线上消费的比例来提升营业额。但事实证明，一味追求新潮流的表象，缺失理性的思考，对于特许经营企业的发展尤为不利。

2. 实体门店选址随意

同样地，很多特许经营单店只关注顾客线上购物的热潮，误以为实体门店的选址不如以前那样重要，在选址上变得随意，甚至试图节约租金成本，对线上营业额给予过高的期待。但事实是特许经营实体门店不会消失，理性选址依然尤为重要。

3. 线上消费及配送影响产品与服务质量

由于特许经营企业过于关注线上营销渠道，使得顾客被迫放弃了到店选购商品的权利，如遇非标准化的商品，或者因为天气、交通等原因引起的配送问题，到顾客手中的商品可能会存在质量问题。而且若依托于第三方物流的配送，不仅难以保证商品的服务质量，还会受到第三方配送员的牵制。因此，线上消费及配送会影响特许经营单店的产品与服务质量。

4. 依赖科技却忽略了原本的经营策略

随着人工智能、在线支付等科技手段的发展，使得部分特许经营企业忽略了原本利用广告招牌、主动营销、陈列方式等提高顾客进店率、购买率、客单价和回头率的经营策略，甚至放弃了顾客进店数，而一味寄希望于网单的销量。过分依赖于科技却忽略了原本的经营策略势必会带来非常严重的经营后果。

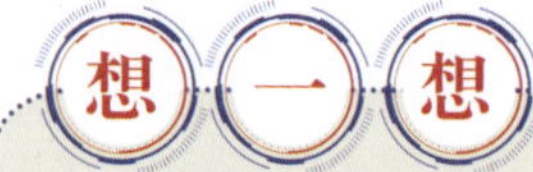

尝试用 SWOT 模型分析“新零售”下特许经营单店的业绩提升问题。

（二）特许经营单店业绩提升面临的挑战

得益于智能化数字科技以及高效物流，消费方式越来越便捷，以“85 后”为代表的主流消费人群已建构了新的购物方式，更多采用线上购物、电子结算、物流配送等方式。随着技术的不断革新，有些特许经营企业甚至克服了物流配送短板，做到了 3 千米范围内 1 小时送达。特许经营作为最具增长潜力的连锁经营形式，应该结合智能化数字科技以及高效物流，攻克当前面临的挑战。

挑战一：自行研发线上营销平台并提供配送服务。

自主研发 App，实现顾客到店自助下单或随处网上下单就可以享受门店的配送服务。技术研发与平台推广是当前特许经营企业面临的重要挑战之一。

挑战二：协同电商第三方平台，构建商业生态圈。

特许经营企业协同电商第三方平台，实现一站式在线下单、便捷结算、快速配送以及贴心的售后服务，与合作企业结盟形成利益共同体。

挑战三：利用金融服务平台，实现供应链的整合。

将线上营销平台与金融服务平台等进行连接，营销平台提供门店商品的优惠信息，顾客到店消费，同时享受金融服务平台的便利，实现供应链的整合是未来特许经营企业面临的挑战。

二、特许经营单店业绩提升的路径

针对外部环境的变化，结合特许经营的优势，特许经营单店可以运用大数据和智能化工具改造原有门店，来实现最终获取盈利。改进特许经营单店盈利模式，需从顾客定位、选址模型、商品或服务组合、关键经营策略等四个方面着手。在智能革命缔造的“新零售”下，则需要将大数据和智能化工具与这四方面结合，从而提高单店盈利水平和市场竞争能力。

（一）大数据分析精准锁定目标顾客

在特许经营的单店盈利模式中，顾客定位是核心要素，数字化时代的核心应该是实现顾客的数字化。特许经营企业应该根据公司战略及发展规模，逐步完善和利用会员数字化经营客流，更精准地洞察消费需求。通过绑定实名认证支付账户积累会员，实现全链条的数据化。

（二）线上渠道整合线下实体店选址模型

特许经营门店应该利用大数据与云计算等技术实现双线引流、双线体验、双线互动。特许经营线上渠道整合线下实体门店的选址分为三步走：首先，应该在精准定位目标市场的情况下，选择适合的商圈及物业条件；其次，拥有实体门店的应该提供全面的线上线下服务，与周边环境形

成强大的社区网络；再次，特许经营体系可进一步在技术上实现突破，组建自己的技术团队，设计一套线上线下一体的系统，供应链、销售、物流完全配套，以实现特许经营体系线上线下的整合运营。

（三）数据智能技术丰富商品 / 服务组合

特许经营门店如果不能在产品和服务上走出同质化、树立差异化，经营毛利的提升空间将会受到限制，同时如果缺乏对商品和服务的实质性掌控，线上发展的步伐也会迟滞。因此，特许经营门店如有条件，应该发展自有品牌，推进基地直采和海外直采，不断研发商品，围绕消费需求中心提供品质服务。

此外，随着线上线下的深度融合，特许经营企业根据市场需求匹配生产信息，从生产到消费可以通过大数据等技术预测，控制产能，提高效益，为消费者提供更加精准的个性化服务。如果借助技术的支持，特许经营门店也能够根据门店的定位在产品、服务、价格上重新调整或改进，进而将会员转化为品牌和产品的忠诚客户。

（四）新技术提升关键经营策略

一方面，根据获利公式“利润＝收入－费用”，特许经营单店想要获得更多的利润，经营者就应当科学地运用数字化智能技术，增加营业收入，减少营运成本和费用支出。另一方面，创新特许经营门店的定位，通过商品 / 服务为顾客提供理性价值与感性体验，运用大数据打造数字化、智能化的门店，真正将顾客与门店联系起来，线上线下协同，优化顾客的购物体验。

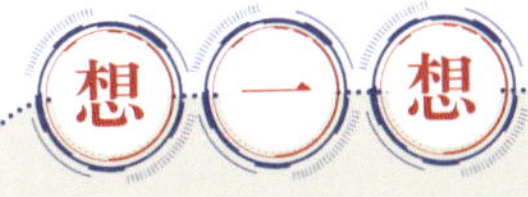

“新零售”背景下，特许经营单店业绩提升还可以在哪些方面做出努力？

任务实施

实训任务：思维导图设计

根据教材知识总结分析，画出提升单店业绩的思维导图。

请按照“内外部环境分析→机会与挑战分析→设计业绩提升路径”的思路进行梳理。

任务实施评价

学生自评表

序号	技能点	佐证	达标	未达标
1	认知问题与挑战	能清晰认知单店业绩提升面临的问题与挑战		
2	把握业绩提升路径	能准确掌握单店业绩提升的路径		

序号	素质点	佐证	达标	未达标
1	系统管理	全面兼顾运营管理各板块使得系统整体达到最佳效果		
2	运营管理	通过对单店运营全过程的管理实现业绩提升		

教师评价表

序号	技能点	佐证	达标	未达标
1	认知问题与挑战	能清晰认知单店业绩提升面临的问题与挑战		
2	把握业绩提升路径	能准确掌握单店业绩提升的路径		

序号	素质点	佐证	达标	未达标
1	系统管理	全面兼顾运营管理各板块使得系统整体达到最佳效果		
2	运营管理	通过对单店运营全过程的管理实现业绩提升		

项目7　特许经营法律法规

项目导学

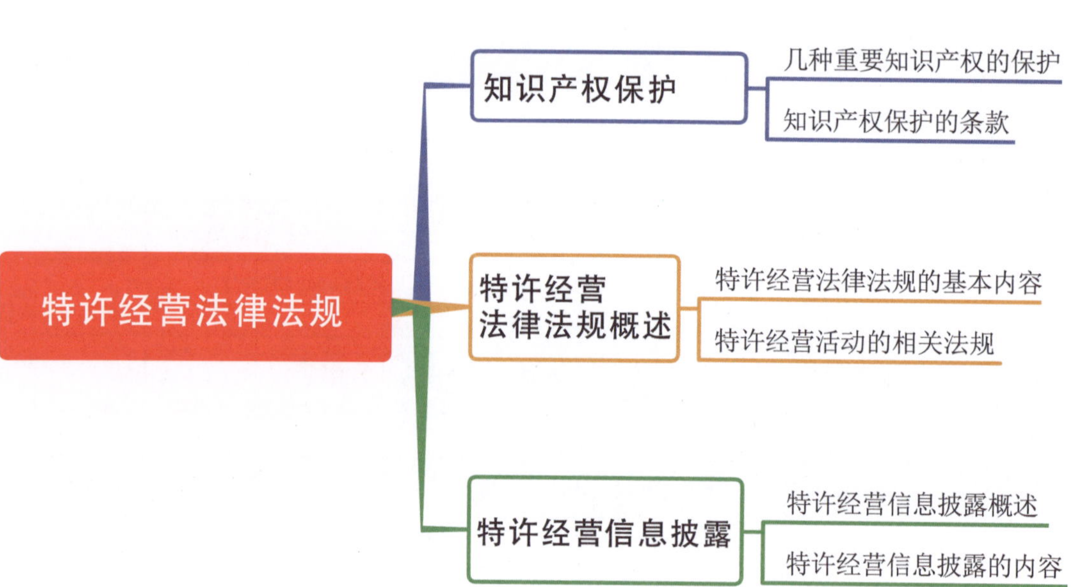

任务 1　知识产权保护

学习目标

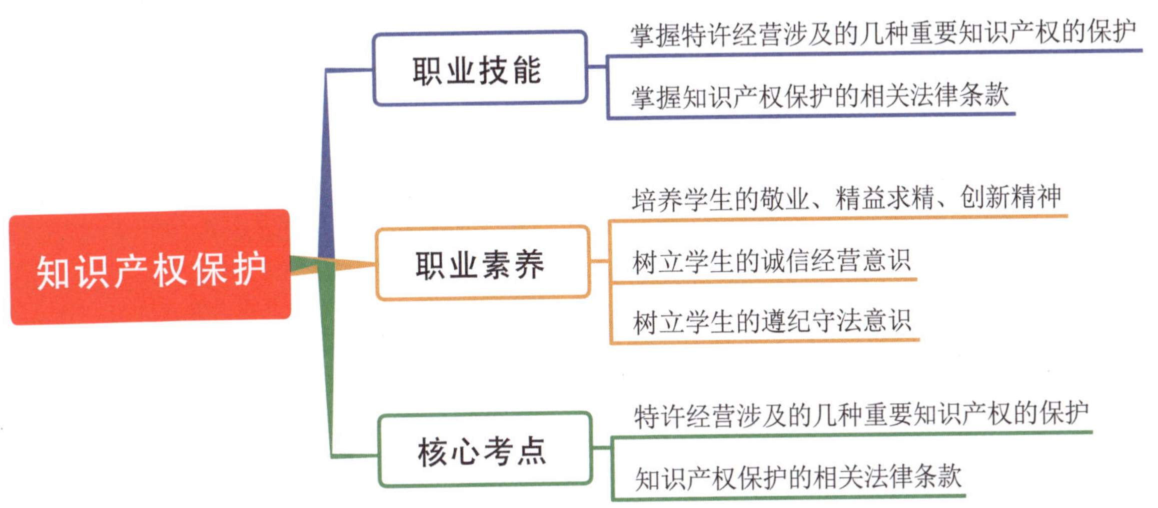

任务导入

特许经营在中国发展初期，有些加盟商法律意识和商业风险意识薄弱，在加盟之前，未对特许人所拥有的商标、专利、专有技术、备案情况、经营模式及规模等进行必要的考察，一味相信特许人的广告宣传，将特许经营视为致富捷径，“头脑一热”即决定加盟，缺乏对所加盟项目的商业价值、市场前景和风险等事项的基本评估。加盟后，一旦发现经营效益达不到预期目标，则希望利用法律授予的单方解除权，解除加盟合同，要求返还加盟费。那么有没有相关的法律法规支持这样的主张呢？中国目前规范特许经营行为的法律法规有哪些呢？

任务解析

特许经营本质上是商业组织行为的一种，因此受一般商业法规的约束，特许经营的法律问题主要涉及知识产权保护问题，包括商标保护、产品保护、版权保护、商业秘密保护、专利保护等。因此特许经营活动除受《商业特许经营管理条例》《商业特许经营备案管理办法》和《商业特许经营信息披露管理办法》三个专门的特许经营管理文件约束外，我国的《中华人民共和国商标法》（简称《商标法》）、《中华人民共和国专利法》（简称《专利法》）、《中华人民共和国反不正当竞争法》（简称《反不正当竞争法》）、《中华人共和国民法典》等有关法规、条例，均对知识产权等无形资产的财产权的保护和转让做了明确法律规定。

知识准备

特许经营的法律问题主要涉及的是知识产权问题，下面先对知识产权保护问题展开说明。知识产权又称“智力成果权”，指对科学技术、文化艺术等领域从事智力活动所创造的精神财富在一定地域、一定时间内所享有的独占权利。知识产权具有地域性、时间性、公开性的特征。知识产权由版权和工业产权两部分组成。其中，工业产权的保护对象包括专利权、商标权、厂商名称、产地标记或原产地名称。特许经营中所涉及的商标、商号、专利和商业秘密等都属于知识产权范畴。

特许人的知识产权是特许业务的基石，具体包括商标、商号和服务标记、经营诀窍、方法和商业秘密（或统称专有技术）、版权、专利权等。本书将会对商标、商业秘密和专利技术法律保护展开说明。

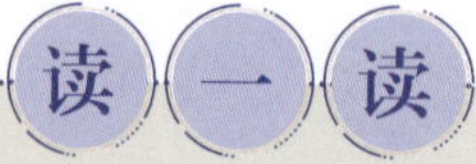

我国《商标法》规定为商品商标、服务商标、集体商标、证明商标提供注册保护。企业、事业单位和个体工商业者，对其生产、制造、加工、拣选或者经销的商品，需要取得商标专用权的，应当申请商品商标注册；如果不是销售有形的商品，而是为顾客提供服务项目的，应当申请服务商标。

其中，集体商标是由团体、协会或其他组织的成员所使用的商品或服务商标，用以表明商品的经营者或服务的提供者属于同一组织，具有共同的特点。

证明商标是附在商品或服务上证明其产地、原料、制造方法、质量等的商标。商品或服务项目都可以使用证明商标。证明商标的所有人，与它所证明的商品或服务项目的产销人或经营人不能是同一个人，也就是说，证明商标不能证明自己的商品或服务项目的质量与功能。

由此可见，商标有商品商标、服务商标、集体商标与证明商标四种。

一、几种重要知识产权的保护

（一）商标保护

商标（Trade mark）是指生产商或销售商用来标识或区别于其他商品并表明产品来源或质量的名称、标记或符号。注册商标，是经过商标局核准注册的商标。我国实行商标注册原则，经过商标注册申请并获得商标局的批准后，商标权人即享有注册商标的专有权，才有权排斥他人在同类商品上使用相同或类似的商标，也才有权对侵权活动起诉。在这里，商标注册的申请人，必须是依法登记并能独立承担民事责任的企业、个体工商户、具有法人资格的事业单位，以及《保护工业产权巴黎公约》的成员国，或与我国有商标保护双边协定的外国人或外国企业。

1. 受许人使用商标的权利

作为注册商标所有人的特许人，通过签订商标使用许可合同，许可受许人使用其注册商标后，受许人即获得了该注册商标的使用权（而不是该注册商标的所有权）。根据我国商标管理制度，注册商标可以依法许可使用。

特许人与受许人通过签订商标使用许可合同，允许受许人使用其注册商标，应按《商标法》的有关规定和双方签订的商标使用许可合同执行。使用注册商标的期限，不得超过特许人在国家商标管理机关注册商标的有效期。我国注册商标的有效期为 10 年，期满需继续使用的，其所有人可以申请续展注册。如果特许人对其注册商标期限届满不申请续展注册，或者注册商标期限未届满而申请注销，则未到期的使用许可合同将随着特许人商标权的失效而失效，从而使受许人的利益受到损害。因此，特许人必须保证受许人在合同有效期内可以行使其对该注册商标的使用权。

2. 使用注册商标的范围

一是应符合特许人在国家商标管理机关注册商标的商品范围，受许人使用注册商标的商品类别和商品均不得超过特许人注册商标的商品范围。二是应符合特许人与受许人所签订的商标使用许可合同中所规定的地区界限，这一般是特许人与受许人双方约定的界限。

商标注册人许可他人使用其注册商标，必须签订商标使用许可合同。许可人必须在自商标使用许可合同签订之日起 3 个月内，将许可合同副本报送商标局备案。

未经注册的商标如果被人假冒，或者被抢注，对特许经营体系的损害将十分严重，甚至是毁灭性的，因为，受损害的将是整个特许体系。因此，规定特许经营权中的商标必须是注册商标，实行强制注册，是非常重要的。同时，特许人有义务保持注册商标的有效性，按期进行续展。否则，因特许人未按期续展，导致商标被抢注，而造成受许人损失的，特许人应承担法律责任。

商标所有人有权防止他人使用与其相近的商标。如果两个商标相近，使消费者对商标所代表的商品来源和质量产生疑惑，则法庭有权勒令使用近似商标者停止使用，可能会要求其销毁该商标包装，甚至所有产品，保证其不再侵犯，并赔偿损失。

（二）商业秘密保护

《中华人民共和国反不正当竞争法》第九条规定，商业秘密是指不为公众所知悉、具有商业价值并经权利人采取相应保密措施的技术信息、经营信息等商业信息。其中技术信息和经营信息具体包括设计程序、产品配方、制作工艺、制作方法、管理诀窍、客户名单、货源情报、产销策略、招投标中的标的及标书内容等。

在特许经营中商业秘密可由特许人同时许可给多个受许人合法使用及拥有，因而对商业秘密的保护极为重要。保护方式主要有以下几种。

（1）在特许人与受许人所签订的特许合同中要明确约定特许人有关保守商业秘密的要求，以及商业秘密使用人应尽的保密义务；不得向他人泄露、披露商业秘密；不得向他人有偿或无偿转让其掌握的商业秘密。

（2）特许人与受许人签订商标使用许可合同。

（3）特许人、受许人均应与所有雇员签订保护商业秘密协议书，防止雇员违反合同或违反权利人保守商业秘密的要求，发生侵犯商业秘密的行为。

（4）关于侵犯商业秘密行为的处理。依据《中华人民共和国刑法》（简称《刑法》）第二百一十九条的规定，侵犯商业秘密的行为给权利人造成重大损失的，处三年以下有期徒刑，并处或者单处罚金；造成特别严重后果的，处三年以上十年以下有期徒刑，并处罚金。《刑法》第二百二十条规定，单位侵犯知识产权罪的，对单位判处罚金，并对其直接负责的主管人员和其他直接责任人员，依照侵犯知识产权罪的规定处罚。

（5）依据国家工商局 1995 年 11 月 23 日发布的《关于禁止侵犯商业秘密行为的若干规定》，对被申请人违法披露、使用、允许他人使用商业秘密将给权利人造成不可挽回的损失的，应权利人请求并由权利人出具自愿对强制措施后果承担责任的书面保证，工商行政管理机关可采取行政处罚措施，包括责令其停止违法行为，并可根据情节轻重处以罚款。对侵权物品可做如下处理：责令并监督侵权人将载有商业秘密的图纸、软件及其他有关资料返还给权利人；监督侵权人销毁使用权利人商业秘密生产的、流入市场将会造成商业秘密公开的产品。但权利人同意采取收购、销售等其他处理方式的除外。对侵权人拒不执行处罚决定，继续实施侵权行为的，视为新的违法行为，从重予以处罚。

如果商家有重要信息不愿为竞争对手所知，商业秘密便为该信息提供了有效的保护。在许多场合，都会有人要接触到商业秘密，当商业秘密多人共享时可以用以下方法可进行保护：合同或特定关系的存在，如雇员关系，保密和忠诚已经是其职责。此类合同也称保密协议，首先承认机密信息由公司所有，接受方将继续保密，只在公司授权范围内使用，不得向第三方泄密。这种协议内容在雇佣新职员时也会出现在雇佣协议中。

任何有不愿为人所知的机密的商家都应采取措施保护商业秘密。这类措施主要包括以下几个：

① 进行商业秘密审查（内部常规审查）；

② 在机密文件中明确标明“机密信息未经某公司书面允许严禁复制”；

③ 对员工进行保密重要性和保密措施的培训；

④ 同接触机密的员工以及合同对方签订书面保密协议；

⑤ 员工离职时，采取措施保证所有机密信息已归还公司，还要员工写一个书面保证予以确认；

⑥ 同员工签订禁止同业竞争协议，许多企业要求员工承诺离职后不参与同业竞争。

对于经营者而言，保护好商业秘密非常重要，是特许人和受许人维护自身利益的关键。商业秘密不必登记注册，秘密持续期没有规定，只要符合定义，就可以一直延续。

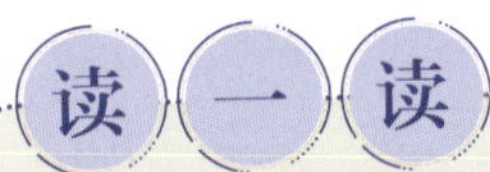

加盟商泄露的特许人的商业秘密可能并不是一般性的商业秘密，极有可能是特许人赖以发展，甚至生存的关键。

比如，“馋嘴鸭”“土掉渣烧饼”的秘方都曾在网上贱卖到几元钱，这样的惊人“批发价”对特许人的打击几乎是致命的。

作为特许人企业，一定要有高度的保密意识，并为之采取一系列的措施。比如，把核心秘密分解并为几个不同的人所掌握、关键性的技术不传授给加盟商、为技术或产品申请专利、给加盟商最终产品或半成品而不是让他们自己掌握从零开始生产或制造的方法、给加盟商结果而不给过程、总部为加盟商派遣关键技术人员、建立严格的公司保密制度，等等。

同时，要严格把好人员关，如认真筛选、考核与监督受许人，加强对总部员工、股东、关键人物、加盟商、加盟商员工等所有可能接触商业秘密的人群的保密教育，等等。

（三）专利保护

专利是指受《专利法》保护的发明，也称专利权。一项技术要成为专利，必须具备三个条件：新颖性、创造性、实用性。新颖性是指以前没有过的；创造性是指其技术水平超过了以前的技术水平；实用性是指其技术可以在产业上使用。专利是一种知识产权，在专利有效期限内可以交换、继承以及转让。

专利权是对专利对象的法定垄断授权。但专利权是消极权利。持有人可排除他人制造、使用、销售该专利。当有人违反时，则专利权受到侵犯。法庭要求侵权人停止侵害，并进行补偿。有时，如果被证明是故意侵权则要增加赔偿，并支付律师费。

专利分为发明专利、实用新型专利和外观设计专利。发明专利的保护期为 20 年，实用新型与外观设计专利的保护期为 10 年。专利权被授予后，除《专利法》另有规定外，任何单位或者个人未经专利权人许可，不得为生产经营目的制造、销售其专利产品，或者使用其专利方法以及使用、销售依照该专利方法直接获得的产品。

特许经营权往往包含若干项专利权或技术秘密，如果特许经营权包含专利或专有技术，必然涉及对专利及专有技术的后续改进。《中华人民共和国民法典》规定，当事人可以按照互利的原则，在合同中约定实施专利、使用技术秘密后续改进的技术成果的分享办法；没有约定或者约定不明确的，可以协议补充；不能达成补充协议的，按照合同有关条款或者交易习惯确定；仍不能确定的，一方后续改进的技术成果，其他各方无权分享。

特许体系涉及众多受许人的利益，专利及专有技术一旦成为特许经营权的组成部分，在一定程度上就形成一种“共有”状态。对专利及专有技术而言，由于特许合同的排他性，因此可以受到法律的保护。如果特许人对专利及专有技术的后续改进技术成果不具有排他性，就有可能损害受许人的利益。因此，应当禁止特许人或受许人将专利及专有技术后续改进的技术成果进行转让，或对转让进行必要的限制。

如果一项特许是以某一专利权或专有技术为核心建立的，对专利权有很大的依赖性，那么，特许人及受许人都有必要对专利或专有技术的法律状态进行认真评价。因为，专利权从申请到授予之间的一定时期，其权利状态是相对的，专利权的申请存在被撤销的可能。同时，应考虑专利的时效性及专有技术的保密性等因素。

二、知识产权保护的条款

（一）有关商标、品牌许可的条款内容

特许经营合同关于特许人在授权区域内使用合同规定的品牌、商标的权利以及特许人的义务内容有以下几点。

（1）合同规定的品牌、商标必须是在授权区域内合理注册的，特许人应及时交纳相关费用并展期；明确特许人对该品牌、商标拥有所有权；签约时任何第三方不声称对该品牌或商标拥有任何权利或有任何法律纠纷，或打算就此采取法律行动。以上规定明确了特许人是该商标、品牌的合法所有者。

（2）特许人帮助受许人进行门店外观设计及店堂内部装潢。

（3）特许人应负责该品牌或商标的广告推广，并确保受许人从中受益。

规定受许人的义务，主要有以下几点。

（1）受许人每年应拿出年总收入的一部分用于该品牌或商标在当地的广告促销，并将费用通知特许人。

（2）受许人应负责店内外装潢、设计的一切费用。

（3）受许人应尽全力维护该商标及整个特许体系的商誉。

（4）若发生任何对商标、商号或其他服务标记的侵权、滥用或不正当竞争行为，受许人应立即通知特许人。若发生法律诉讼，受许人应尽力帮助特许人获胜。在特许人事先书面请求下，受许人应参与法律程序声明特许人的权利，由此产生的费用由特许人承担。

（二）有关专有技术许可的内容

1. 特许经营合同规定的保密原则

（1）受许人不得直接或间接地将特许人的专有技术透露给第三方，除非是其员工或任何其他执行合同义务的人。

（2）该专有技术只能用于合同规定的用途。

（3）受许人应保证其员工或其他执行合同义务的人保守商业秘密，并把此项内容写入雇佣合同。

（4）合同期内或终止后，受许人都必须承担保密义务。

（5）以下情况除外：

① 该专有技术已为公众所知；

② 受许人已掌握该专有技术；

③ 有权的第三方已向受许人披露了该专有技术。

受许人的使用权是非排他的。

2. 特许人的义务

（1）对受许人及其员工进行初期和后续培训，费用由特许人负担，差旅费和住宿费除外。

（2）为受许人提供培训材料，受许人同样应对这些材料保密。

（3）把操作手册的任何变化及时通知受许人，费用由特许人负担。

3. 受许人的义务

（1）发展从特许人那里得到的技术。

（2）受许人及其员工应参加特许人举办的必要的初期培训课程。

（3）受许人就如何改进特许人的产品、服务或整个经营体系向特许人提出建议，特许人可以使用经受许人发展过的专有技术。

（三）对专有技术的法律保护

对专有技术的法律保护是特许权的重要组成部分。由于它没有工业产权，不受各国工业产权法的保护，因此，特许经营合同往往都定有保密条款，即通过订立合同的方式，使保护专有技术成为合同当事人的一项义务。这也是目前对专有技术保护所采用的最普遍的一种方法。

除用合同条款保护之外，当事人还可以通过以下途径对专有技术进行保护：

（1）《民法典》的保护。《民法典》第七编关于侵权责任相关知识产权部分的内容是对专有技术的保护，如《民法典》第一千一百八十五条规定："故意侵害他人知识产权，情节严重的，被侵权人有权请求相应的惩罚性赔偿"。

（2）反不正当竞争法的保护。用反不正当竞争法保护专有技术是世界各国的普遍做法。例如，《中华人民共和国反不正当竞争法》规定了商业秘密的定义以及四种被视为侵犯商业秘密的行为，同时规定对于侵犯他人商业秘密的行为，监督检查部门可以责令停止违法行为，没收违法所得，处以 10 万元以上 100 万元以下的罚款；情节严重的处以 50 万元以上 500 万元以下的罚款。其中，商业秘密是专有技术的一种。

（3）刑法的保护。例如，法国刑法规定，对泄露或企图泄露商业秘密给外国人的公司经理、雇员，可判处 2 至 5 年有期徒刑，并处以 1800 至 7200 法郎的罚款。日本也专门规定了"企业技术秘密泄露罪"。

除了反不正当竞争法和知识产权法之外，各国的公司法、税法对某些特殊行业经营活动的限制以及外汇管制、进出口管制等方面的法律、法规，均会对当地特许经营业务有规范作用。

任务实施

实训任务：案例分析

原告 A 公司是 2004 年在中国创办的高品位、高性价比的商务型连锁酒店。原告的关联公司 C 公司分别于 2007 年、2008 年在第 43 类获得注册了商标，核定服务为“住所（旅馆、供膳寄宿处）、咖啡馆、餐厅、临时住宿处（出租）、旅游房屋出租、寄宿处预订、旅馆预订、预订临时住宿、汽车旅馆、酒吧”。2013 年国家商标局核准了原告从 C 公司受让上述商标。

2014 年原告发现被告 B 公司在 H 省经营“A”字号酒店。被告在该酒店的营业招牌、酒店用品上突出使用了原告的注册商标，足以使消费者对服务的来源产生误解，其行为侵犯了原告的注册商标专用权。根据《商标法》第五十七条的规定，未经商标注册人的许可，在同一种商品或者类似商品上使用与其注册商标相同或者近似的商标，容易导致混淆的，属侵犯注册商标专用权。原告为维护自身的合法权益，特提起诉讼。

实训要求：

1. 分析该案例中特许经营活动出现的法律问题。
2. 原告律师可以依据哪些特许经营法律法规进行申辩？

任务实施评价

学生自评表

序号	技能点	佐证	达标	未达标
1	案例分析	了解商标保护相关法律法规		
		了解商业秘密保护相关法律法规		
		了解专利保护相关法律法规		

序号	素质点	佐证	达标	未达标
1	诚信经营意识	能够认识到诚信经营的重要性		
2	遵纪守法意识	清楚认识到非合法经营的相应后果		
3	团队合作精神	能和团队成员协商，共同完成实训任务		

教师评价表

序号	技能点	佐证	达标	未达标
1	案例分析	了解商标保护相关法律法规		
		了解商业秘密保护相关法律法规		
		了解专利保护相关法律法规		

序号	素质点	佐证	达标	未达标
1	诚信经营意识	能够认识到诚信经营的重要性		
2	遵纪守法意识	清楚认识到非合法经营的相应后果		
3	团队合作精神	能和团队成员协商，共同完成实训任务		

任务2　特许经营法律法规概述

学习目标

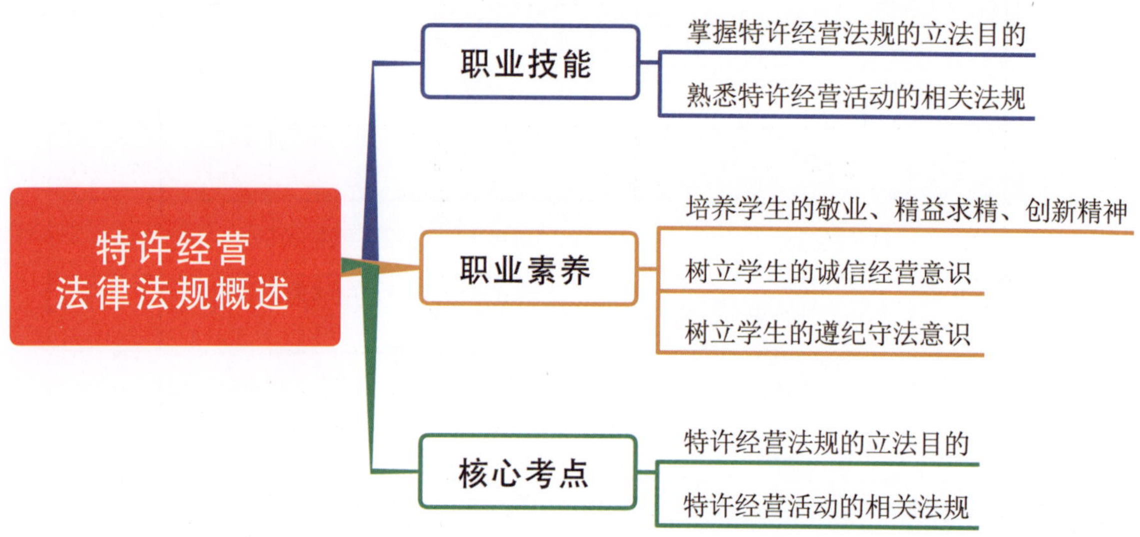

任务导入

专门的特许经营法律法规对特许经营活动进行了哪些方面的规范？

任务解析

特许经营法律是为规范商业特许经营活动，促进商业特许经营有序发展，维护市场秩序而制定的经营行为规范，那么特许经营法律应当从特许经营活动的原则、特许经营活动备案、特许经营活动合同条款等方面进行严密规范。

知识准备

一、特许经营法律法规的基本内容

（一）特许经营法律的约束主体

特许经营法律的约束主体为拥有注册商标、企业标志、专利、专有技术等经营资源的企业，即特许人，以合同形式将其拥有的经营资源许可其他经营者，即受许人使用，受许人按照合同约定在统一的经营模式下开展经营，并向特许人支付特许经营费用的经营活动。

特许经营法律的约束主体是在中华人民共和国境内从事商业特许经营活动的企业。企业以外的其他单位和个人不得作为特许人从事特许经营活动。

（二）特许经营法律法规的立法目的

促进和维护特许人和被特许人之间及特许经营体系当事人与第三人之间的市场交易，保护当事人的权利，规范商业特许经营活动，促进商业特许经营健康、有序发展，维护市场秩序。

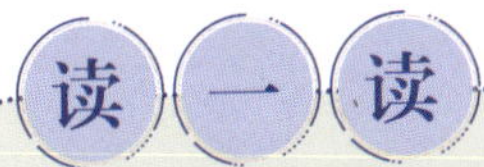

《商业特许经营管理条例》规定，从事商业特许经营活动的企业应拥有注册商标、企业标志、专利、专有技术等经营资源，并具备相应的条件。实践中，不少规模小、起步晚、资金少的中小型企业，希望以特许经营方式迅速扩大规模、加速品牌推广、吸纳资金，在尚不具备条件的情况下即采取特许经营方式盲目扩张。因特许经营模式一般会向被特许人收取一定金额的加盟费，甚至有个别不法企业为达到非法吸纳资金的目的，打着“洋品牌”或以所谓高科技产品为幌子，通过广告大肆虚夸经营收益，以特许经营为名行违规集资之实，严重扰乱了特许经营市场秩序。

（三）特许经营活动的原则

从事特许经营活动，应当遵循自愿、公平、诚实信用的原则。

（1）自愿，即特许人与被特许人作为独立的市场主体完全根据自己的意愿从事经济活动，不受任何个人和机构的干涉。

（2）公平，特许人和被特许人在合作中以市场交易规则为准则，享受公平合理的对待，任何一方不享有任何特权，也不履行任何不公平的义务，权利与义务相一致。

（3）诚实信用，要求特许人和被特许人在缔约前、缔约中诚实交换经营信息，缔约后诚实保护商业秘密。

（四）特许经营活动的监管

国务院商务主管部门依照《商业特许经营管理条例》规定，负责对全国范围内的特许经营活动实施监督管理。省、自治区、直辖市人民政府商务主管部门和设区的市级人民政府商务主管部门依照本条例规定，负责对本行政区域内的特许经营活动实施监督管理。

任何单位或者个人对违反本条例规定的行为，有权向商务主管部门举报。商务主管部门接到举报后应当依法及时处理。

二、特许经营活动的相关法规

（一）特许人资格

（1）特许人从事特许经营活动应当拥有成熟的经营模式，并具备为被特许人持续提供经营指导、技术支持和业务培训等服务的能力。

（2）特许人从事特许经营活动应当拥有至少 2 个直营店，并且经营时间超过 1 年。

（二）特许经营备案管理

1. 备案机关

在省、自治区、直辖市范围内从事特许经营活动的，应当向所在地省、自治区、直辖市人民政府商务主管部门备案；跨省、自治区、直辖市范围从事特许经营活动的，应当向国务院商务主管部门备案。

商务部可以根据有关规定，将跨省、自治区、直辖市范围从事商业特许经营的备案工作委托有关省、自治区、直辖市人民政府商务主管部门完成。受委托的省、自治区、直辖市人民政府商务主管部门应当自行完成备案工作，不得再委托其他任何组织和个人备案。

受委托的省、自治区、直辖市人民政府商务主管部门未依法行使备案职责的，商务部可以直接受理特许人的备案申请。

2. 备案材料

《商业特许经营备案管理办法》第六条规定，申请备案的特许人应当向备案机关提交以下材料。

（1）商业特许经营基本情况。

（2）中国境内全部被特许人的店铺分布情况。

（3）特许人的市场计划书。

（4）企业法人营业执照或其他主体资格证明。

（5）与特许经营活动相关的商标权、专利权及其他经营资源的注册证书。

（6）符合《商业特许经营管理条例》第七条第二款规定的证明文件。

在 2007 年 5 月 1 日前已经从事特许经营活动的特许人在提交申请商业特许经营备案材料时不适用于上款的规定。

（7）与中国境内的被特许人订立的第一份特许经营合同。

（8）特许经营合同样本。

（9）特许经营操作手册的目录（须注明每一章节的页数和手册的总页数，对于在特许系统内部网络上提供此类手册的，须提供估计的打印页数）。

（10）国家法律法规规定经批准方可开展特许经营的产品和服务，须提交相关主管部门的批准文件。

外商投资企业应当提交《外商投资企业批准证书》。《外商投资企业批准证书》经营范围中应当包括“以特许经营方式从事商业活动”项目。

（11）经法定代表人签字盖章的特许人承诺。

（12）备案机关认为应当提交的其他资料。

以上文件在中华人民共和国境外形成的，需经所在国公证机关公证（附中文译本），并经中华人民共和国驻所在国使领馆认证，或者履行中华人民共和国与所在国订立的有关条约中规定的证明手续。在香港、澳门、台湾地区形成的，应当履行相关的证明手续。

3. 备案时效

特许人应当在与中国境内的被特许人首次订立特许经营合同之日起 15 日内向备案机关申请备案。

特许人的以下备案信息有变化的，应当自变化之日起 30 日内向备案机关申请变更：

（1）特许人的工商登记信息；

（2）经营资源信息；

（3）中国境内全部被特许人的店铺分布情况。

特许人应当在每年 3 月 31 日前将其上一年度订立、撤销、终止、续签的特许经营合同情况向备案机关报告。

特许人应认真填写所有备案事项的信息，并确保所填写内容真实、准确和完整。

4. 备案公告及撤销

（1）备案公告。

备案机关应当自收到特许人提交的符合《商业特许经营备案管理办法》第六条规定的文件、资料之日起 10 日内予以备案，并在商业特许经营信息管理系统予以公告。

特许人提交的文件、资料不完备的，备案机关可以要求其在 7 日内补充提交文件、资料。备案机关在特许人材料补充齐全之日起 10 日内予以备案。

（2）备案撤销。

已完成备案的特许人有下列行为之一的，备案机关可以撤销备案，并在商业特许经营信息管理系统予以公告：

① 特许人注销工商登记，或因特许人违法经营，被主管登记机关吊销营业执照的。

② 备案机关收到司法机关因为特许人违法经营而做出的关于撤销备案的司法建议书。

③ 特许人隐瞒有关信息或者提供虚假信息，造成重大影响的。

④ 特许人申请撤销备案并经备案机关同意的。

⑤ 其他需要撤销备案的情形。

各省、自治区、直辖市人民政府商务主管部门应当将备案及撤销备案的情况在10日内反馈商务部。

备案机关应当完整准确地记录和保存特许人的备案信息材料，依法为特许人保守商业秘密。

特许人所在地的（省、自治区、直辖市或设区的市级）人民政府商务主管部门可以向通过备案的特许人出具备案证明。

5. 备案信息查询

公众可通过商业特许经营信息管理系统查询以下信息：

（1）特许人的企业名称及特许经营业务使用的注册商标、企业标志、专利、专有技术等经营资源。

（2）特许人的备案时间。

（3）特许人的法定经营场所地址与联系方式、法定代表人姓名。

（4）中国境内全部被特许人的店铺分布情况。

（三）特许经营合同

从事特许经营活动，特许人和被特许人应当采用书面形式订立特许经营合同。

1. 特许经营合同内容

（1）特许人、被特许人的基本情况；

（2）特许经营的内容、期限；

（3）特许经营费用的种类、金额及其支付方式；

（4）经营指导、技术支持以及业务培训等服务的具体内容和提供方式；

（5）产品或者服务的质量、标准要求和保证措施；

（6）产品或者服务的促销与广告宣传；

（7）特许经营中的消费者权益保护和赔偿责任的承担；

（8）特许经营合同的变更、解除和终止；

（9）违约责任；

（10）争议的解决方式；

（11）特许人与被特许人约定的其他事项。

2. 权利义务相关条款

（1）合同解除权规定。

特许人和被特许人应当在特许经营合同中约定，被特许人在特许经营合同订立后一定期限内，可以单方解除合同。

（2）合同期限。

特许经营合同约定的特许经营期限应当不少于 3 年。但是，被特许人同意的除外。

特许人和被特许人续签特许经营合同的，不适用前款规定。

（3）技术服务要求。

特许人应当向被特许人提供特许经营操作手册，并按照约定的内容和方式为被特许人持续提供经营指导、技术支持、业务培训等服务。

（4）质量要求。

特许经营的产品或者服务的质量、标准应当符合法律、行政法规和国家有关规定的要求。

（5）关于费用相关限制。

特许人要求被特许人在订立特许经营合同前支付费用的，应当以书面形式向被特许人说明该部分费用的用途以及退还的条件、方式。

特许人向被特许人收取的推广、宣传费用，应当按照合同约定的用途使用。推广、宣传费用的使用情况应当及时向被特许人披露。

特许人在推广、宣传活动中，不得有欺骗、误导的行为，其发布的广告中不得含有宣传被特许人从事特许经营活动收益的内容。

3. 受许人的限制

未经特许人同意，被特许人不得向他人转让特许经营权。

被特许人不得向他人泄露或者允许他人使用其所掌握的特许人的商业秘密。

4. 特许人的汇报义务

特许人应当在每年第一季度将其上一年度订立特许经营合同的情况向商务主管部门报告。

任务实施

实训任务：案例分析

原告诉称：2014 年在通过一网站了解了被告 A 公司的加盟信息后，产生加盟意向。2 月，被告将一份《2013 年 A 公司最新资料》通过电子邮件发给原告，很快，原被告签订《T（A 公司品牌）样板店意向书》。随后，被告通过电子邮件将装修预算表及装修图纸、效果图发给原告，原告依此在被告要求的统一规范下进行装修施工，装修费共 36000 元。2 月底，原被告就加盟事项签订《协议书》，约定原告须按照被告确认的统一规范和模式进行管理，接受被告监督，原告须在被告统一的经营模式、经营管理方法下从事经营活动，原告以被告提供的产品及生产原料为其店内销售的商品，被告按样板店政策扶持原告店铺。同时原告支付被告加盟费 68800 元及履约金 5000 元。3 月 15 日，原告按照被告提供和定价的订货清单订购原材料及耗材共计 71666 元。另，原告为了经营加盟店于 3 月 5 日定做边岛柜花费 18300 元。之后原告发现，被告在特许经营合同的缔约过程中存在诸多欺诈行为，被告也不履行缔约过程中承诺的及《协议书》中约定的事项，且被告并不符合从事商业特许经营的法定条件。

原告认为被告的欺诈行为具体表现为：①被告不具备两店一年的特许经营资质，被告与原告签订特许经营合同时并不具备成熟的商业经营模式，并且没有履行法定的披露义务；②被告夸大其词、误导原告与其签订特许经营合同，被告官方网站、向原告提供的材料以及《T（A 公司品牌）样板店意向书》中宣称其名下的“T”品牌具有 18 年历史、为全国知名品牌等，但被告是 2009 年注册成立的企业，经营时间并非其宣称的已有 18 年历史，被告并没有提供与“A”相对应的商标，与其宣传的全国知名品牌相违背。

被告 A 公司辩称：原告没有任何证据证明被告对其进行了欺诈，其无权要求撤销《协议书》，被告亦无需向原告返还任何款项。原被告双方签订的《协议书》是双方真实意思表示，未违反法律行政法规的规定，合法有效。被告在签约和履约过程中不存在任何欺诈行为，既不存在虚构事实，亦未隐瞒任何真相。

法院审理查明：被告 A 公司于 2009 年成立，经营范围包括批发兼零售预包装食品及散装食品、餐饮企业管理咨询、食品生产及加工等。被告主张其拥有的特许经营资源是指“A”商标，该商标未被申请注册但之前被 B 公司使用并经营，被告于 2010 年收购了 B 公司并受让了该商标及相关的资源，为此，被告提供了 B 公司出具的情况说明一份及 B 公司第一分店的食品流通许可证、B 公司第六分店营业执照。其中，情况说明载明“本公司已于 2010 年被 A 公司收购，现本公司的所有资产、直营店、经营权、相关证件、资质、字号均为 A 公司所有”的内容。

实训要求：

1. 原告的请求会被支持吗？请进行分析。

2. 原因是什么？

任务实施评价

学生自评表

序号	技能点	佐证	达标	未达标
1	案例分析	了解特许经营法律法规相关内容		

序号	素质点	佐证	达标	未达标
1	诚信经营意识	能够认识到诚信经营的重要性		
2	遵纪守法意识	清楚认识到非合法经营的相应后果		
3	团队合作精神	能和团队成员协商，共同完成实训任务		

教师评价表

序号	技能点	佐证	达标	未达标
1	案例分析	了解特许经营法律法规相关内容		

序号	素质点	佐证	达标	未达标
1	诚信经营意识	能够认识到诚信经营的重要性		
2	遵纪守法意识	清楚认识到非合法经营的相应后果		
3	团队合作精神	能和团队成员协商，共同完成实训任务		

任务3　特许经营信息披露

学习目标

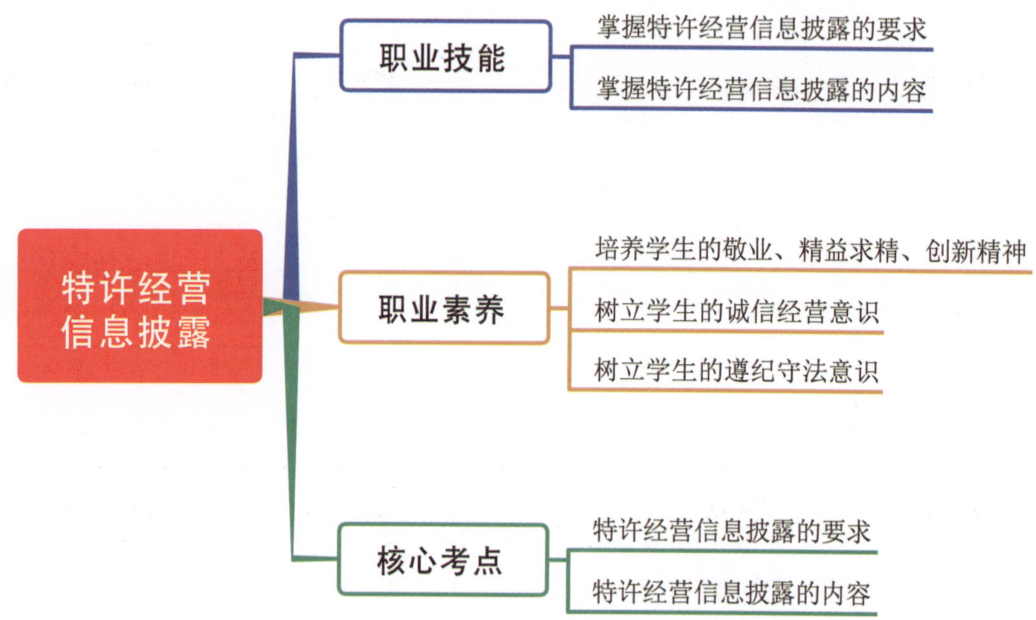

任务导入

作为一个投资人，如果考虑加盟某品牌的特许经营，需要获得特许人哪些方面的资料才可以更好地做出投资决策呢？

任务解析

要确保在特许经营系统中，加盟总部和加盟商信息对称，加盟总部需要对以下情况做出披露：企业基本情况，企业经营资源，费用情况，提供产品 / 服务、设备情况，提供的服务情况，指导监督的内容，特许经营网点投资预算情况，中国境内被特许人的有关情况，最近 2 年的经会计师事务所或审计事务所审计的特许人财务会计报告摘要和审计报告摘要，特许人最近 5 年内与特许经营相关的诉讼和仲裁情况（包括案由、诉讼（仲裁）请求、管辖及结果、特许人及其法定代表人重大违法经营记录情况），特许经营合同文本等基本信息。

知识准备

一、特许经营信息披露概述

信息披露是特许人依据相关法律法规的规定，应当在规定时间，以书面形式向加盟商提供规定的信息，并提供特许经营合同文本。特许经营法规对信息披露专门要求的原因在于特许人相对于被特许人掌握更多的市场资源和经营信息，有经验的优势，如不要求特许人对相关信息进行披露，会导致被特许人在经营中受损失或遭到特许人的欺诈。

二、特许经营信息披露的内容

特许人应当按照《商业特许经营管理条例》的规定，在订立商业特许经营合同之日前至少30日，以书面形式向被特许人披露《商业特许经营信息披露管理办法》第五条规定的信息，但特许人与被特许人以原特许合同相同条件续约的情形除外。

（1）特许人及特许经营活动的基本情况。

① 特许人名称、通信地址、联系方式、法定代表人、总经理、注册资本额、经营范围以及现有直营店的数量、地址和联系电话。

② 特许人从事商业特许经营活动的概况。

③ 特许人备案的基本情况。

④ 由特许人的关联方向被特许人提供产品和服务的，应当披露该关联方的基本情况。

⑤ 特许人或其关联方过去 2 年内破产或申请破产的情况。

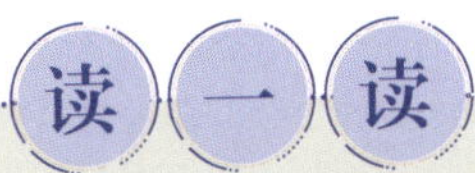

2017 年，北京市商务委行政执法人员依据《商业特许经营管理条例》对某公司进行执法检查。经查，发现该公司未在订立特许经营合同之日前至少 30 日向被特许人提供《商业特许经营管理条例》第二十二条规定的信息，也未在订立特许经营合同之日前至少 30 日向被特许人提供其特许品牌特许经营合同文本。

该公司的上述行为违反了《商业特许经营管理条例》第二十一条的规定，依据《商业特许经营管理条例》第二十八条的规定，北京市商务委决定对该公司处人民币 3.1 万元罚款。

（2）特许人拥有经营资源的基本情况。

① 注册商标、企业标志、专利、专有技术、经营模式及其他经营资源的文字说明。

② 经营资源的所有者是特许人关联方的，应当披露该关联方的基本信息、授权内容，同时应当说明在与该关联方的授权合同中止或提前终止的情况下，如何处理该特许体系。

③ 特许人（或其关联方）的注册商标、企业标志、专利、专有技术等与特许经营相关的经营资源涉及诉讼或仲裁的情况。

（3）特许经营费用的基本情况。

① 特许人及代第三方收取费用的种类、金额、标准和支付方式，不能披露的，应当说明原因，收费标准不统一的，应当披露最高和最低标准，并说明原因。

② 保证金的收取、返还条件、返还时间和返还方式。

③ 要求被特许人在订立特许经营合同前支付费用的，该部分费用的用途以及退还的条件、方式。

（4）向被特许人提供产品、服务、设备的价格、条件等情况。

① 被特许人是否必须从特许人（或其关联方）处购买产品、服务或设备及相关的价格、条件等。

② 被特许人是否必须从特许人指定（或批准）的供货商处购买产品、服务或设备。

③ 被特许人是否可以选择其他供货商以及供货商应具备的条件。

（5）为被特许人持续提供服务的情况。

① 业务培训的具体内容、提供方式和实施计划，包括培训地点、方式和期限等。

② 技术支持的具体内容、提供方式和实施计划，包括经营资源的名称、类别及产品、设施设备的种类等。

（6）对被特许人的经营活动进行指导、监督的方式和内容。

① 经营指导的具体内容、提供方式和实施计划，包括选址、装修装潢、店面管理、广告促销、产品配置等。

② 监督的方式和内容，被特许人应履行的义务和不履行义务的责任。

③ 特许人和被特许人对消费者投诉和赔偿的责任划分。

（7）特许经营网点投资预算情况。

① 投资预算可以包括下列费用：加盟费；培训费；房地产和装修费用；设备、办公用品、家具等购置费；初始库存；水、电、气费；为取得执照和其他政府批准所需的费用；启动周转资金。

② 上述费用的资料来源和估算依据。

（8）中国境内被特许人的有关情况。

① 现有和预计被特许人的数量、分布地域、授权范围、有无独家授权区域（如有，应说明预计的具体范围）的情况。

② 现有被特许人的经营状况，包括被特许人实际的投资额、平均销售量、成本、毛利、纯利等信息，同时应当说明上述信息的来源。

（9）最近2年的经会计师事务所或审计事务所审计的特许人财务会计报告摘要和审计报告摘要。

（10）特许人最近 5 年内与特许经营相关的诉讼和仲裁情况，包括案由、诉讼（仲裁）请求、管辖及结果。

（11）特许人及其法定代表人重大违法经营记录情况。

① 被有关行政执法部门处以 30 万元以上罚款的。

② 被追究刑事责任的。

（12）特许经营合同文本。

① 特许经营合同样本。

② 如果特许人要求被特许人与特许人（或其关联方）签订其他有关特许经营的合同，应当同时提供此类合同样本。

任务实施

实训任务：案例分析

2017 年，北京市商务委行政执法人员依据《商业特许经营管理条例》对某公司进行执法检查。经查，发现该公司未在 2016 年第一季度将 2015 年度订立特许经营合同的情况向商务主管部门报告，该行为属于特许人未在每年第一季度将其上一年度订立特许经营合同的情况向商务主管部门报告。

该公司的上述行为，违反了《商业特许经营管理条例》第十九条的规定，依据《条例》第二十六条的规定，北京市商务委决定对该公司处 6000 元罚款。

实训要求：

1. 分析本案例中特许人未及时报告上年度特许经营合同的影响。
2. 列举特许人应当重点披露的信息内容。

任务实施评价

学生自评表

序号	技能点	佐证	达标	未达标
1	案例分析	了解特许经营信息披露的内容		

序号	素质点	佐证	达标	未达标
1	诚信经营意识	能够认识到诚信经营的重要性		
2	遵纪守法意识	清楚认识到非合法经营的相应后果		
3	团队合作精神	能和团队成员协商，共同完成实训任务		

教师评价表

序号	技能点	佐证	达标	未达标
1	案例分析	了解特许经营信息披露的内容		

序号	素质点	佐证	达标	未达标
1	诚信经营意识	能够认识到诚信经营的重要性		
2	遵纪守法意识	清楚认识到非合法经营的相应后果		
3	团队合作精神	能和团队成员协商，共同完成实训任务		

附　录

商业特许经营管理条例

第一章　总则

第一条　为规范商业特许经营活动，促进商业特许经营健康、有序发展，维护市场秩序，制定本条例。

第二条　在中华人民共和国境内从事商业特许经营活动，应当遵守本条例。

第三条　本条例所称商业特许经营（以下简称特许经营），是指拥有注册商标、企业标志、专利、专有技术等经营资源的企业（以下称特许人），以合同形式将其拥有的经营资源许可其他经营者（以下称被特许人）使用，被特许人按照合同约定在统一的经营模式下开展经营，并向特许人支付特许经营费用的经营活动。

企业以外的其他单位和个人不得作为特许人从事特许经营活动。

第四条　从事特许经营活动，应当遵循自愿、公平、诚实信用的原则。

第五条　国务院商务主管部门依照本条例规定，负责对全国范围内的特许经营活动实施监督管理。省、自治区、直辖市人民政府商务主管部门和设区的市级人民政府商务主管部门依照本条例规定，负责对本行政区域内的特许经营活动实施监督管理。

第六条　任何单位或者个人对违反本条例规定的行为，有权向商务主管部门举报。商务主管部门接到举报后应当依法及时处理。

第二章　特许经营活动

第七条　特许人从事特许经营活动应当拥有成熟的经营模式，并具备为被特许人持续提供经营指导、技术支持和业务培训等服务的能力。

特许人从事特许经营活动应当拥有至少 2 个直营店，并且经营时间超过 1 年。

第八条　特许人应当自首次订立特许经营合同之日起 15 日内，依照本条例的规定向商务主管部门备案。在省、自治区、直辖市范围内从事特许经营活动的，应当向所在地省、自治区、直辖市人民政府商务主管部门备案；跨省、自治区、直辖市范围从事特许经营活动的，应当向国务院商务主管部门备案。

特许人向商务主管部门备案，应当提交下列文件、资料：

（一）营业执照复印件或者企业登记（注册）证书复印件；

（二）特许经营合同样本；

（三）特许经营操作手册；

（四）市场计划书；

（五）表明其符合本条例第七条规定的书面承诺及相关证明材料；

（六）国务院商务主管部门规定的其他文件、资料。

特许经营的产品或者服务，依法应当经批准方可经营的，特许人还应当提交有关批准文件。

第九条　商务主管部门应当自收到特许人提交的符合本条例第八条规定的文件、资料之日起10日内予以备案，并通知特许人。特许人提交的文件、资料不完备的，商务主管部门可以要求其在7日内补充提交文件、资料。

第十条　商务主管部门应当将备案的特许人名单在政府网站上公布，并及时更新。

第十一条　从事特许经营活动，特许人和被特许人应当采用书面形式订立特许经营合同。

特许经营合同应当包括下列主要内容：

（一）特许人、被特许人的基本情况；

（二）特许经营的内容、期限；

（三）特许经营费用的种类、金额及其支付方式；

（四）经营指导、技术支持以及业务培训等服务的具体内容和提供方式；

（五）产品或者服务的质量、标准要求和保证措施；

（六）产品或者服务的促销与广告宣传；

（七）特许经营中的消费者权益保护和赔偿责任的承担；

（八）特许经营合同的变更、解除和终止；

（九）违约责任；

（十）争议的解决方式；

（十一）特许人与被特许人约定的其他事项。

第十二条　特许人和被特许人应当在特许经营合同中约定，被特许人在特许经营合同订立后一定期限内，可以单方解除合同。

第十三条　特许经营合同约定的特许经营期限应当不少于3年。但是，被特许人同意的除外。

特许人和被特许人续签特许经营合同的，不适用前款规定。

第十四条　特许人应当向被特许人提供特许经营操作手册，并按照约定的内容和方式为被特许人持续提供经营指导、技术支持、业务培训等服务。

第十五条　特许经营的产品或者服务的质量、标准应当符合法律、行政法规和国家有关规定的要求。

第十六条　特许人要求被特许人在订立特许经营合同前支付费用的，应当以书面形式向被特许人说明该部分费用的用途以及退还的条件、方式。

第十七条　特许人向被特许人收取的推广、宣传费用，应当按照合同约定的用途使用。推广、宣传费用的使用情况应当及时向被特许人披露。

特许人在推广、宣传活动中，不得有欺骗、误导的行为，其发布的广告中不得含有宣传被特许人从事特许经营活动收益的内容。

第十八条　未经特许人同意，被特许人不得向他人转让特许经营权。

被特许人不得向他人泄露或者允许他人使用其所掌握的特许人的商业秘密。

第十九条　特许人应当在每年第一季度将其上一年度订立特许经营合同的情况向商务主管部门报告。

第三章　信息披露

第二十条　特许人应当依照国务院商务主管部门的规定，建立并实行完备的信息披露制度。

第二十一条　特许人应当在订立特许经营合同之日前至少 30 日，以书面形式向被特许人提供本条例第二十二条规定的信息，并提供特许经营合同文本。

第二十二条　特许人应当向被特许人提供以下信息：

（一）特许人的名称、住所、法定代表人、注册资本额、经营范围以及从事特许经营活动的基本情况；

（二）特许人的注册商标、企业标志、专利、专有技术和经营模式的基本情况；

（三）特许经营费用的种类、金额和支付方式（包括是否收取保证金以及保证金的返还条件和返还方式）；

（四）向被特许人提供产品、服务、设备的价格和条件；

（五）为被特许人持续提供经营指导、技术支持、业务培训等服务的具体内容、提供方式和实施计划；

（六）对被特许人的经营活动进行指导、监督的具体办法；

（七）特许经营网点投资预算；

（八）在中国境内现有的被特许人的数量、分布地域以及经营状况评估；

（九）最近 2 年的经会计师事务所审计的财务会计报告摘要和审计报告摘要；

（十）最近 5 年内与特许经营相关的诉讼和仲裁情况；

（十一）特许人及其法定代表人是否有重大违法经营记录；

（十二）国务院商务主管部门规定的其他信息。

第二十三条　特许人向被特许人提供的信息应当真实、准确、完整，不得隐瞒有关信息，或者提供虚假信息。

特许人向被特许人提供的信息发生重大变更的，应当及时通知被特许人。

特许人隐瞒有关信息或者提供虚假信息的，被特许人可以解除特许经营合同。

第四章　法律责任

第二十四条　特许人不具备本条例第七条第二款规定的条件，从事特许经营活动的，由商务主管部门责令改正，没收违法所得，处 10 万元以上 50 万元以下的罚款，并予以公告。

企业以外的其他单位和个人作为特许人从事特许经营活动的，由商务主管部门责令停止非法经营活动，没收违法所得，并处 10 万元以上 50 万元以下的罚款。

第二十五条　特许人未依照本条例第八条的规定向商务主管部门备案的，由商务主管部门责令限期备案，处 1 万元以上 5 万元以下的罚款；逾期仍不备案的，处 5 万元以上 10 万元以下的罚款，并予以公告。

第二十六条　特许人违反本条例第十六条、第十九条规定的，由商务主管部门责令改正，可以处 1 万元以下的罚款；情节严重的，处 1 万元以上 5 万元以下的罚款，并予以公告。

第二十七条　特许人违反本条例第十七条第二款规定的，由工商行政管理部门责令改正，处 3 万元以上 10 万元以下的罚款；情节严重的，处 10 万元以上 30 万元以下的罚款，并予以公告；构成犯罪的，依法追究刑事责任。

特许人利用广告实施欺骗、误导行为的，依照广告法的有关规定予以处罚。

第二十八条　特许人违反本条例第二十一条、第二十三条规定，被特许人向商务主管部门举报并经查实的，由商务主管部门责令改正，处 1 万元以上 5 万元以下的罚款；情节严重的，处 5 万元以上 10 万元以下的罚款，并予以公告。

第二十九条　以特许经营名义骗取他人财物，构成犯罪的，依法追究刑事责任；尚不构成犯罪的，由公安机关依照《中华人民共和国治安管理处罚法》的规定予以处罚。

以特许经营名义从事传销行为的，依照《禁止传销条例》的有关规定予以处罚。

第三十条　商务主管部门的工作人员滥用职权、玩忽职守、徇私舞弊，构成犯罪的，依法追究刑事责任；尚不构成犯罪的，依法予以处分。

第五章　附则

第三十一条　特许经营活动中涉及商标许可、专利许可的，依照有关商标、专利的法律、行政法规的规定办理。

第三十二条　有关协会组织在国务院商务主管部门指导下，依照本条例的规定制定特许经营活动规范，加强行业自律，为特许经营活动当事人提供相关服务。

第三十三条　本条例施行前已经从事特许经营活动的特许人，应当自本条例施行之日起 1 年内，依照本条例的规定向商务主管部门备案；逾期不备案的，依照本条例第二十五条的规定处罚。

前款规定的特许人，不适用本条例第七条第二款的规定。

第三十四条　本条例自 2007 年 5 月 1 日起施行。

商业特许经营备案管理办法

第一条　为加强对商业特许经营活动的管理，规范特许经营市场秩序，根据《商业特许经营管理条例》（以下简称《条例》）的有关规定，制定本办法。

第二条　在中华人民共和国境内（以下简称中国境内）从事商业特许经营活动，适用本办法。

第三条　商务部及省、自治区、直辖市人民政府商务主管部门是商业特许经营的备案机关。在省、自治区、直辖市范围内从事商业特许经营活动的，向特许人所在地省、自治区、直辖市人民政府商务主管部门备案；跨省、自治区、直辖市范围从事特许经营活动的，向商务部备案。

商业特许经营实行全国联网备案。符合《条例》规定的特许人，依据本办法规定通过商务部设立的商业特许经营信息管理系统进行备案。

第四条　商务部可以根据有关规定，将跨省、自治区、直辖市范围从事商业特许经营的备案工作委托有关省、自治区、直辖市人民政府商务主管部门完成。受委托的省、自治区、直辖市人民政府商务主管部门应当自行完成备案工作，不得再委托其他任何组织和个人备案。

受委托的省、自治区、直辖市人民政府商务主管部门未依法行使备案职责的，商务部可以直接受理特许人的备案申请。

第五条　任何单位或者个人对违反本办法规定的行为，有权向商务主管部门举报，商务主管部门应当依法处理。

第六条　申请备案的特许人应当向备案机关提交以下材料：

（一）商业特许经营基本情况。

（二）中国境内全部被特许人的店铺分布情况。

（三）特许人的市场计划书。

（四）企业法人营业执照或其他主体资格证明。

（五）与特许经营活动相关的商标权、专利权及其他经营资源的注册证书。

（六）符合《条例》第七条第二款规定的证明文件。

在 2007 年 5 月 1 日前已经从事特许经营活动的特许人在提交申请商业特许经营备案材料时不适用于上款的规定。

（七）与中国境内的被特许人订立的第一份特许经营合同。

（八）特许经营合同样本。

（九）特许经营操作手册的目录（须注明每一章节的页数和手册的总页数，对于在特许系统内部网络上提供此类手册的，须提供估计的打印页数）。

（十）国家法律法规规定经批准方可开展特许经营的产品和服务，须提交相关主管部门的批准文件。

外商投资企业应当提交《外商投资企业批准证书》，《外商投资企业批准证书》经营范围中应当包括“以特许经营方式从事商业活动”项目。

（十一）经法定代表人签字盖章的特许人承诺。

（十二）备案机关认为应当提交的其他资料。

以上文件在中华人民共和国境外形成的，需经所在国公证机关公证（附中文译本），并经中华人民共和国驻所在国使领馆认证，或者履行中华人民共和国与所在国订立的有关条约中规定的证明手续。在香港、澳门、台湾地区形成的，应当履行相关的证明手续。

第七条　特许人应当在与中国境内的被特许人首次订立特许经营合同之日起 15 日内向备案机关申请备案。

第八条　特许人的以下备案信息有变化的，应当自变化之日起 30 日内向备案机关申请变更：

（一）特许人的工商登记信息。

（二）经营资源信息。

（三）中国境内全部被特许人的店铺分布情况。

第九条　特许人应当在每年 3 月 31 日前将其上一年度订立、撤销、终止、续签的特许经营合同情况向备案机关报告。

第十条　特许人应认真填写所有备案事项的信息，并确保所填写内容真实、准确和完整。

第十一条　备案机关应当自收到特许人提交的符合本办法第六条规定的文件、资料之日起 10 日内予以备案，并在商业特许经营信息管理系统予以公告。

特许人提交的文件、资料不完备的，备案机关可以要求其在 7 日内补充提交文件、资料。备案机关在特许人材料补充齐全之日起 10 日内予以备案。

第十二条　已完成备案的特许人有下列行为之一的，备案机关可以撤销备案，并在商业特许经营信息管理系统予以公告：

（一）特许人注销工商登记，或因特许人违法经营，被主管登记机关吊销营业执照的。

（二）备案机关收到司法机关因为特许人违法经营而作出的关于撤销备案的司法建议书。

（三）特许人隐瞒有关信息或者提供虚假信息，造成重大影响的。

（四）特许人申请撤销备案并经备案机关同意的。

（五）其他需要撤销备案的情形。

第十三条　各省、自治区、直辖市人民政府商务主管部门应当将备案及撤销备案的情况在 10 日内反馈商务部。

第十四条　备案机关应当完整准确地记录和保存特许人的备案信息材料，依法为特许人保守商业秘密。

特许人所在地的（省、自治区、直辖市或设区的市级）人民政府商务主管部门可以向通过备案的特许人出具备案证明。

第十五条　公众可通过商业特许经营信息管理系统查询以下信息：

（一）特许人的企业名称及特许经营业务使用的注册商标、企业标志、专利、专有技术等经营资源。

（二）特许人的备案时间。

（三）特许人的法定经营场所地址与联系方式、法定代表人姓名。

（四）中国境内全部被特许人的店铺分布情况。

第十六条　特许人未按照《条例》和本办法的规定办理备案的，由设区的市级以上商务主管部门责令限期备案，并处1万元以上5万元以下罚款；逾期仍不备案的，处5万元以上10万元以下罚款，并予以公告。

第十七条　特许人违反本办法第十一条规定的，由设区的市级以上商务主管部门责令改正，可以处1万元以下的罚款；情节严重的，处1万元以上5万元以下的罚款，并予以公告。

第十八条　国外特许人在中国境内从事特许经营活动，按照本办法执行。香港、澳门特别行政区及台湾地区特许人参照本办法执行。

第十九条　相关协会组织应当依照本办法规定，加强行业自律，指导特许人依法备案。

第二十条　本办法由商务部负责解释。

第二十一条　本办法自2012年2月1日起施行。2007年5月1日施行的《商业特许经营备案管理办法》（商务部2007年第15号令）同时废止。

商业特许经营信息披露管理办法

第一条　为维护特许人与被特许人双方的合法权益，根据《商业特许经营管理条例》（以下简称《条例》），制定本办法。

第二条　在中华人民共和国境内开展商业特许经营活动适用本办法。

第三条　本办法所称关联方，是指特许人的母公司或其自然人股东、特许人直接或间接拥有全部或多数股权的子公司，与特许人直接或间接地由同一所有人拥有全部或多数股权的公司。

第四条　特许人应当按照《条例》的规定，在订立商业特许经营合同之日前至少30日，以书面形式向被特许人披露本办法第五条规定的信息，但特许人与被特许人以原特许合同相同条件续约的情形除外。

第五条　特许人进行信息披露应当包括以下内容：

（一）特许人及特许经营活动的基本情况。

1. 特许人名称、通信地址、联系方式、法定代表人、总经理、注册资本额、经营范围以及现有直营店的数量、地址和联系电话。

2. 特许人从事商业特许经营活动的概况。

3. 特许人备案的基本情况。

4. 由特许人的关联方向被特许人提供产品和服务的，应当披露该关联方的基本情况。

5. 特许人或其关联方过去2年内破产或申请破产的情况。

（二）特许人拥有经营资源的基本情况。

1. 注册商标、企业标志、专利、专有技术、经营模式及其他经营资源的文字说明。

2. 经营资源的所有者是特许人关联方的，应当披露该关联方的基本信息、授权内容，同时应当说明在与该关联方的授权合同中止或提前终止的情况下，如何处理该特许体系。

3. 特许人（或其关联方）的注册商标、企业标志、专利、专有技术等与特许经营相关的经营资源涉及诉讼或仲裁的情况。

（三）特许经营费用的基本情况。

1. 特许人及代第三方收取费用的种类、金额、标准和支付方式，不能披露的，应当说明原因，收费标准不统一的，应当披露最高和最低标准，并说明原因。

2. 保证金的收取、返还条件、返还时间和返还方式。

3. 要求被特许人在订立特许经营合同前支付费用的，该部分费用的用途以及退还的条件、方式。

（四）向被特许人提供产品、服务、设备的价格、条件等情况。

1. 被特许人是否必须从特许人（或其关联方）处购买产品、服务或设备及相关的价格、条件等。

2. 被特许人是否必须从特许人指定（或批准）的供货商处购买产品、服务或设备。

3. 被特许人是否可以选择其他供货商以及供货商应具备的条件。

（五）为被特许人持续提供服务的情况。

1. 业务培训的具体内容、提供方式和实施计划，包括培训地点、方式和期限等。

2. 技术支持的具体内容、提供方式和实施计划，包括经营资源的名称、类别及产品、设施设备的种类等。

（六）对被特许人的经营活动进行指导、监督的方式和内容。

1. 经营指导的具体内容、提供方式和实施计划，包括选址、装修装潢、店面管理、广告促销、产品配置等。

2. 监督的方式和内容，被特许人应履行的义务和不履行义务的责任。

3. 特许人和被特许人对消费者投诉和赔偿的责任划分。

（七）特许经营网点投资预算情况。

1. 投资预算可以包括下列费用：加盟费；培训费；房地产和装修费用；设备、办公用品、家具等购置费；初始库存；水、电、气费；为取得执照和其他政府批准所需的费用；启动周转资金。

2. 上述费用的资料来源和估算依据。

（八）中国境内被特许人的有关情况。

1. 现有和预计被特许人的数量、分布地域、授权范围、有无独家授权区域（如有，应说明预计的具体范围）的情况。

2. 现有被特许人的经营状况，包括被特许人实际的投资额、平均销售量、成本、毛利、纯利等信息，同时应当说明上述信息的来源。

（九）最近 2 年的经会计师事务所或审计事务所审计的特许人财务会计报告摘要和审计报告摘要。

（十）特许人最近 5 年内与特许经营相关的诉讼和仲裁情况，包括案由、诉讼（仲裁）请求、管辖及结果。

（十一）特许人及其法定代表人重大违法经营记录情况。

1．被有关行政执法部门处以 30 万元以上罚款的。

2．被追究刑事责任的。

（十二）特许经营合同文本。

1．特许经营合同样本。

2．如果特许人要求被特许人与特许人（或其关联方）签订其他有关特许经营的合同，应当同时提供此类合同样本。

第六条　特许人在推广、宣传活动中，不得有欺骗、误导的行为，发布的广告中不得含有宣传单个被特许人从事商业特许经营活动收益的内容。

第七条　特许人向被特许人披露信息前，有权要求被特许人签署保密协议。

被特许人在订立合同过程中知悉的商业秘密，无论特许经营合同是否成立，不得泄露或者不正当使用。

特许经营合同终止后，被特许人因合同关系知悉特许人商业秘密的，即使未订立合同终止后的保密协议，也应当承担保密义务。

被特许人违反本条前两款规定，泄露或者不正当使用商业秘密给特许人或者其他人造成损失的，应当承担相应的损害赔偿责任。

第八条　特许人在向被特许人进行信息披露后，被特许人应当就所获悉的信息内容向特许人出具回执说明（一式两份），由被特许人签字，一份由被特许人留存，另一份由特许人留存。

第九条　特许人隐瞒影响特许经营合同履行致使不能实现合同目的的信息或者披露虚假信息的，被特许人可以解除特许经营合同。

第十条　特许人违反本办法有关规定的，被特许人有权向商务主管部门举报，经查实的，分别依据《条例》第二十六条、第二十七条、第二十八条予以处罚。

第十一条　本办法由中华人民共和国商务部负责解释。

第十二条　本办法自 2012 年 4 月 1 日起施行。原《商业特许经营信息披露管理办法》（商务部令 2007 年第 16 号）同时废止。

参考文献

[1] 肖怡. 特许经营管理 [M]. 3 版. 大连：东北财经大学出版社，2018.

[2] 程爱学，徐文峰. 特许连锁经营运作操典 [M]. 北京：北京大学出版社，2008.

[3] 曹静. 特许经营实务 [M]. 3 版. 大连：东北财经大学出版社，2019.

[4] 马瑞光. 商业新突破：万利连锁 [M]. 北京：中华工商联合出版社，2020.

[5] 朱明侠，刘瑶. 特许经营管理 [M]. 北京：中国人民大学出版社，2018.

[6] 李维华. 特许经营学：理论与实务全面精讲 [M]. 北京：中国发展出版社，2009.

[7] 肖怡. 企业连锁经营与管理 [M]. 4 版. 大连：东北财经大学出版社，2015.

[8] 袁东. 特许经营体系总部运营模式构建研究 [J]. 全国商情（经济理论研究），2009（20）：43-45.

[9] 周三多. 管理学 [M]. 5 版. 北京：高等教育出版社，2018.

[10] 颜莉霞. “新零售”下特许经营单店盈利模式探析 [J]. 中国商论（流通经济），2018（3）：1-2，5.

[11] 侯吉建. 特许经营体系设计与构建 [M]. 北京：中国人民大学出版社，2014.

[12] 袁东，石元蒙. 单店运营管理 [M]. 北京：中国人民大学出版社，2014.

[13] 王吉方，等. 特许经营管理实务 [M]. 2 版. 北京：科学出版社，2016.

[14] 肖永添，刘常宝. 总部运营管理 [M]. 北京：机械工业出版社，2011.